职业教育电子商务专业课程改革新教材

网上开店实务

（项目式教材）

第 2 版

主　编　黄文莉

参　编　李卫薇　徐翠梅　华　夏　潘　璇

机 械 工 业 出 版 社

本书从专业卖家的角度出发，以淘宝网上开店的经营流程为主线，同时介绍微信开店的相关知识，展开全书的设计和编写。本书分为主教材和教学资源包两个部分。其中，主教材采用项目式教材编写体例，共包括 10 个项目，即选择网上开店平台、走进淘宝、开通网上银行、支付宝攻略、网上发布宝贝、网上店铺装修、网店商品管理、网店推广、网店客服和微信开店。每个项目精心设计了 7 个环节：学习目标、情景设置、实训准备、实训步骤、知识链接、实训评价、巩固练习。教学资源包由演示文稿、参考答案及教学建议、学生学习资源、教师教学资源、经典案例、优秀教案集锦 6 个部分构成，为学生自主学习和教师教学提供了丰富的"学"和"教"的资源。

本书可作为职业学校电子商务专业的实训教材，也可用于营销类、物流类专业相关课程的实训教学，同时也可作为农村劳动力转移和城市待业人员创业的自学或培训用书。

图书在版编目（CIP）数据

网上开店实务：项目式教材/黄文莉主编．—2 版．—北京：机械工业出版社，2016.6
（2022.6 重印）职业教育电子商务专业课程改革新教材
ISBN 978-7-111-53681-9

Ⅰ．①网… Ⅱ．①黄… Ⅲ．①电子商务—商业经营—职业教育—教材 Ⅳ．①F713.36

中国版本图书馆 CIP 数据核字（2016）第 095641 号

机械工业出版社（北京市百万庄大街 22 号　邮政编码 100037）
策划编辑：聂志磊　　责任编辑：聂志磊　赵晓婷
责任印制：李　昂　　责任校对：马丽婷
唐山三艺印务有限公司印刷

2022 年 6 月第 2 版第 12 次印刷
184mm×260mm・13.5 印张・313 千字
标准书号：ISBN 978-7-111-53681-9
定价：42.00 元

电话服务　　　　　　　　　网络服务
客服电话：010-88361066　　机　工　官　网：www.cmpbook.com
　　　　　010-88379833　　机　工　官　博：weibo.com/cmp1952
　　　　　010-68326294　　金　书　网：www.golden-book.com
封底无防伪标均为盗版　　　机工教育服务网：www.cmpedu.com

前　言

在电子商务浪潮涌来之际，"淘宝""京东"等国内知名的第三方电子商务平台纷纷脱颖而出。它们积极地借鉴国外大型同类网站的成熟经验和先进的运营方式，为喜爱网络购物的消费者提供了全新的体验，让网络交易的观念深入人心。随着网上购物的便捷性和实用性日益凸显，加之移动终端的日渐普及，网络购物渐渐成为一种快捷、普遍的生活方式。

由于电子商务的低门槛性和便捷性，网上开店和微信营销已经成为许多人实现创业梦想的捷径。然而，不管是网上开店还是微信营销，都需要一定的经验和技巧。

"网上开店实务"是职业学校电子商务专业的一门实训课程，职业学校学生（以下简称职校生）可以从专业卖家的角度，通过体验申请、经营一家店铺的过程，熟悉网上交易的基本流程以及网上销售的一系列环节，有效地激活所学的理论知识。通过"做中学"，可以最大限度地唤启学生的学习欲望，提高学生的学习兴趣，从而提高学生电子商务方面的综合技能，增强其自主创新意识和创业激情。

一、本书的结构和特点

本书以网上商店经营的工作过程为导向，以在淘宝网上开店的流程为主线，同时还介绍了微信开店的有关知识。本书采用项目式教材编写体例，具体结构分为以下两个层次。

1. 第一个层次——总体结构

第一个层次由两个部分组成——主教材和教学资源包。

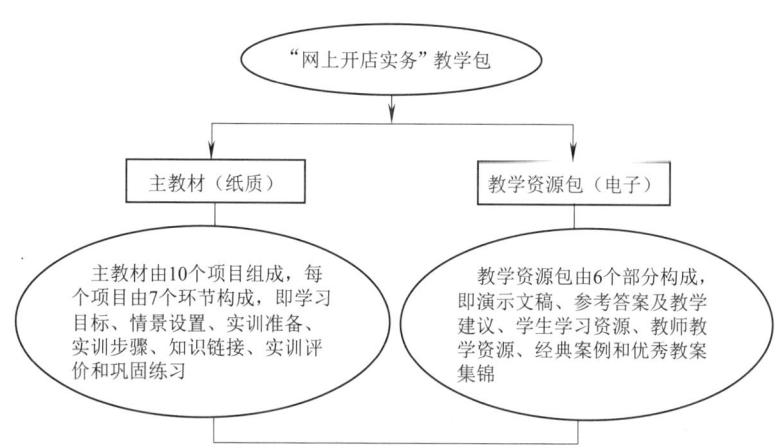

2. 第二个层次——每一部分的具体结构

（1）主教材　全书分为 10 个项目，即选择网上开店平台、走进淘宝、开通网上银行、支付宝攻略、网上发布宝贝、网上店铺装修、网店商品管理、网店推广、网店客服和微信开店。每个项目精心设计了以下 7 个环节。

☑ 学习目标：包括每个项目的技能训练目标和相关知识目标。

☑ 情景设置：展示与项目相关的职业或生活情景，导入项目包含的具体任务、内容和要求。

☑ 实训准备：包括教学设备准备、教学组织形式和学时安排等。

☑ 实训步骤：包括完成单项实训目标和综合项目实训目标的具体操作步骤。

☑ 知识链接：与每个项目和每项技能训练相关的知识。

☑ 实训评价：按项目应达到的实训标准进行自评和互评，保障实训目标的落实。

☑ 巩固练习：主要是根据每个项目必须掌握的主要知识点而设计的训练题，其题型包括判断题、单项选择题、多项选择题。

（2）教学资源包　教学资源包由演示文稿、参考答案及教学建议、学生学习资源、教师教学资源、经典案例和优秀教案集锦6个部分构成。对于选用本书作为教材的职业学校，本部分内容可通过机械工业出版社教育服务网（http://www.cmpedu.com）或加入电子商务专业交流群（QQ群：832803236）免费获取。

☑ 演示文稿：包括主教材每个项目技能训练操作步骤的演示PPT，与主教材配套。

☑ 参考答案及教学建议：包括主教材"巩固练习"的参考答案（含教学建议、能力训练、参考答案等内容）。

☑ 学生学习资源：包括《电子商务师国家职业标准》、电子商务员考试重点表、网上开店等参考资料，主要供学生学习参考之用。

☑ 教师教学资源：包括"教师教学资源"模块，下设三个文件，即电子商务法规、教学方法（论文）、中国互联网报告，主要供教师教学参考之用。

☑ 经典案例：包括20个网上开店成功或失败的经典案例。

☑ 优秀教案集锦：收集参编学校和参编教师的优秀教案，包括学校、省市、全国等各级的优秀教案（课件）、说课稿（课件）等。

二、本书的定位及其使用建议

本书是一本指导初学者网上开店的实训教程，着重从专业卖家的角度出发，较详细地介绍了网上开店各个环节的具体操作方法，内容丰富、简明扼要、通俗易懂，具有较强的可操作性，既可作为电子商务专业职校生的教材和网上创业者入门时的参考读物，也可作为农村劳动力转移和城市待业人员创业自学或培训用书。

在使用本书的过程中，教师或培训师如何教，学生或读者如何学？具体建议如下：

1）要提高教学实效，必须改变以"教师为中心，课堂为中心"的传统"教"和"学"的模式，让学生开展网上开店竞赛、网店设计比赛，实现网上开店成功的校友与在校学生互动。在网络平台进行真实或模拟创业等多种形式的、生动活泼的实践性教学活动。

2）建议教师多采用不同的教学方法进行有针对性的教学。特别提倡在各种教法中，引导学生开展"自主—合作—探究"式的学习。在教学理念上，通过学生开展"自主—合作—探究"式的学习，重在培养学生的关键能力和职业素养，为提高学生的就业能力打下坚实的基础。

3）全书分为10个项目，共计72学时，具体分配如下：

项 目	内 容	学 时
项目一	选择网上开店平台	4
项目二	走进淘宝	4
项目三	开通网上银行	4
项目四	支付宝攻略	6
项目五	网上发布宝贝	4
项目六	网上店铺装修	10
项目七	网店商品管理	10
项目八	网店推广	10
项目九	网店客服	10
项目十	微信开店	10
总计学时		72

三、参加编写的单位

本书由武汉市财贸学校黄文莉任主编，参加编写人员及具体分工如下：黄文莉编写项目一、二、五；李卫薇编写项目三、四；华夏编写项目六、七；徐翠梅编写项目八、九；潘璇编写项目十。

本书的编写得到了武汉市财贸学校、武汉市旅游学校、武汉市石牌岭职业高级中学等单位的大力支持，并特别感谢在本书编写过程中曾无私给予帮助的武汉市财贸学校已故校长彭纯宪。

在本书编写的过程中，参考了一些电子商务网站的资料和书籍，在此一并表示衷心的感谢！

由于编者水平所限，书中不足之处在所难免，恳请读者提出宝贵的意见或建议。

编　者

目　录

前言

项目一　选择网上开店平台 ... 1
项目实训目标 1：了解中国最早的 C2C 网上交易平台——易趣网 ... 2
项目实训目标 2：了解国内人气最高的网上交易平台——淘宝网 ... 5
项目实训目标 3：了解国内迅猛发展的移动互联推广平台——微信公众平台 ... 8
项目实训目标 4：撰写一份选择××C2C 网上交易平台理由和依据的书面说明 ... 13

项目二　走进淘宝 ... 19
项目实训目标 1：获得开店资格——注册淘宝 ... 20
项目实训目标 2：领取开店"身份证"——淘宝开店认证 ... 25
项目实训目标 3：聘请"保安"——为密码加保险 ... 32
项目实训目标 4：淘宝网会员基本信息管理 ... 37

项目三　开通网上银行 ... 41
项目实训目标 1：开通中国建设银行网上银行 ... 42
项目实训目标 2：开通中国工商银行网上银行 ... 48
项目实训目标 3：开通招商银行网上银行 ... 54
项目实训目标 4：撰写一份选择××银行网上银行理由和依据的书面说明 ... 60

项目四　支付宝攻略 ... 65
项目实训目标 1：获得开店"通行证"——注册支付宝 ... 66
项目实训目标 2：验证卖家第一关——支付宝实名认证 ... 71
项目实训目标 3：提高账户安全性能——支付宝数字证书 ... 80
项目实训目标 4：支付宝账户的设置 ... 85

项目五　网上发布宝贝 ... 89
项目实训目标 1：发布宝贝——一口价 ... 90
项目实训目标 2：发布宝贝——拍卖 ... 96
项目实训目标 3：选择一种方式成功发布宝贝并填写记录表 ... 100

项目六　网上店铺装修 ... 105
项目实训目标 1：起个好名——正式开张 ... 106
项目实训目标 2：设置店标——吸引买家眼球 ... 108
项目实训目标 3：设计公告栏——广而告之 ... 120
项目实训目标 4：选择店铺风格——凸显卖家个性 ... 125

项目实训目标 5：综合训练——网上店铺装修 126

项目七　网店商品管理 131
项目实训目标 1：梳理宝贝——分类商品，方便买家浏览 132
项目实训目标 2：推荐宝贝——增加商品的展示机会 139
项目实训目标 3：修改宝贝信息——更新商品，迎合买家心理 142
项目实训目标 4：综合训练——网店商品管理 144

项目八　网店推广 147
项目实训目标 1：提高店铺点击率——添加友情链接 147
项目实训目标 2：提高知名度——淘宝论坛 151
项目实训目标 3：定制推广工具——淘宝直通车 154
项目实训目标 4：综合训练——网店推广 160

项目九　网店客服 163
项目实训目标 1：充分运用沟通工具——阿里旺旺 164
项目实训目标 2：及时回复买家留言 169
项目实训目标 3：选择适合的宝贝配送方式 174
项目实训目标 4：售后服务不可忽视 178
项目实训目标 5：沟通的技巧 181
项目实训目标 6：综合训练——网店客服 183

项目十　微信开店 187
项目实训目标 1：注册微信公众号 188
项目实训目标 2：设置与管理微信公众号 192
项目实训目标 3：注册手机微店 198
项目实训目标 4：撰写一份开微店的可行性分析和开店计划的书面说明 ... 205

参考文献 207

项目一
选择网上开店平台

 学习目标

了解目前流行的 C2C 网上交易平台，分析和比较各自的特点、优点和缺点，为选择开店的地址（即网上交易平台）提供依据。具体的项目实训目标包括：

项目实训目标 1：了解中国最早的 C2C 网上交易平台——易趣网
项目实训目标 2：了解国内人气最高的网上交易平台——淘宝网
项目实训目标 3：了解国内迅猛发展的移动互联推广平台——微信公众平台
项目实训目标 4：撰写一份选择××C2C 网上交易平台理由和依据的书面说明

 情景设置

自己开店做老板是许多人的梦想。随着网络技术的发展，网上开店给人们提供了一个实现梦想的机会。网上开店没有复杂的程序，不需要昂贵的店面租金，也无需仓库，同时上手容易，利润也不低。对于希望开店创业又难以投入太多资金的人来说，开网店无疑是较好的选择。

商业流通领域著名的"三原则"认为：开店成功的关键第一是选址，第二是选址，第三还是选址！网上开店也需要选址——选择一个好的网上开店平台。近几年，国内这类提供网上开店服务的平台蓬勃发展。本项目主要介绍三个平台，请您上去浏览一番，了解这些网站的背景以及特点，并对它们进行性价分析与比较，然后选择出适合您的网上开店"地址"。

 **实训准备**

☑ 教学设备准备：多媒体网络计算机教室或电子商务实训室。
☑ 教学组织形式：将学生 2～6 人分成一个小组，以小组学习为主。
☑ 项目学时安排：共 4 学时（其中，项目实训目标 1～3，2 学时；项目实训目标 4，1 学时；巩固练习，1 学时）。

项目实训目标 1：
了解中国最早的 C2C 网上交易平台——易趣网

实训步骤

步骤一： 上网。双击桌面上的 图标，启动浏览器，输入网址 http://www.eachnet.com，进入易趣网首页，如图 1-1 所示。

图 1-1　登录易趣网首页

步骤二： 单击易趣网首页下端的"关于易趣"栏目，打开易趣网简介页面仔细阅读，如图 1-2 所示。

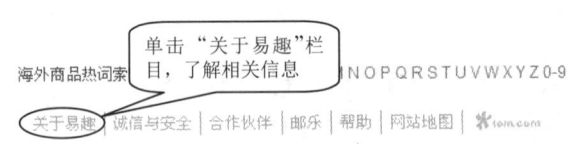

图 1-2　单击易趣网首页下端的"关于易趣"栏目

步骤三： 仔细阅读关于易趣网的介绍，如图 1-3 所示。

> **提示：** 要了解易趣网更多的情况，请单击易趣网首页上端的"帮助"栏目，它能提供您想知道的各种信息，如易趣规则、注册与认证、卖家帮助和安付通等。

项目一 选择网上开店平台

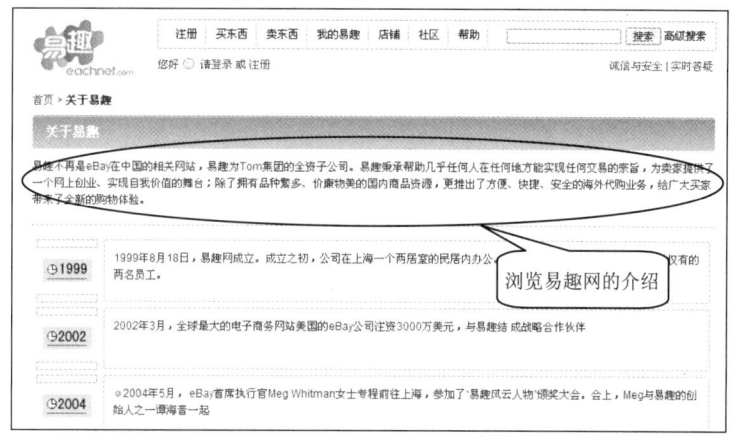

图1-3 浏览"关于易趣"栏目的内容

步骤四：请您在充分了解易趣网的基础上，完成表1-1的填写。

表1-1 易趣网服务特点及提供的主要条件

具 体 任 务	易趣网服务特点及提供的主要条件说明
网址	
网站Logo	
提供服务商家	
注册账户类型	
店铺开设条件	
开店费用	
商品销售方式	
支付服务名称	
即时联系工具	

知识链接

一、易趣网简介

易趣网于1999年成立，是中国最早的C2C电子商务平台，其当时的盈利模式是对用户收取商品登录费、店铺使用费等。易趣网在2008年5月5日宣布对用户终身免收店铺费，这意味着它又开始转向全平台免费模式。

2012年4月，易趣被Tom集团收购，成为其全资子公司，成为集国内电子商务业务、海外代购业务于一体的C2C综合网上交易平台。目前，易趣网已基本淡出大众的视野。

二、网上商店的含义

网上商店（也称网上虚拟商店、网络商店，或者简称为网店），是指具有法人资质的企业或个人在互联网上独立注册网站、开设网上虚拟商店，出售实物或提供服务给消费者的电子商务平台。网上商店通常是指建立在第三方提供的电子商务平台上，如同在大型商场中租用场地开设商店一样，由商家（包括企业或个人）自行开展电子商务的一种形式。

电子商务发展的早期，一些网上零售网站也称为网上商店，如当当网上书店、亚马逊网上书店等。随着这些网上零售网站的快速发展，其经营商品的品种越来越多，规模也越来越大，因此这些独立的电子商务网站通常都不再称为网上商店，而改称为网上商城。一些大型的电子商务网站除了自己销售产品外，也可以为其他企业提供租用网上商店或者开设网上专卖店的业务。

三、网上商店的优势和缺陷

1. 网上商店的优势

网上商店与传统实体商店相比，主要优势有：

1）无时间限制，网上商店是 7×24 小时，365 天不打烊。
2）无地域限制，客户遍布全世界。
3）营销推广经济、快捷。
4）网上开店成本低，风险小。
5）网上商店是虚拟商店，库存压力小。
6）能免去昂贵的店面租金或投资。
7）货源充足且容易组织。既可以销售本企业（自己）的商品，也可以销售其他企业（人）的商品；既可以到市场上去物色商品，也可以销售周围商店里的商品。
8）转行经营快，可以随时转行经营别类商品。
9）节约人手和时间，不需要自己站柜台，也不需要雇请营业员，只需抽空上网查看订单就行。
10）适应性广，企业、家庭和个人都可开店，个人工作之余也可开个网上商店来赚钱。
11）展现自我，可以无拘无束地在网上展示您的敏锐创意和聪明才智。

2. 网上商店的缺陷

当然，网上商店也有缺陷。由于网上商店大多依托于第三方电子商务平台，因此在功能方面受到一定的限制，如难以按照自己期望的方式设计网店，这样可能会在网店推广和建立用户信任等方面遇到一定的困难。另外，很多服务顾客的手段也受到电子商务平台的制约，网店的经营将受到一定的影响。同时，由于客户无法直接看到和接触到商品，购买率不高，网上店铺的经营状况难以得到保障。

卖家开始创业的时候往往会拼命干，连续工作十几个小时，时差颠倒，影响身体健康，加上长期对着计算机，容易得职业病，这也是网上开店的缺陷。

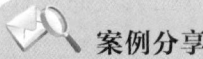 **案例分享**

拍拍网关闭案例

2015 年 11 月 10 日消息，京东集团发布公告称，鉴于 C2C 模式的电子商务在中国目前的商业环境中监管难度较大，无法有效杜绝假冒伪劣商品，为了公平对待合法经营的商家、保护消费者权益，经过慎重地思考和评估，京东集团决定，到 2015

项目一 选择网上开店平台

年12月31日停止提供C2C模式的电子商务平台服务——关闭拍拍网,并在三个月的过渡期后,于2016年4月1日起,彻底关闭C2C模式的电子商务平台服务。

拍拍网关闭的案例告诉广大卖家,网上开店固然灵活自由,但是一定要遵守网站开店协议,杜绝假冒伪劣产品,共同营造公平诚信的网上购物环境。

项目实训目标2:
了解国内人气最高的网上交易平台——淘宝网

实训步骤

步骤一:上网。双击桌面上的图标,启动浏览器,输入网址http://www.taobao.com,进入淘宝网首页,如图1-4所示。

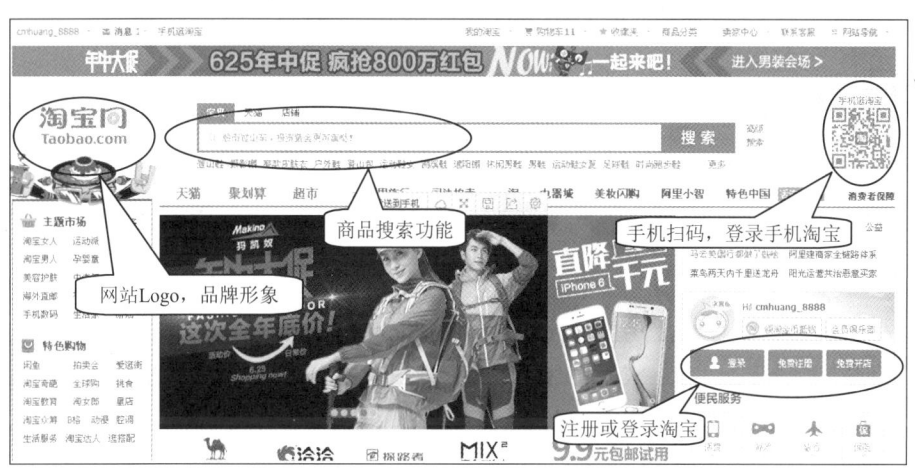

图1-4 登录淘宝网首页

> **提示**:淘宝网在首页上方设有主要功能区,即"我的淘宝""购物车""收藏夹""商品分类""卖家中心""联系客服""网站导航"等。请注意:该首页随时在更新。

步骤二:单击淘宝网首页下端的"关于淘宝"栏目,如图1-5所示。

图1-5 单击淘宝网首页下端的"关于淘宝"栏目

> **提示**：要了解淘宝网更多的情况，请单击淘宝网首页右上端的"网站导航"栏目，它能提供您想知道的各种信息，如"我是买家""我是卖家""账号管理""淘宝帮助""开放平台"等。

步骤三：进入"关于淘宝"页面浏览，了解该公司的经营特点和范围等内容，如图1-6所示。

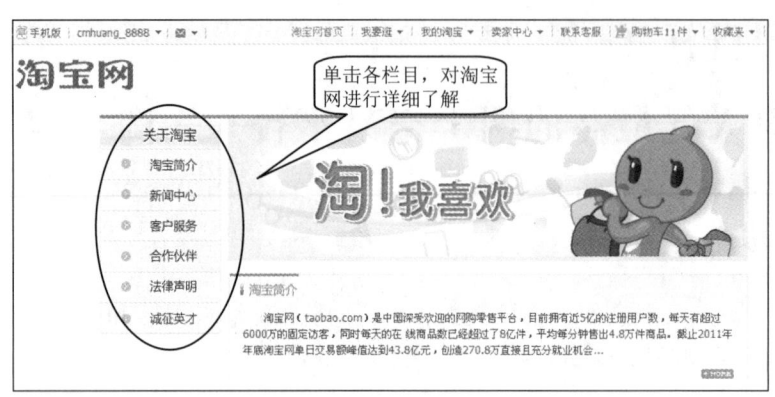

图1-6　进入"关于淘宝"页面

步骤四：请您在充分了解淘宝网的基础上，完成表1-2的填写。

表1-2　淘宝网服务特点及提供的主要条件

具体任务	淘宝网服务特点及提供的主要条件说明
网址	
网站 Logo	
提供服务商家	
注册账户类型	
店铺开设条件	
开店费用	
商品销售方式	
支付服务名称	
即时联系工具	

知识链接

一、淘宝网简介

淘宝网（www.taobao.com）是目前国内最受欢迎的网购零售平台，由阿里巴巴集团于2003年5月10日投资创办，目前拥有近5亿的注册用户数，每天有超过6 000万的固定访客，每天的在线商品数超过8亿件，平均每分钟售出4.8万件商品。随着淘宝网规模的扩大和用户数量的增加，淘宝网也从单一的C2C网络集市变成了包括C2C、团购、分销、拍卖等多种电子商务模式在内的综合性零售商圈。淘宝网目前已经成为世界范围的电子商务交易平台之一，业务跨越 C2C（个人对个人）和 B2CC（商家对个人）两部分。

二、淘宝网的主要功能区与宝贝分类

1. 淘宝网的主要功能区

（1）我的淘宝　主要是管理各种订单、查看优惠信息、售后服务、最近访问的店铺等信息，为买家提供全方位的服务。

（2）卖家中心　主要是为卖家提供交易管理、物流管理、宝贝管理、店铺管理、营销中心、货源中心、客户服务等功能。

（3）购物车　主要是方便买家进入到购物车系统，查看购物车里的商品。

（4）收藏夹　主要是方便买家查看自己收藏的宝贝和收藏的店铺。

（5）联系客服　主要为会员提供各项服务，包括常见问题、自助服务、联系客服、我的服务记录等项目，分为通用版和卖家版。

（6）网站导航　类似于网站地图，为买家和卖家会员提供了各种功能和服务的链接，方便会员快捷地进入相关的栏目。

2. 淘宝网的宝贝分类

进入淘宝网主页，商品琳琅满目。为了方便用户找到所需要的宝贝（商品），淘宝网借鉴实体商场的布局，开设了天猫、聚划算、超市、阿里旅行、司法拍卖、一淘、电器城、美妆闪购、阿里小智、特色中国等十几个频道，并嵌入了功能强大的搜索引擎，以便用户直接输入关键词查找商品。同时，淘宝网将出售的商品按性质分成若干大类，在大类下再按不同的标签分成若干小类。

三、C2C 电子商务模式的含义

消费者对消费者（也称用户对用户或个人对个人，Customer to Customer，简称为 C to C 或 C2C）的模式，是以个人之间的交换为主要目的，买卖双方通过一个第三方在线交易平台进行交易的电子商务模式。例如，一个消费者（C）有一台旧计算机，通过网上拍卖，把它卖给另外一个消费者（C），这种交易类型就称为 C2C 电子商务模式。国内 C2C 电子商务模式的产生，以 1999 年易趣成立为标志。著名网站如淘宝、易趣、拍拍等，都属于这种模式，它们为广大网民之间的交易提供电子交易平台，在这些交易平台上，卖方可以主动提供商品上网拍卖，而买方则可以自行选择商品进行竞价。

C2C 电子商务模式的特点类似于现实商务世界中的跳蚤市场。其构成要素，除了包括买卖双方外，还包括电子交易平台服务商，即类似于现实中跳蚤市场的场地提供者和管理员。从理论上来说，C2C 电子商务模式最能够体现互联网的精神和优势，数量巨大、地域不同、时间不一的买方和同样规模的卖方，通过一个平台找到合适的对家进行交易，在传统领域要实现这样大的工程几乎是不可想像的。与传统的二手市场相比，它不再受到时间和空间限制，节约了大量的市场沟通成本，其价值是显而易见的。

四、B2C 电子商务模式的含义

企业对消费者（也称商家对个人客户或商业机构对消费者，Business to Customer，简称为 B to C 或 B2C）的模式，是指企业通过互联网将商品或服务直接对消费者进行销售的电子商务模式。例如，美国亚马逊公司将商品通过互联网由网上商店（B）推广给全球广大的消费者（C），这种交易类型就称为 B2C 电子商务模式，类似于电子化的零售商务。B2C 电子商务模式是我国最早产生的电子商务模式，以 8848 网上商城的正式运营为标志。企业通过互联网为消费者提供一个新型的购物环境——网上商城，消费者通过网络购物和支付。这种模式节省了客户和企业的时间和空间，大大提高了交易效率，特别对于工作忙碌的上班族，这种模式尤为便捷。目前，互联网上已遍布各种类型的网上商城，比较知名的有天猫商城、当当网、京东商城等，它们提供包括服装、鲜花、书籍、计算机在内的各类商品和服务。

项目实训目标 3：
了解国内迅猛发展的移动互联推广平台——微信公众平台

实训步骤

步骤一：上网。双击桌面上的 图标，启动浏览器，输入网址 mp.weixin.qq.com，进入微信公众平台首页，如图 1-7 所示。

图 1-7　微信公众平台首页

步骤二：单击微信公众平台首页下端的"运营规范"栏目，打开"微信公众平台运营规范"页面，如图 1-8 所示。

图 1-8　单击微信公众平台首页下端的"运营规范"栏目

步骤三：对"微信公众平台运营规范"的内容进行浏览，如图 1-9 所示。

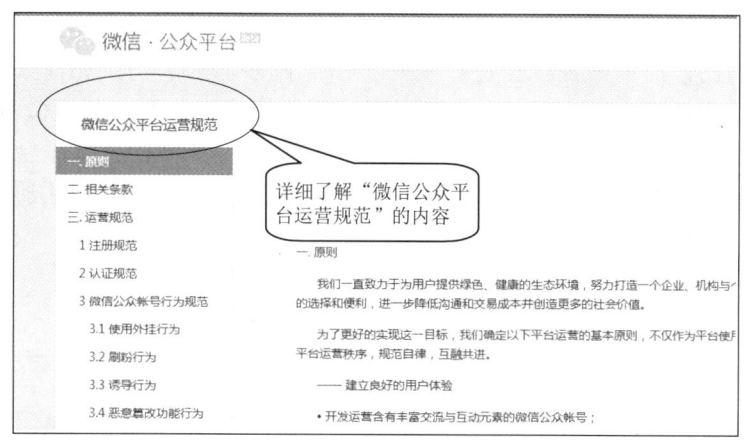

图 1-9　进入"微信公众平台运营规范"页面

> **提示**：要了解微信公众平台更多的信息，请单击页面中"系统公告"→"查看更多"链接，它能提供您想知道的各种信息，如公众平台全面开放自定义菜单、公众平台新增素材管理接口等。

步骤四：请您在充分了解微信公众平台的基础上，完成表 1-3 的填写。

表 1-3　微信公众平台服务特点及提供的主要条件

具 体 任 务	微信公众平台服务特点及提供的主要条件说明
网址	
网站 Logo	
提供服务商家	
公众账号分类	
注册账号类型	
公众账号认证条件	
认证成功后的权限	
公众平台费用	
公众平台用户资格	
即时联系工具	

一、微信公众平台简介

微信公众平台是腾讯公司在微信的基础上新增的功能模块，通过这一平台，个人、企业和政府机关部门都可以打造微信公众号，实现和特定群体的文字、图片、语音的全方位沟通、互动。微信公众平台账号分订阅号和服务号、企业号三类。利用公众账号平台进行自媒体活动，简单来说就是进行一对多的媒体性行为活动，如商家通过申请公众微信服务号实现展示商家微官网、微社区、微会员、微推送、微支付、微活动、微报名、微分享、微名片等功能，还可以实现部分轻应用功能。目前微信公众平台已经形成了一种主流的线上线下微信互动营销方式。截至 2014 年，微信公众平台的注册用户已经超过 600 万。

二、微信公众平台不同账号的区别

1. 服务号的功能

微信公众平台服务号是公众平台的一种账号类型，旨在为用户提供服务。

1）1 个月（30 天）内仅可以发送 4 条群发消息。
2）发给订阅用户（朋友）的消息，会显示在对方的聊天列表中。
3）服务号会在订阅用户（粉丝）的通讯录中。
4）服务号可申请自定义菜单。

2. 订阅号的功能

微信公众平台订阅号是公众平台的一种账号类型，旨在为用户提供信息和资讯。

1）每天（24 小时内）可以发送 1 条群发消息。
2）发给订阅用户（粉丝）的消息，会显示在对方的订阅号文件夹中。单击两次才可以打开。
3）在订阅用户（粉丝）的通讯录中，订阅号将被放入订阅号文件夹中。
4）订阅号在获得微信认证后可以申请自定义菜单。

> **提示**：在微信 4.5 版本之前申请的订阅号有一次机会升级到服务号，而之后新注册的微信公众平台账号一旦选择了订阅号或服务号就不可以改变了，所以一定要确定好账号类型。推荐企业选择服务号，因为对于服务号，腾讯会在后期有一些高级接口开放，企业可以更好地利用公众平台服务客户。

3. 企业号的功能

具备将企业销售售后和内部 OA 打通功能的微信企业号，有微信订阅号和微信服务号无法比拟的强大功能。

微信公众平台企业号是公众平台的一种账号类型，旨在帮助企业和政府机关、学校、医院等事业单位以及非政府组织建立与员工、上下游合作伙伴及内部 IT 系统间的连接，能有效地简化管理流程，提高信息的沟通和协同效率，提升对一线员工的服务及管理能力。

三、微信开店的优势

进入一个新的环境，每个人都会有不适，从淘宝转战微信尤其如此。但是相对于淘宝战场白热化的浴血用户争抢大战，微信电商可以说是一块尚未开垦的处女地，至少可以肯定：微信开店正处于一个急速上升的发展期，机会就在这里。

1）弥补了在其他平台上起步晚的店铺劣势。微信开店，大家都在一个起跑线上。

2）改变了卖家守株待兔的被动营销。不再守着计算机眼巴巴地等待客户上门，你可以主动出击，和客户进行交流，掌握客户需求。

3）客户圈自主圈定。实现我的客户圈我做主，自主筹建庞大的客户圈。

4）节省投资。微信开店的后台操作系统简单，更有一天一次群发消息的机会，可以将活动信息一次群发，有效地节约信息发布的成本。

5）同类竞争小。现在微信开店的市场刚刚打开，同类竞争还不激烈。

四、国家发布的推进电子商务发展的相关政策

中央部委 2012—2015 年出台的电子商务领域相关政策一览表，见表 1-4。

表 1-4　中央部委 2012—2015 年出台的电子商务领域相关政策一览表

时　间	部　委	政　策	主　要　内　容
2012 年 2 月	国家发改委、财政部等 8 部委	《关于促进电子商务健康快速发展有关工作的通知》	重点推动国家电子商务示范城市建设，推动商贸流通领域电子商务应用快速发展，规范电子支付，推广金融 IC 卡应用，研究跨境贸易电子商务便利化措施等工作
2012 年 3 月	工信部规划司	《电子商务"十二五"发展规划》	确定"十二五"期间电子商务发展的具体目标为交易额翻两番，突破 18 万亿元；企业间电子商务交易规模超过 15 万亿元；网络零售交易额突破 3 万亿元，占社会消费品零售总额的比例超 9%
2012 年 5 月	国家邮政局	《快递市场管理办法（修订草案）》公开征求意见	首次建议寄件人对贵重物品购买保价或保险服务。目前，顺丰、中通、韵达等快递公司已尝试对 2 万元以上的奢侈品进行保价。未保价的物品，损坏或遗失，最多只赔偿运费的 3~5 倍
2012 年 6 月	工业和信息化部	《互联网信息服务管理办法（修订草案征求意见稿）》	对实名制、网站准入条件、公民个人信息安全等问题做出了明确规定
2014 年 1 月	财政部、国家税务总局	《关于跨境电子商务零售出口税收政策的通知》	对跨境电子商务零售出口有关税收优惠政策予以明确，除财政部、国家税务总局明确不予出口退（免）税或免税的货物以外，电子商务出口企业出口货物，同时符合四项条件，适用增值税、消费税退（免）税政策
2014 年 2 月	国家工商总局	《网络交易管理办法》	要求网络商品经营者销售商品，消费者有权自收到商品之日起 7 日内退货，且无需说明理由；鲜活易腐、定做等四类商品除外。名人、明星、网络"大 V"等在为产品进行推广并因此取得酬劳时，应当如实披露其性质等
2014 年 2 月	海关总署	《关于增列海关监管方式代码的公告》	增列海关监管方式代码"9610"，全称"跨境贸易电子商务"，简称"电子商务"，适用于境内个人或电子商务企业通过电子商务交易平台实现交易，并采用"清单核放、汇总申报"模式办理通关手续的电子商务零售进出口商品

（续）

时间	部委	政策	主要内容
2014年4月	中国银监会、中国人民银行	《关于加强商业银行与第三方支付机构合作业务管理的通知》	从保护客户资金安全和信息安全出发，对有针对性的问题细化了规范，涉及客户身份认证、信息安全、交易限额、交易通知、赔付责任、第三方支付机构资质和行为、银行的相关风险管控等
2014年5月	国家发改委、中国人民银行	《关于组织开展移动电子商务金融科技服务创新试点工作的通知》	要求各地推动移动金融安全可信公共服务平台建设，开展国家电子商务示范城市移动电子商务金融科技服务创新试点工作。要求针对移动电子商务支付存在的安全隐患、身份认证标准不一、移动金融服务难以互联互通等问题，加快移动金融可信服务管理设施建设
2014年10月	财政部、商务部、国家邮政局	《关于开展电子商务与物流快递协同发展试点有关问题的通知》	决定在天津、石家庄、杭州、福州、贵阳5个城市开展电子商务与物流快递协同发展试点。财政部将划拨专项资金，帮助5个试点城市推进电商快递协同发展工作。明确了5个试点城市的重点任务，即统筹规划基础设施建设，推行运营车辆规范化，解决末端配送难题，加强从业人员基本技能培训，鼓励电商企业与物流快递企业合作
2014年11月	国家工商总局	《网络商品和服务集中促销活动管理暂行规定(征求意见稿)》	明确网络集中促销组织者应当对网络集中促销经营者的经营主体身份进行审查和核实，并对网络集中促销经营者的促销活动进行监督。网络集中促销组织者应当在网站显著位置，事先公示促销活动的期限、方式和规则等信息，且不得强制设定最低成交量或最低成交额、最低价或最高价、搭售或捆绑销售等条件，不得为或协助网络集中促销经营者虚构交易、成交量或虚假用户评价
2014年12月	商务部	《网络零售第三方平台交易规则制定程序规定(试行)》	网络零售第三方平台经营者应当按照利益相关方的要求，在收到申请之日起7日内以合理方式对交易规则做出说明；在制定或修改的交易规则，应当在网站主页面醒目位置公开征求意见，并采取合理措施确保交易规则的利益相关方及时、充分知晓并表达意见，通过合理方式公开收到的意见及答复处理意见，征求意见的时间不得少于7日
2015年4月	商务部	《2015年电子商务工作要点》	2015年电子商务工作要主动适应经济发展新常态，落实"互联网+"行动计划，全面推进以互联网为核心的信息技术在商品流通和对外贸易领域的应用，发挥电子商务拓市场、促消费、带就业、稳增长的重要作用，促进经济转型升级和大众创业、万众创新，构建统一开放、竞争有序的电子商务市场体系
2015年5月	国务院	《关于大力发展电子商务加快培育经济新动力的意见》	建立健全适应电子商务发展的多元化、多渠道投融资机制。研究鼓励符合条件的互联网企业在境内上市等相关政策。支持商业银行、担保存货管理机构及电子商务企业开展无形资产、动产质押等多种形式的融资服务。鼓励商业银行、商业保理机构、电子商务企业开展供应链金融、商业保理服务，进一步拓展电子商务企业融资渠道。引导和推动创业投资基金，加大对电子商务初创企业的支持
2015年11月	国务院	《关于促进农村电子商务加快发展的指导意见》	明确三方面的重点任务：一是培育农村电子商务市场主体。鼓励电商、物流、商贸、金融、供销、邮政、快递等各类社会资源加强合作，参与农村电子商务发展。二是扩大电子商务在农业农村的应用。在农业生产、加工、流通等环节，加强互联网技术应用和推广。拓宽农产品、民俗产品、乡村旅游等市场，为农产品进城拓展更大空间。三是改善农村电子商务发展环境。加强农村流通基础设施建设，加强政策扶持和人才培养，营造良好市场环境

项目实训目标 4：
撰写一份选择××C2C网上交易平台理由和依据的书面说明

目的：在完成前三个项目实训目标的基础上，通过综合训练，提高网上开店平台的选择能力。

内容：选择一个 C2C 网上交易平台。

要求：根据项目实训目标 1～3 的学习内容和要求，独立撰写一份选择××C2C 网上交易平台理由和依据的书面说明以及在网上开店的简要构想，见表 1-5。

表 1-5　在 ＿＿＿＿＿＿ 网上（平台上）开店的初步构想

	具 体 描 述
选择该网上交易平台的理由	
网店基本构想	

知识链接

一、网上平台的选择

网上开店不仅要依托网上平台（网上商城，以下统称网上平台）的基本功能和服务，而且其顾客也主要来自于该网上平台的访问者，因此，网上平台的选择非常重要。用户在选择网上平台时往往存在一定的决策风险。尤其是初次在网上开店，由于经验不足以及对网上平台了解比较少等原因，选择网上平台带有很大的盲目性。如何在众多的平台服务商中，选择适合自己的电子商务平台呢？

选择电子商务平台时应考虑的因素包括：良好的品牌形象、简单快捷的申请手续、稳定的后台技术、快速周到的顾客服务、完善的支付体系、必要的配送服务以及售后服务保证措施等。当然，还需要有尽可能高的访问量，具备完善的网店维护和管理、订单管理等基本功能，并且可以提供一些高级服务，如网店推广、网店访问流量分析等。此外，收费模式和费用水平也是应当考虑的重要因素之一。不同的企业或个人可能对网上销售有不同的特殊要求，选择适合本企业或个人特性的电子商务平台需要花费不少精力，完成对电子商务平台的选择、确认过程大概需要几小时甚至几天的时间。不过，这样的前期调研时间投入是值得的，可以最大限度地减小盲目性，增加后期开店成功的可能性。

二、网上开店的基本流程

无论网上开店是以盈利为目的，还是以提高电子商务技能为目的；无论是把网上开店作为自己的第一职业，还是第二职业，都必须了解网上开店最基本的流程，如图1-10所示。

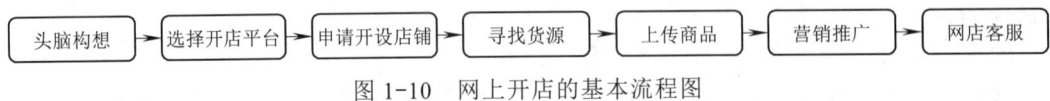

图1-10　网上开店的基本流程图

第一步，头脑构想。您想开一家什么样的店？一般地讲，网上开店的第一步并不在网上，而在您的脑海里，观念决定行动。在这点上，开网店与传统的实体店没有太大的区别，寻找好的市场、选择有竞争力的商品是成功的基石。

第二步，选择开店平台。您需要选择一个提供个人店铺平台的网站，注册为用户，这一步很重要。大多数网站会要求用真实姓名和身份证等有效证件进行注册。在选择网站的时候，人气旺盛、是否收费以及收费情况等都是很重要的指标。现在很多平台提供免费开店服务，这一点可以为您节省不少成本。

第三步，申请开设店铺。申请卖家大致有三步：填写个人资料、提交身份证、提交银行卡。您要详细填写自己店铺所提供商品的分类，然后需要为自己的店铺起个合适的名字，有的网店显示个人资料，应该如实填写，以增加信任度。

第四步，寻找货源。寻找货源的办法有很多，大部分的网络商家为代理实体店形式。可以从熟悉的渠道和平台进货，控制成本是关键。

第五步，上传商品。您需要把每件商品的名称、产地、所在地、性质、外观、数量、价格、交易方式和交易时限等信息填写在网站上，最好搭配商品的图片。如需要邮寄，要声明谁负责支付邮费。

第六步，营销推广。为了提升自己店铺的人气，在开店初期，应适当地进行营销推广，但只限于网络上是不够的，要网上、网下多种渠道一起推广。

第七步，网店客服。买家在决定是否购买时，可能需要很多卖家没有提供的信息，他们随时会在网上提出，卖家应及时并耐心地回复买家（留言）。注意沟通的技巧，加强售后服务，这是网上开店不可忽视的、最重要的步骤之一。

三、网上开店的三种经营方式

如果您正在考虑网上开店，应该根据个人的实际情况，选择一种适合自己的经营方式。网上开店的经营方式主要有以下三种：

（1）网上开店与网下开店相结合的经营方式　此种网店因为有网下实体店的支持，在商品的价位、销售的技巧方面都更有优势，也容易取得消费者的认可与信任。

（2）全职经营网店　经营者将全部的精力都投入到网站的经营上，将网上开店作为自己的全部工作，将网店的收入作为个人收入的主要来源。

（3）兼职经营网店　经营者将经营网店作为自己的副业，如现在许多在校学生利用课余时间经营网店，也有一些职场人士利用业余时间开设网店，以增加收入来源。

四、网上开店最基本的条件

网上开店的条件非常简单，按硬件要求可以分为三类，以便于各位卖家根据自己的经营策略和经济状况等进行取舍。

（1）体验型卖家　基本要求：计算机一台（可以上网）、智能手机一部、数码相机一台。如果卖家刚刚进入网上开店的行列，对网上开店的了解还非常浅显，主要目的是体验，那就不需要特别刻意地配置硬件设施。只要卖家拥有一台可以上网的计算机，就可以开始网上建店之旅了。

（2）兼职型卖家　随着网上交易的进行，交易额趋于稳定，如果想进一步扩大经营规模，对硬件的要求也会更加严苛。基本要求：计算机一台（可以刻录、上网）、数码相机一台（高品质）、智能手机一部（能随时联系到）。

（3）专业型卖家　基本要求：办公场所、台式计算机一台（可以刻录、上网）、笔记本式计算机、数码相机一台（高品质）、智能手机（能随时联系到）、固定电话、传真机一台、打印机一台以及所卖产品的相关设施。由于专业卖家全力投入网上开店，且交易额比较高，所以对硬件的要求就复杂了许多。

实训评价

选择网上开店平台项目实训评价表，见表1-6。

表1-6　选择网上开店平台项目实训评价表

内容	评价标准				自评/分	组评/分	师评/分
	优（90～100分）	良（76～89分）	及格（60～75分）	不及格（60分以下）			
工作态度	积极、认真	比较认真	一般	不认真			
工作能力	超额完成并有所创新	按时完成	勉强完成	不能完成			
工作成果	详细了解网上开店平台，分析并能选定适合自己开店的平台，能写出选择该网上平台的理由	比较了解网上开店平台，分析并能选定适合自己开店的平台，能说出选择该网上平台的理由	比较了解网上开店平台，能选择一个网上平台	不了解网上开店平台，不能选择一个网上平台			

巩固练习

一、判断题（正确的打"√"，错误的打"×"）

1. 商业流通领域著名的"三原则"认为：开店成功的关键第一是选址，第二是选址，第三还是选址。　　　　　　　　　　　　　　　　　　　　　　　　　　（　　）

2. 目前，在国内著名的 C2C 网站中，淘宝网是中国成立最早的 C2C 电子商务网站，也是最先收费的国内 C2C 网站。（   ）

3. 一般地讲，网上开店的第一步并不在网上，而在开店者的脑海里，观念决定行动。（   ）

4. C2C 模式的特点类似于现实商务世界中电子化的批发商务。（   ）

5. C2C 电子商务模式是我国最早产生的电子商务模式。（   ）

二、单项选择题（请将正确选项的代号填在括号中）

1. C2C 这种电子商务模式的产生以（   ）为标志。
   A．1999 年易趣成立
   B．腾讯拍拍网 2005 年 9 月 12 日上线发布
   C．淘宝网 2003 年 5 月 10 日问世
   D．以上都不是

2. 属于 C2C 电子商务模式的网站是（   ）。
   A．京东商城   B．阿里巴巴 1688
   C．当当网   D．淘宝网

3. 网上开店与网下开店相结合的经营方式，主要指经营者（   ）。
   A．只有网店   B．既有网店又有实体店
   C．只有实体店   D．既无网店又无实体店

4. 职校生要在网上开店，比较适合采用（   ）的经营方式。
   A．全职经营网店   B．网上开店与网下开店相结合
   C．网上代理加盟   D．兼职经营网店

5. 网上开店最基本的条件不包括（   ）。
   A．计算机一台（可以上网） B．手机一部
   C．数码相机一台   D．在当地工商部门注册

三、多项选择题（每题的备选答案中有两个或两个以上符合题意的答案，请将正确选项的代号填在括号中）

1. 网上商店是指具有法人资质的企业或个人在互联网上独立注册网站、开设网上虚拟商店，出售实物或提供服务给消费者的电子商务平台，也称为（   ）。
   A．网上虚拟商店   B．网络商店
   C．网店   D．网上平台

2. 网上商店与传统实体商店相比，主要的优势有（   ）。
   A．网上商店是虚拟商店，无需存货、仓库等
   B．能免去昂贵的店面租金或投资
   C．无须注册，能免去注册费用
   D．可展现自我

3. 网上商店也有缺陷，由于网上商店大多数依托于第三方电子商务平台，因此（   ）。
   A．在功能方面受到一定的限制，难以按照自己期望的方式设计网店

B．客服手段受到电子商务平台的制约

C．开始创业的时候往往工作时间长，时差颠倒，影响身体健康

D．长期对着计算机，容易得职业病

4．在众多的平台服务商中，选择适合自己的电子商务平台时应考虑的因素包括（　　）。

  A．良好的品牌形象   B．简单、快捷的申请手续

  C．稳定的后台技术   D．完善的支付体系

5．（　　）是微信公众平台的账号类别。

  A．服务号   B．微信号

  C．订阅号   D．企业号

项目二

走进淘宝

 **学习目标**

了解和掌握国内影响力最大的 C2C 模式电子商务平台——淘宝网的会员注册流程,为网上开店做好准备。具体的项目实训目标包括:

项目实训目标 1:获得开店资格——注册淘宝

项目实训目标 2:领取开店"身份证"——淘宝开店认证

项目实训目标 3:聘请"保安"——为密码加保险

项目实训目标 4:淘宝网会员基本信息管理

 情景设置

淘宝网是国内领先的个人交易网上平台,由阿里巴巴集团投资 4.5 亿创办。从 2003 年 5 月 10 日成立至今,迅速占领市场,成为全球最大的个人交易网站之一。

要想在淘宝网上开设店铺,首先要在淘宝网上注册,只有注册会员才能开设店铺,或者在淘宝社区发表言论,结交更多的朋友,聚集人气,建立自己的商务圈。怎么样,动心了吧,心动不如行动,请随我一起走进淘宝网吧!

实训准备

☑ 教学设备准备:多媒体网络计算机教室或电子商务实训室。

☑ 教学组织形式:将学生 2～6 人分成一个小组,以小组学习为主。

☑ 项目学时安排:共 4 学时(其中,项目实训目标 1～3,2 学时;项目实训目标 4,1 学时;巩固练习,1 学时)。

项目实训目标 1：
获得开店资格——注册淘宝

实训步骤

步骤一：打开淘宝网首页，单击页面右侧"免费注册"按钮，如图 2-1 所示。

图 2-1 登录淘宝网

步骤二：填写手机号（淘宝默认是手机注册），拖动滑块进行验证，如图 2-2 和图 2-3 所示。

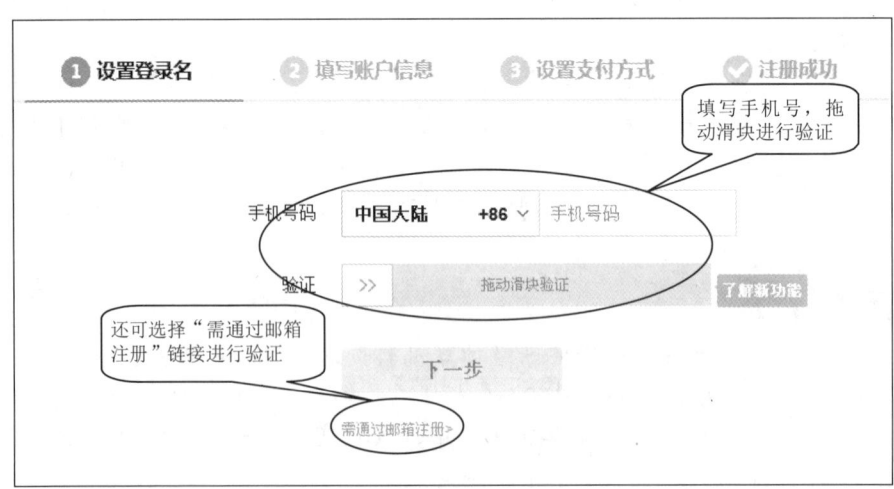

图 2-2 输入手机号并验证

图 2-3 通过验证

提示：填写的手机号，必须是未被注册使用的手机号。您也可以选择通过邮箱注册，如图 2-2 所示，但是建议大家使用手机号码进行注册，因为通过邮箱进行注册时，仍然需要通过一个手机号来收取动态校验码。

步骤三：系统发送校验码到你的手机上，请在方框内输入校验码，如图 2-4 所示。

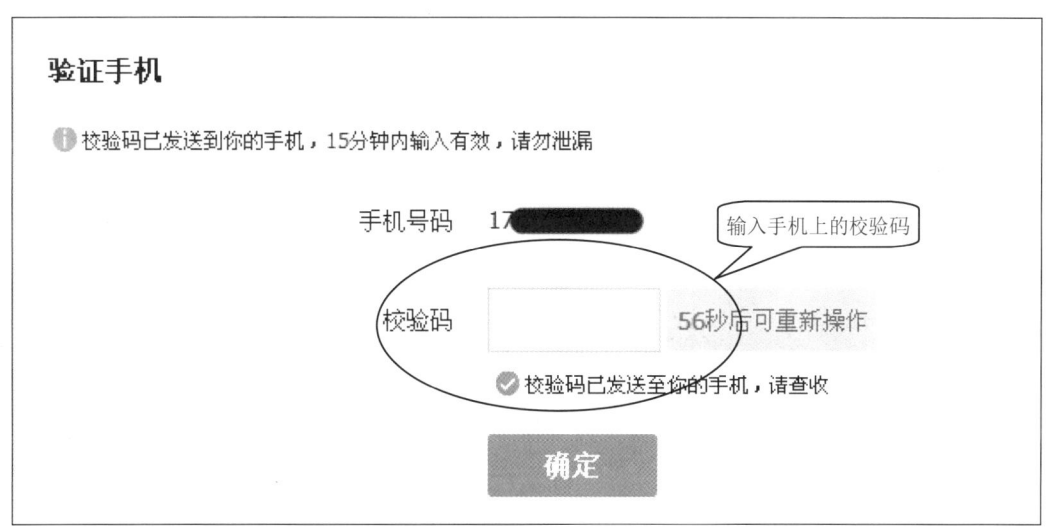

图 2-4 输入手机上的校验码

步骤四：设置登录密码和会员名，如图 2-5 所示。

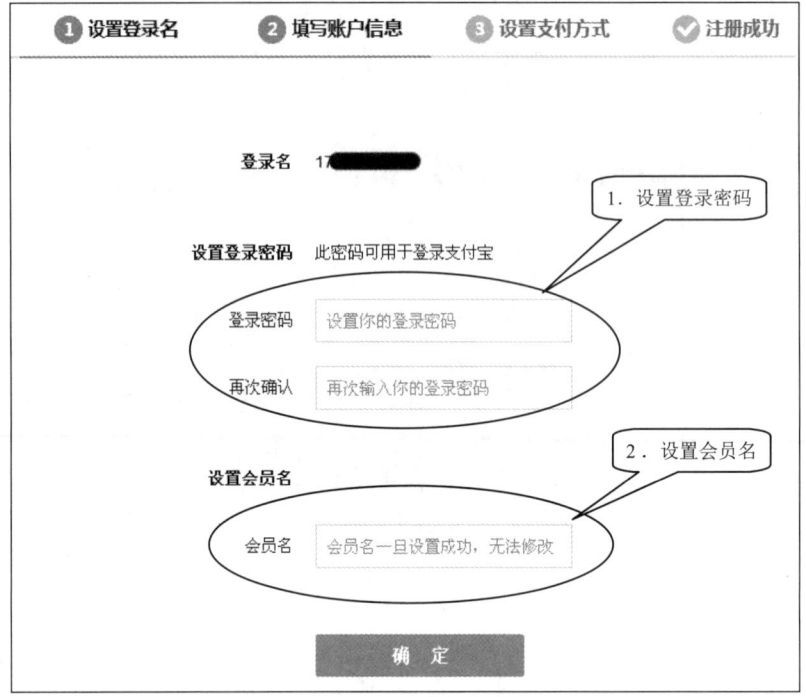

图 2-5 设置登录密码和会员名

> **提示**：淘宝的登录密码也可用于登录支付宝。特别提醒：淘宝会员名一旦设置成功，是无法修改的，所以在填写会员名时一定要慎重。

步骤五：如果要购物，淘宝账户需要绑定一张银行卡；如果暂时不需要，可跳过此步骤，到下一步，如图 2-6 所示。

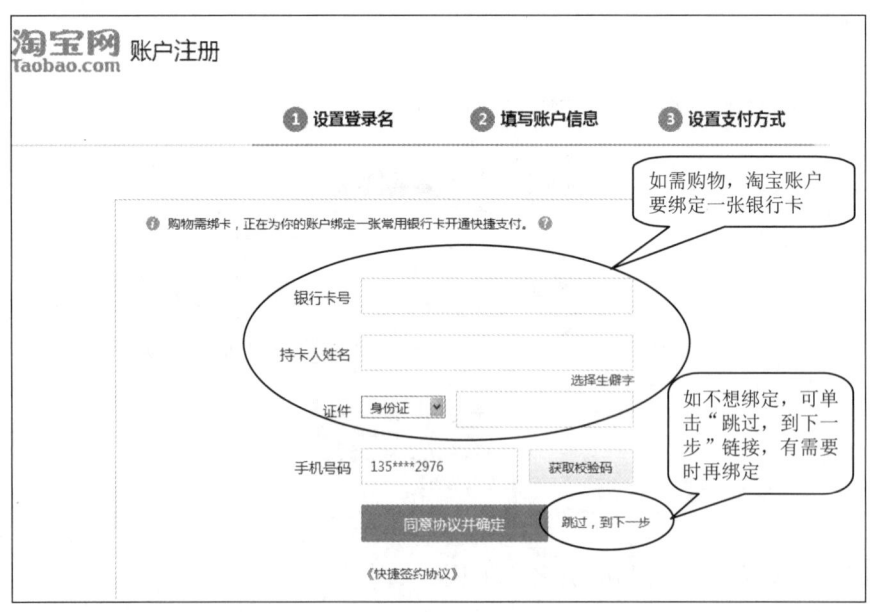

图 2-6 绑定银行卡

步骤六：注册成功，如图 2-7 所示。

图 2-7　注册成功

> 提示：淘宝账户注册成功后就成为了淘宝会员，同时也成为支付宝会员。淘宝会员成长体系包含 7 个会员等级，会员等级由成长值决定。成长值是淘宝网会员通过购物所获得的经验值，成长值越高，会员等级越高，能享受更多的会员服务哦！

步骤七：在淘宝网注册成功的基础上，完成表 2-1 的填写。

表 2-1　淘宝网成功注册记录表

注 册 内 容	淘宝网的注册记录
注册者的资格	
注册方式	
会员名	
密码的安全等级	
注册邮箱	
是否开通快捷支付	
注册所花的时间	

知识链接

一、淘宝账户的注册方式

目前注册淘宝账户的激活方式有手机验证和邮箱验证两种，但是都需要使用手机接收验证码来校验。

1）注册淘宝账户不收费；接收验证短信也是免费的。

2）验证时用的手机号码和邮箱均具有唯一性，必须是未被注册使用过的，否则系统会自动提示"该手机号码已注册"或"该电子邮箱已注册"。

3）邮箱注册时需要进行手机接收验证码，该手机号码可以是被注册使用过的，但是同一个手机号码 90 天内最多允许验证注册成功 3 个邮箱账户。

二、注册淘宝账户时设置会员名的注意事项

淘宝的会员名一经注册不能更改，所以在设置的时候一定要慎重。注册时请您选择喜欢且容易记住的名字，推荐您使用中文会员名。设置时若出现错误提示，可能存在以下三种情况：

1. 会员名格式不符合要求

要求：会员名由 5～25 个字符（包括小写字母、数字、下划线、中文）组成，一个汉字为两个字符，且会员名不能全为数字。

2. 注册的会员名已被使用

解决方法：会员名是您在淘宝网上的身份标识，具有唯一性。如果您在注册时出现"该会员名已被使用"的内容提示，则说明该会员名已经被人注册使用，系统自动进行提醒，请您重新使用另一个会员名进行注册。

3. 注册的会员名包含限制字符

会员应当严格遵循淘宝系统设置的注册流程完成注册。会员在选择其淘宝会员名、淘宝店铺名或域名时应遵守国家法律法规，不得包含违法、涉嫌侵犯他人权利或干扰淘宝运营秩序等相关信息。

> **注意**：设置会员名要遵守淘宝平台的规则，例如淘宝网会员的会员名、店铺名中不得包含"旗舰""专卖"等词语。

三、注册淘宝会员时没有手机的解决方法

在计算机上注册成为淘宝会员有 2 种方式：手机注册、邮箱注册。但是都需要通过手机校验来完成注册，没有手机无法注册成功。

若没有手机或者手机已经绑定其他淘宝账户，可以使用邮箱的方式来注册，在邮箱接收激活邮件之前，需要通过手机来验证注册的安全性。建议您向家人、朋友、同事借用一下手机，接收验证码，完成注册。

> **提示**：邮箱注册用来验证的手机不会与您的淘宝会员名绑定，且接收短信是免费的。同一个手机号，90 天内最多允许验证注册成功三个邮箱账户。

四、淘宝账户密码的设置要求与技巧

为了账户的安全，在设置淘宝账户密码时，请您一定要参考以下建议：

1. 密码长度要求

密码长度为 6～16 个字符，建议您不要使用自己的生日、手机号码、姓名以及连续的数字作为密码。

2. 密码设置方式

设置时使用英文字母、数字和符号的组合，如"cqmdt_042""7756jzm#$"等，尽量不要有规律。

3. 密码安全性不宜过低

安全性过低的密码包括：

1）密码与会员名或电子邮件地址相同。
2）全部由英文字母组成。
3）全部由数字组成。

项目二 走进淘宝

如果设置以上安全性过低的密码，系统会提醒您修改密码，直至符合安全性要求。

4．定期更改密码

养成定期更换密码的好习惯，并做好书面记录，以免忘记。书面记录一定要妥善保管。

5．设置不同密码

淘宝、支付宝和注册邮箱应设置不同的密码，以免一个账户被盗造成其他账户同时被盗。

五、更换淘宝会员名的方法

淘宝的会员名一经注册是不能更改的，如果遇到特殊情况必须更改的话，方法有两种：

1）可以将账户中的绑定信息（手机、支付宝等）解绑出来，用您喜欢的会员名重新注册一个新的淘宝账户。

> 提示：重新注册的淘宝账户将是一个新的开始，之前的交易记录和信誉都不能保存。

2）如果淘宝账户注册后从未使用过，并且符合注销条件，您可以注销账户后再重新注册。

项目实训目标2：
领取开店"身份证"——淘宝开店认证

实训步骤

步骤一：上网，双击桌面上的 图标，启动浏览器，输入网址 http://www.taobao.com，打开淘宝网首页，单击页面右侧"登录"按钮，如图 2-8 所示。

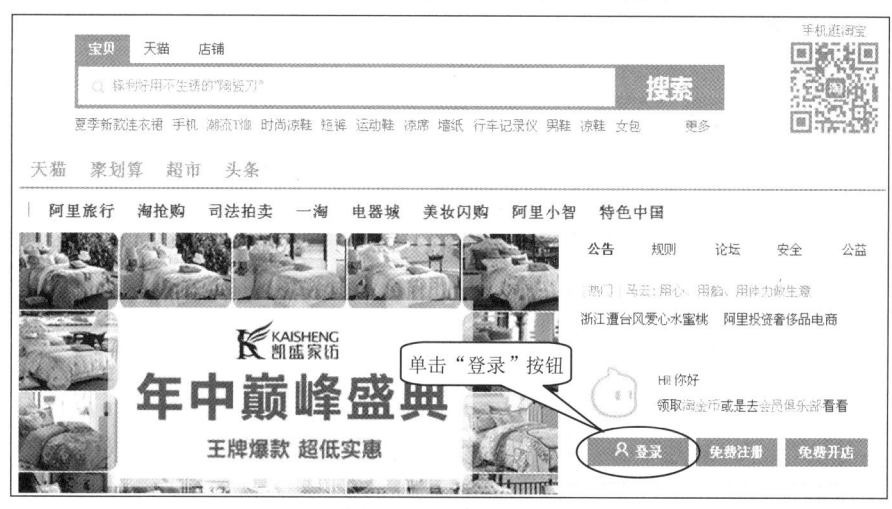

图 2-8 登录淘宝网

步骤二：填写已注册的淘宝账号和密码，单击"登录"按钮，如图 2-9 所示。

25

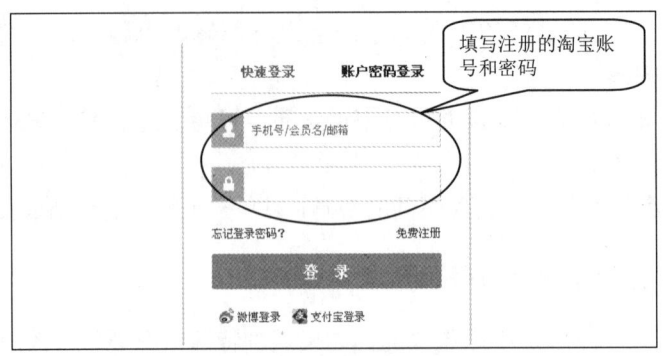

图 2-9 淘宝会员登录

步骤三：回到淘宝网首页，单击页面上方的"卖家中心"栏目，在下拉菜单中选择"免费开店"栏目，如图 2-10 所示。

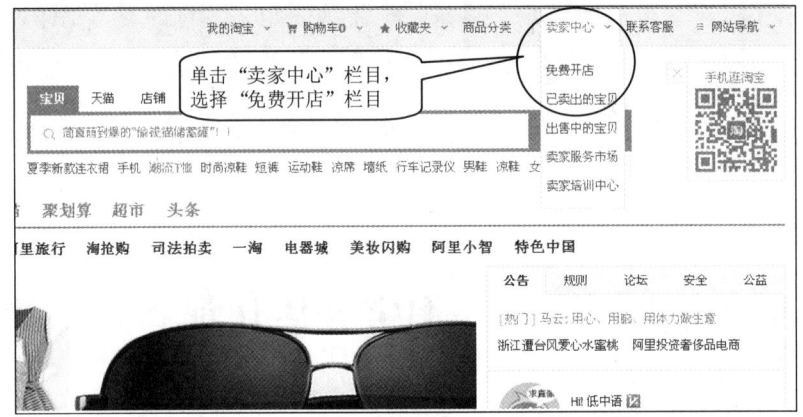

图 2-10 选择"免费开店"栏目

步骤四：在"免费开店"页面，选择开店类型为"个人开店"并单击，如图 2-11 所示。

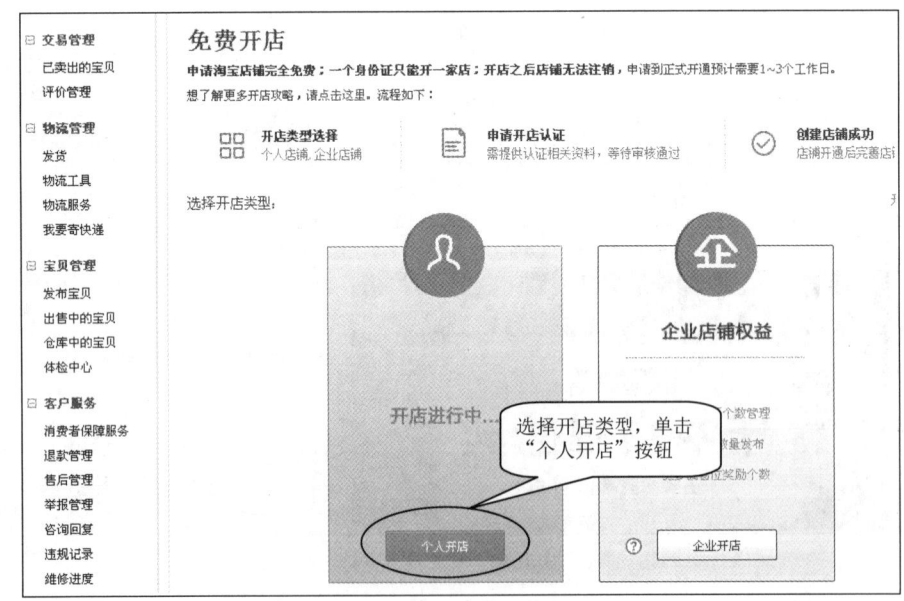

图 2-11 选择"个人开店"类型

项目二 走进淘宝

> **提示**：申请淘宝店铺是完全免费的，不收取任何服务费，但是一个身份证只能开一家店，不能重复开店，而且开店之后店铺无法注销。

步骤五：首先淘宝平台要通过开店条件的检测（即首先注册淘宝账户），满足开店条件后，才能进行开店认证。开店认证第一步要通过支付宝实名认证（支付宝实名认证请参阅项目四），如图2-12所示。

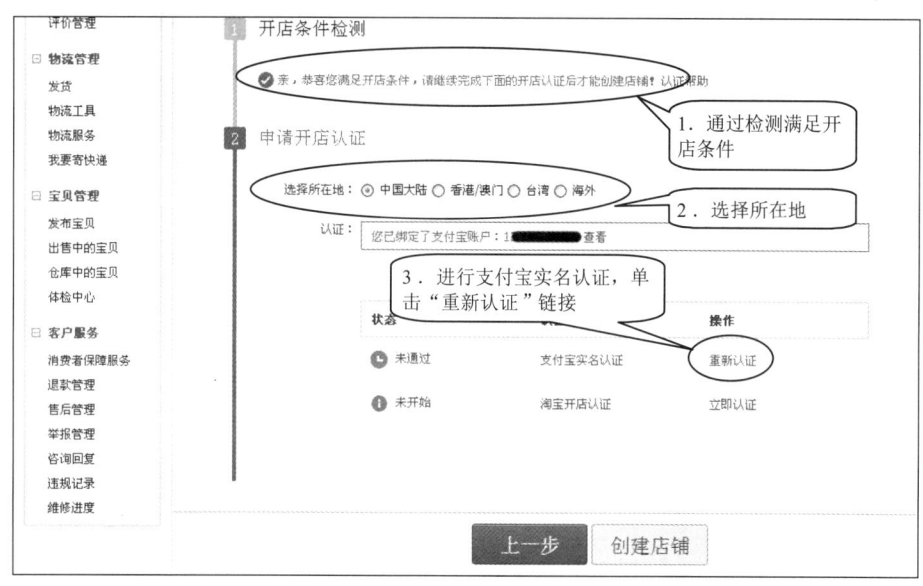

图2-12　开店条件检测并进行支付宝实名认证

> **提示**：支付宝实名认证过程中，可以同步进行淘宝开店认证，也可以等支付宝实名认证通过后再单击"立即认证"链接进入开店认证的页面操作。

步骤六：支付宝实名认证成功后，回到免费开店页面，继续进行淘宝开店认证，如图2-13所示。

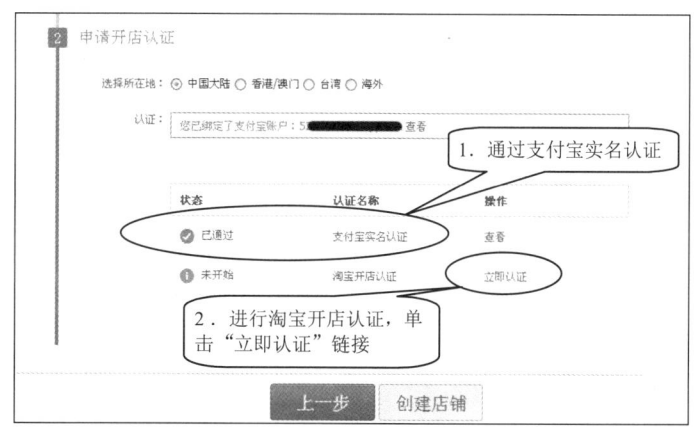

图2-13　进行淘宝开店认证

步骤七：单击后进入淘宝网"身份认证"页面，请单击"立即认证"按钮，如图2-14所示。

图 2-14　进行淘宝身份认证

步骤八：选择淘宝身份认证方式，如图2-15所示。

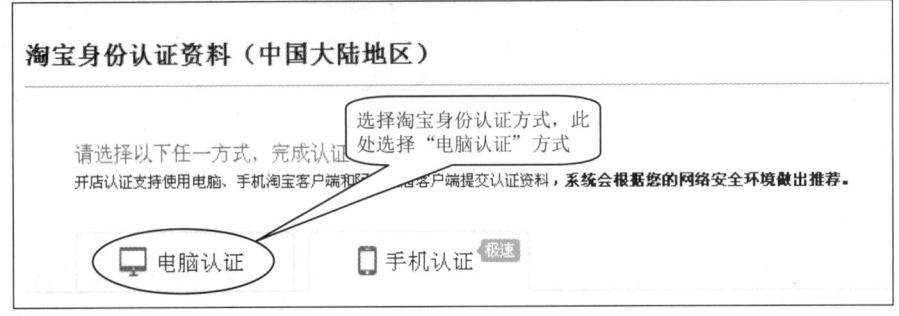

图 2-15　选择淘宝身份认证方式

步骤九：按照提示填写本人真实的资料，上传本人手持身份证照片、身份证正面照和身份证背面照，填写联系地址和联系手机，并进行手机验证，按要求完成后单击"提交"按钮，如图2-16～图2-18所示。

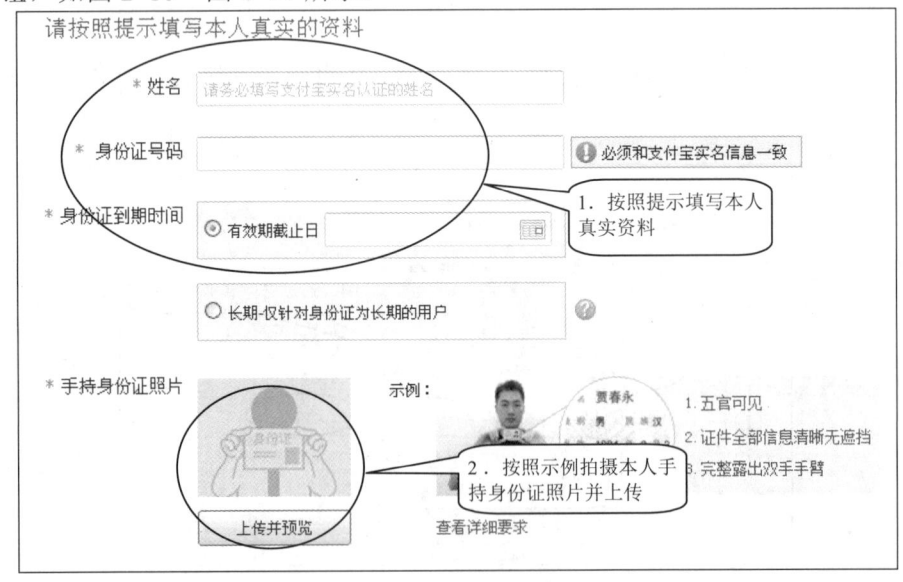

图 2-16　填写资料并上传本人手持身份证照片

> **提示**：身份证有效期根据身份证背面（国徽面）准确填写，有效期不是长期的用户不要选择"长期"选项，否则审核将不能通过。

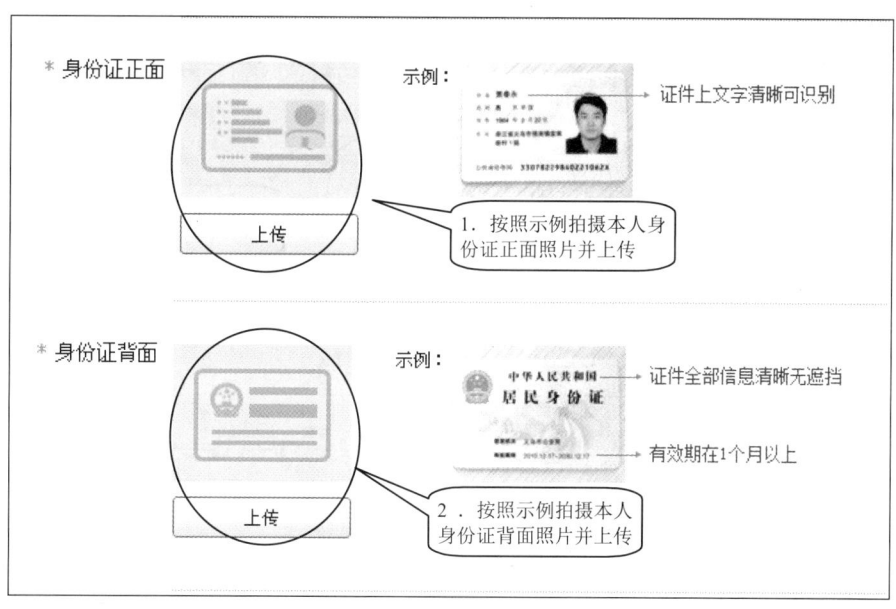

图 2-17　上传身份证正面照片和背面照片

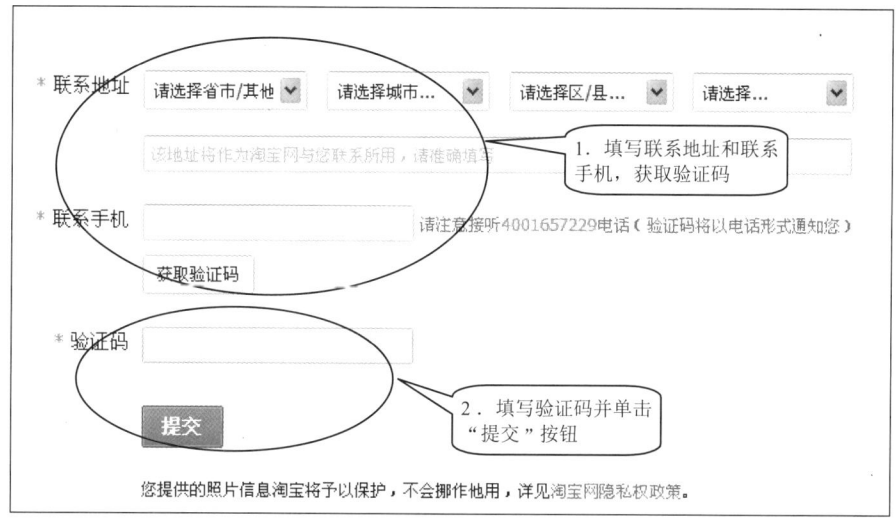

图 2-18　填写联系地址、手机和验证码并提交

步骤十：提交所有资料后，开店认证页面会显示认证进度的提示，告知审核通过的预计时间，如图 2-19 所示。

步骤十一：在预计时间登录淘宝网，在"免费开店"页面会看到店铺创建成功的提示，如图 2-20 所示。

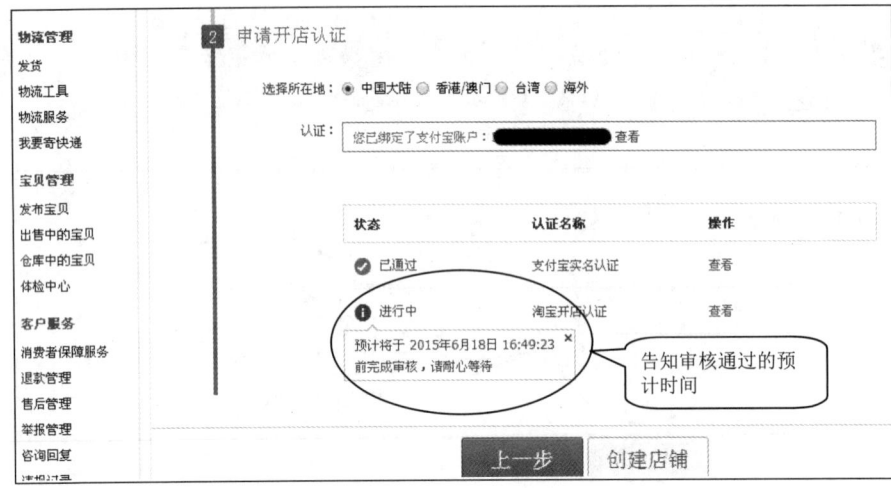

图 2-19 开店认证进度提示

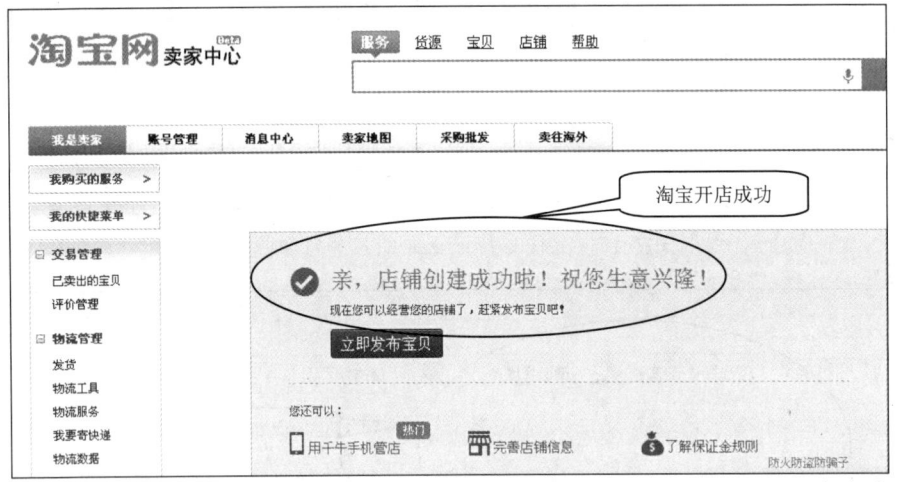

图 2-20 淘宝开店成功

步骤十二：在淘宝开店成功的基础上，完成表 2-2 的填写。

表 2-2 淘宝开店成功记录表

开 店 内 容	淘宝开店记录
开店类型	
开店条件检测	
支付宝认证未通过的图标	
支付宝认证通过的图标	
开店认证方式	
本人手持身份证照片	
身份证照片	
开店认证资料提交所花时间	
审核等待的时间	
开店成功所花的时间	

来点掌声！！！

知识链接

一、淘宝开店流程

新手卖家快速开店 5 步骤：第一步，注册淘宝账户；第二步，支付宝账户绑定；第三步，支付宝实名认证；第四步，淘宝开店认证；第五步，创建店铺。

二、淘宝开店认证有关身份证拍照的注意事项

1．身份证正面（图像面）照要求

1）证件的头像清晰，身份证号码清楚可辨认。

2）必须和手持身份证为同一身份证。

3）要求原图，无修改。

2．身份证背面（国徽面）照要求

1）证件全部信息清晰、无遮挡。

2）身份证有效期在一个月以上。

3）要求原图，无修改。

3．手持身份证照片要求

1）本人五官可见。

2）完整露出双手手臂。

3）手持身份证必须是本人身份证，并且证件全部信息清晰、无遮挡。

三、淘宝卖家信用等级与店铺费用

淘宝会员在淘宝网每使用支付宝成功交易一次，就可以对交易对象作一次信用评价。评价分为"好评""中评""差评"三类，每种评价对应一个信用积分，具体为："好评"加一分，"中评"不加分，"差评"扣一分。

在交易中作为卖家的角色，其信用度分为 20 个级别，如图 2-21 所示。

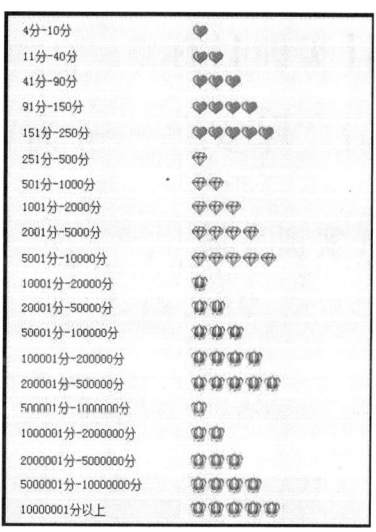

图 2-21　淘宝卖家信用等级图示

信用等级与店铺费用的关系为：所有用户可永久免费使用基础版旺铺；1 钻以下用户可免费使用专业版用户；1 钻以上用户须支付 50 元/月才能使用专业版用户。其关系如图 2-22 所示。

图 2-22　信用等级与店铺费用关系

四、淘宝店铺关闭说明

在淘宝系统中,店铺被关闭称为"释放"。开店成功后是无法主动关闭店铺的(开店中无法更换其他关联账户进行开店)。若想暂时关闭店铺,需要将店铺里"出售中的宝贝"全部下架。店铺在售宝贝数量连续6周为0件后,淘宝会彻底释放您的店铺。之后若想继续开店只能使用之前开过店的账户进行开店,再次创建店铺之前的卖家信用也可以继续累积。淘宝店铺释放的规则如下:

1)出售中的宝贝数量连续3周为0件,系统会发送旺旺及邮件提醒您"宝贝数量连续3周为0件,必须发布宝贝,否则您的店铺将有可能暂时释放"。

2)出售中的宝贝数量连续5周为0件,店铺会暂时释放,系统会发送旺旺及邮件告诉您"店铺已经暂时释放,但是您的店铺名会保留一周,任意发布一件商品(闲置商品除外)或上架仓库中的宝贝,24小时后,店铺即可恢复之前开店状态",此时单击"查看我的店铺",店铺不能正常显示。

3)出售中的宝贝数量连续6周为0件,店铺会彻底释放,系统会发送旺旺及邮件告诉您"店铺已经彻底释放,任何人都可以申请并使用您的店铺名称"。若想继续开店,您需要登陆卖家中心激活店铺,按照提示完成指定操作,店铺就可重新开张。

项目实训目标3:
聘请"保安"——为密码加保险

实训步骤

步骤一:登录淘宝。进入淘宝网首页,单击页面顶部的"我的淘宝"栏目,如图2-23所示。

图2-23 登录淘宝网首页

步骤二：进入"我的淘宝"页面，单击"账户设置"栏目，如图2-24所示。

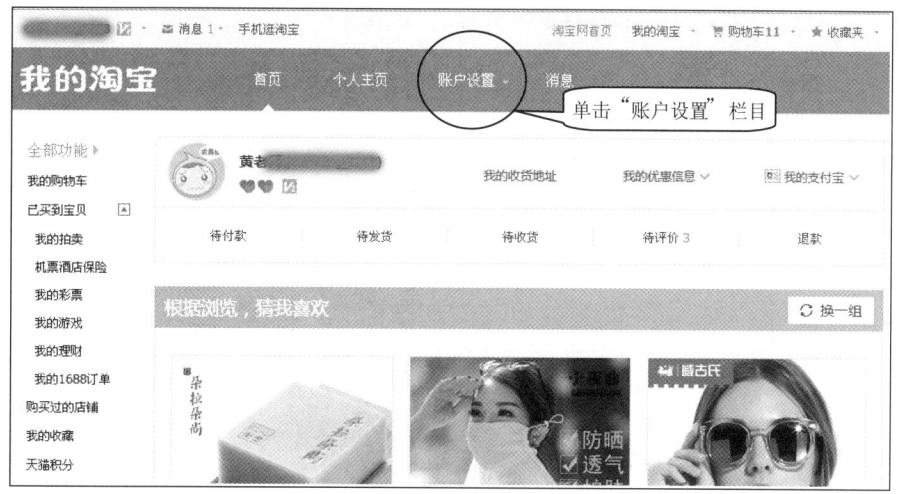

图2-24 "我的淘宝"页面

提示： "我的淘宝"有四个栏目，即"首页""个人主页""账户设置""消息"。其中"账户设置"栏目有三个功能：安全设置、个人资料、账号绑定。

步骤三：进入"账户设置"页面，查看安全服务，设置密保问题，如图2-25所示。

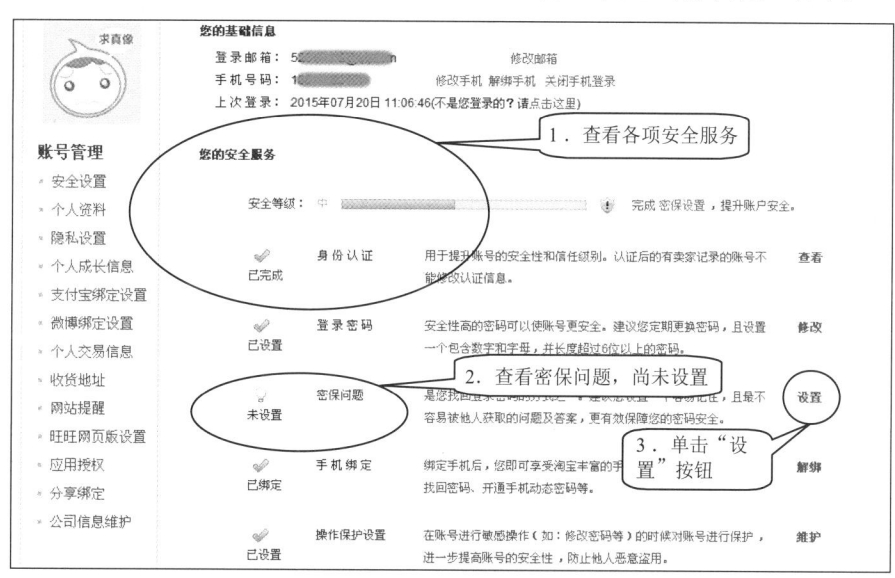

图2-25 密保问题设置

步骤四：进入淘宝网"验证身份"页面，淘宝提供四种验证方式，此处选择"通过手机验证码"方式，单击"立即验证"按钮，如图2-26所示。

步骤五：在系统弹出的窗口中，单击"点此免费获取"按钮，查看手机上收到的验证码，并填入到相应的方框中，如图2-27所示。

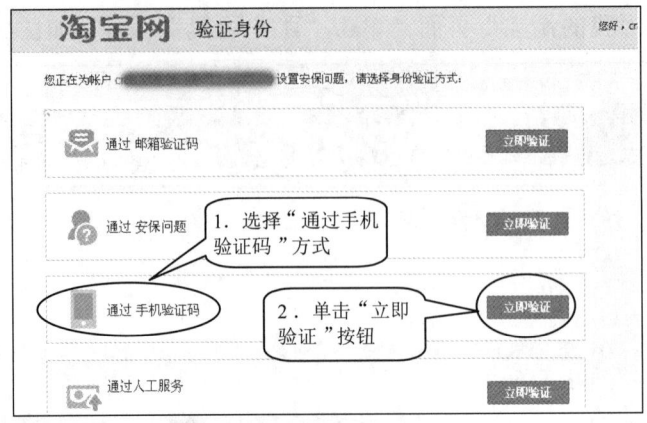

图 2-26　进入"验证身份"页面

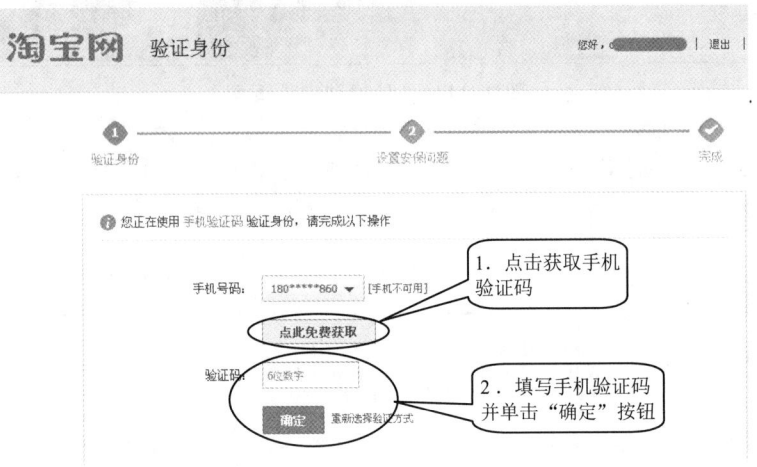

图 2-27　填写手机验证码

步骤六：在系统弹出的窗口中，认真设置安全保护问题并确定，如图 2-28 所示。

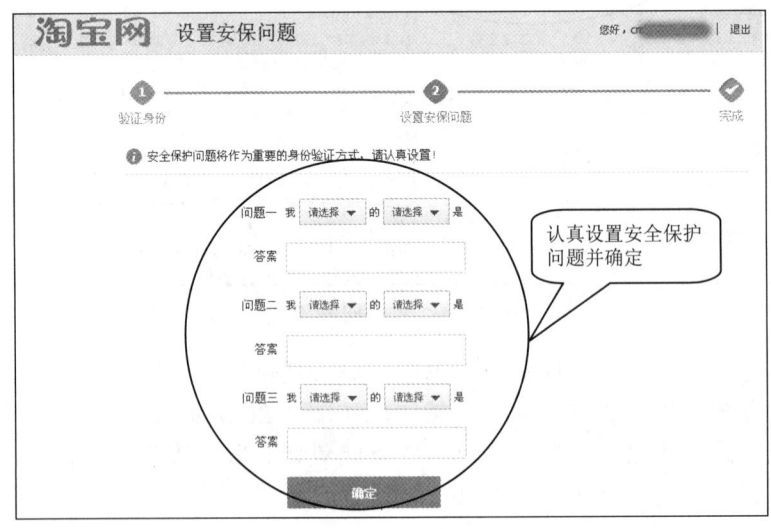

图 2-28　设置安全保护问题

步骤七：确认安全保护问题并确定，如图 2-29 所示。

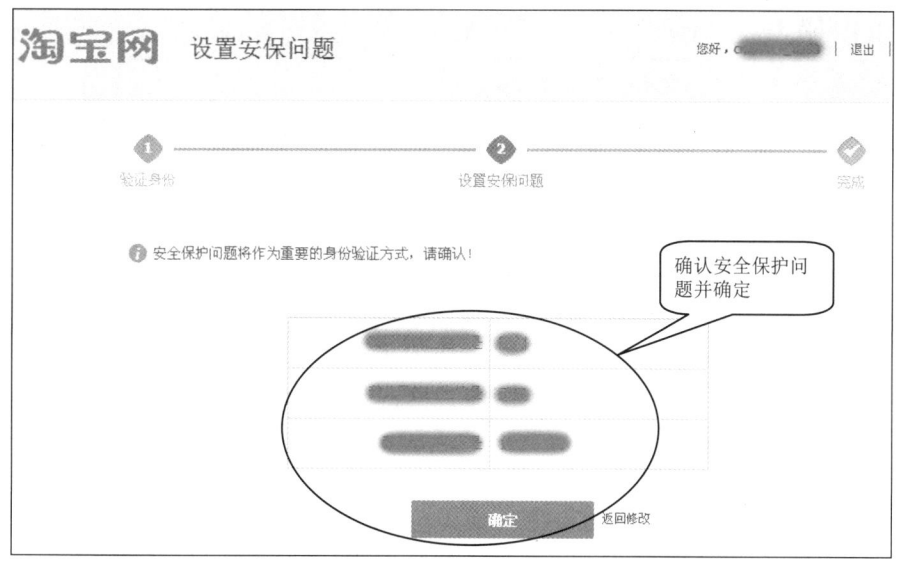

图 2-29　确认安全保护问题

步骤八：安全保护问题设置成功，如图 2-30 所示。

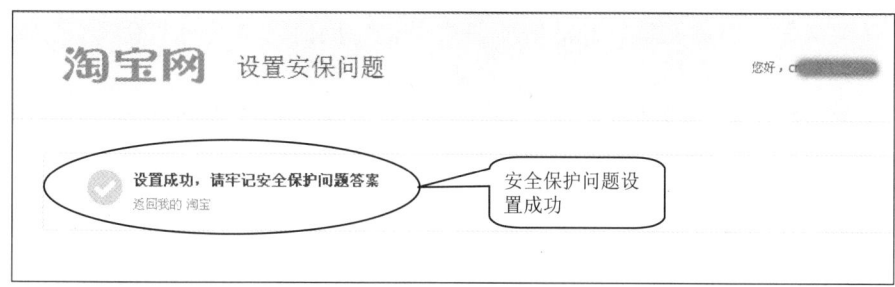

图 2-30　安全保护问题设置成功

步骤九：在完成对密码设置保护的基础上，对"账户设置"栏目其他功能进行了解，并完成表 2-3 的填写。

表 2-3　"账户设置"栏目各项功能调查登记表

"账户设置"栏目	各项功能的主要内容
提供的功能	
安全服务的内容	
密保问题的作用	
"个人资料"的内容	
"隐私设置"的功能	
"收货地址"的功能	
设置地址的数量	
"个人成长信息"的内容	

 知识链接

一、安全服务的内容及作用

（1）身份认证　用于提升账号的安全性和信任级别。认证后的有卖家记录的账号，是不能修改认证信息的。

（2）登录密码　安全性高的密码使账号更安全。建议您定期更换密码，且设置一个包含数字和字母，并且长度超过6位以上的密码。

（3）密保问题　密保问题是找回登录密码的方式之一。建议您设置一个容易记住，且最不容易被他人获取的问题及答案，更有效保障您的密码安全。

（4）手机绑定　绑定手机后，您即可享受淘宝丰富的手机服务，如手机登录、手机找回密码、开通手机动态密码等。

（5）操作保护设置　在账号进行敏感操作（如修改密码等）的时候对账号进行保护，进一步提高账号的安全性，防止他人恶意盗用。

二、操作保护设置的内容

（1）登录保护　通过网页、旺旺等工具登录淘宝网时，需进行身份验证，防止账号被盗。

（2）收货保护　当您确认收货时，需进行身份验证，防止提前确认收货，导致钱财两空。

（3）出售商品保护　删除、修改或下架出售中的商品时，需进行身份验证，防止盗号者操作出售中的商品。

（4）发布商品保护　发布商品时，需进行身份验证，防止盗号者发布欺诈违规商品，对店铺产生不利影响。

（5）淘客佣金保护　设置淘客佣金时，需进行身份验证，防止设置被恶意操作，造成资金损失。

（6）直通车保护　进入直通车时，需进行身份验证，防止操作被恶意使用，造成资金损失。

（7）域名管理保护　域名管理时，需进行身份验证，防止域名被恶意篡改，影响店铺生意。

（8）开放平台保护　在开放平台查看或重置密码、修改回调URL、删除应用等敏感操作时，需进行身份验证，防止操作被恶意利用。

三、淘宝账号绑定手机的好处

1）修改密码或者找回密码时需要手机验证，能够防止密码被恶意修改。

2）如果您设置了登录保护，就能防止他人登录您的账号行骗。

3）当您的账户发生异常，淘宝会通知您。

项目二 走进淘宝

四、密码保护的目的

密码保护的目的是为了确保您的账户安全。因为普通密码比较容易被盗,所以淘宝在设置密码的基础上添加了密码保护功能。当您忘记密码或者密码被盗用时,您可以安全快捷有效地找回您的密码。因此推荐您使用密码保护功能。

五、找回密码的方法

进入淘宝网登录页面,单击登录页面下的"忘记登录密码"按钮,根据提示输入会员名,拖动滑块进行验证。验证通过后选择身份验证方式(四种方式:邮箱验证码、安保问题、手机验证码、人工服务),重置登录密码。

如果您没有设置过密码保护,系统会提示您输入邮箱地址,填写完成后,淘宝会发送密码信给您。注意:邮箱地址为您注册淘宝会员时所填写的邮箱地址。

项目实训目标 4:
淘宝网会员基本信息管理

目的:在完成前三个项目实训目标的基础上,通过对淘宝开店的有关训练,进一步完善淘宝店铺的各项设置,做好发布宝贝的准备工作。

内容:选择淘宝网平台进行开店的完善工作。

要求:根据项目实训目标 1~3 的学习内容和要求,完成淘宝网会员注册,淘宝开店认证,为登录密码加保险,完成对"我的淘宝"的设置,对淘宝网会员账户信息进行管理,并完成表 2-4 的填写。

表 2-4 淘宝网会员账户信息管理登记表

任 务	具 体 描 述
淘宝会员名	
登录邮箱	
是否绑定手机	
是否设置密码保护	
安全等级	
是否设置了图像和昵称	
是否完成隐私设置	
成长值和会员等级	
是否绑定了微博账号	
预设了几个收货地址	
选择了哪些网站提醒	
通过哪些方式可以获得提醒	
是否下载安装了阿里旺旺	
撰写并发表一篇原创帖子,主题自拟	

 知识链接

一、个人资料修改

1. 基本信息修改

1）注册会员名及真实姓名不能修改。

2）可以修改图像、性别、生日、地址和手机号码。

3）可以修改 E-mail 地址，修改后系统会向您的新邮箱发送一封确认邮件，您需完成确认后邮箱地址才会生效。

4）可以设置和修改密码保护问题。

5）可以修改密码。为了保持密码的安全性，不能单独使用英文字母、数字或符号作为密码，必须使用两两组合或三者组合的密码，才能修改成功。

2. 网站提醒设置

1）可以设置您需要获得哪些消息提醒，以及获得这些消息提醒的方式。

2）在设置之前，系统会根据通知的重要性为您默认设置一些通知信息和通知方式。

3）红色"*"的通知消息是您必须设置提醒的。

3. 隐私设置修改

1）设置谁可以看到您的动态。

2）设置是否可以通过搜索找到您。

3）设置谁能关注您。

4. 收货地址管理

1）可以预设您的收货地址（姓名、地址和邮编必填，电话号码、手机号选填一项）。

2）最多可预设 20 个收货地址。

3）可以设置默认收货地址。

4）预设的收货地址在您购买宝贝后可以直接选择使用。

二、账户被盗冻结后开通的方法

在淘宝登录页面输入会员名和密码单击"登录"按钮后，如果您的账户出现异常或被盗，账户被冻结了，页面会出现提示。您可以通过以下四种自助方式开通。如果四种自助方式都无法开通的话，请联系淘宝客服人工开通。自助开通方式见表 2-5。

表 2-5　自助开通方式

账户开通方式	验 证 方 式
身份证验证	实名认证的身份证号码
邮箱方式	登录邮箱+邮箱验证码
密保问题	密保问题的答案
手机	手机验证码+实名认证的身份证号码

项目二 走进淘宝

三、关于淘宝论坛

淘宝论坛是一个完全开放自由自主的平台,只要您是淘宝网的用户,即可以在淘宝论坛(http://bbs.taobao.com/)任何一个版块发表评论。可以和上亿用户在这里一起分享淘生活、淘故事,分享生活中的喜怒哀乐、购物中的经验等。

走进淘宝项目实训评价表,见表2-6。

表2-6 走进淘宝项目实训评价表

内容	评价标准				自评/分	组评/分	师评/分
	优(90~100分)	良(76~89分)	及格(60~75分)	不及格(60分以下)			
工作态度	积极、认真	比较认真	一般	不认真			
工作能力	超额完成并有所创新	按时完成	勉强完成	不能完成			
工作成果	成功注册淘宝网会员,成功开店,设置密码保护,编辑个人信息,上传图像,完整设置账户,成功发表原创帖子	成功注册淘宝网会员,成功开店,设置密码保护,编辑个人信息,上传图像,比较完整地设置账户	注册淘宝网会员,成功开店,设置密码保护,只能完成账户的部分设置	注册淘宝网会员,不能设置密码保护,没有成功开店			

巩固练习

一、判断题(正确的打"√",错误的打"×")

1. 在淘宝网上开设店铺,不一定要在淘宝网上注册。 ( )
2. 淘宝网会员名注册成功后可以修改,选择您喜欢并能牢记的,推荐使用中文会员名。 ( )
3. 淘宝会员只要绑定了实名认证的支付宝就可以开店了。 ( )
4. 密码保护功能可以保障您的淘宝账户更安全,当密码发生问题时,能帮您更安全、快捷地取回。 ( )
5. 在淘宝网论坛上发帖或者站内短信必须遵守良好的社会公德和国家法律法规。
 ( )

二、单项选择题(请将正确选项的代号填在括号中)

1. 淘宝网由( )创办,致力于成就全球最大的个人交易网站。
 A. eBay B. Tom C. 腾讯 D. 阿里巴巴
2. 淘宝网规定年龄未满( )周岁不能在淘宝开店。
 A. 16 B. 18 C. 20 D. 无年龄限制

3．申请淘宝开店是免费的，一个身份证可以开（　　）家店铺。
   A．无限制　　　　B．1　　　　　　C．2　　　　　　D．3
4．为淘宝账户设置密保问题时，可以设置（　　）个问题。
   A．1　　　　　　B．2　　　　　　C．3　　　　　　D．4
5．在找回密码时，选择身份验证的方式有（　　）种。
   A．1　　　　　　B．2　　　　　　C．3　　　　　　D．4

三、测试题：测测您的密码是否安全

账户安全是保证网络贸易安全的基础，必须引起大家的重视，如果因为自己的疏忽大意，导致密码被盗，后果将非常严重。您的密码设置得安全吗？现在测测便知道：

您的密码是怎样的形式？请选择答案：

A．简单好记，我就用我的传真号码

B．我不太懂英文，记忆力不好，键盘也不熟悉，就用 789456，省得每次要用的时候，输密码都要半天

C．对于密码设置，我都是很谨慎的，尽量把密码设置得复杂一点，用字母加数字组合，而且跟网站上的任何信息都毫不相干

D．密码就是钥匙，钥匙一定要保管好！我设置的密码，10 位以上，有字母和数字，而且毫无规律，您猜破脑袋也想不到。为了防止忘记，我用本子记下来，而且不定期更换密码

测试结果分析：

项目三
开通网上银行

 学习目标

了解和掌握中国建设银行、中国工商银行、招商银行开通个人网上银行的申办流程,为网上支付做好准备。具体的项目实训目标包括:

项目实训目标1:开通中国建设银行网上银行
项目实训目标2:开通中国工商银行网上银行
项目实训目标3:开通招商银行网上银行
项目实训目标4:撰写一份选择××银行网上银行理由和依据的书面说明

 情景设置

淘宝网上每天都有成千上万次的交易发生,为了能在淘宝网顺利开店,为了解决网上买卖双方达成交易后的支付问题,开通网上银行是必须要做的。阿里巴巴集团与各大银行合作大力推行网上支付,交易双方只要凭银行卡开通网上银行业务,就可以与支付宝无缝连接,将资金从网上银行账户转到支付宝账户,顺利地利用支付宝完成交易。

不同的银行对网上业务管理的方法有所不同,个人网上银行的申办流程也有区别。本实训项目主要介绍中国建设银行、中国工商银行、招商银行个人网上银行的开通程序。

 **实训准备**

☑ 教学设备准备:银行卡、有效身份证件(可以是身份证、护照、军官证等)、多媒体网络计算机教室或电子商务实训室。

☑ 教学组织形式:将学生2~6人分成一个小组,以小组学习为主。

☑ 项目学时安排:共4学时(其中,项目实训目标1~3,2学时;项目实训目标4,1学时;巩固练习,1学时)。

项目实训目标1：
开通中国建设银行网上银行

中国建设银行（以下简称建行）个人网上银行客户分为：普通客户、便捷支付客户、高级客户。个人网上银行普通客户和便捷支付客户可以直接在网上申请，但有些功能会受限制。如果希望享受网上银行更全面的服务，就必须携带身份证件和账户资料到建行网点签约，成为个人网上银行高级客户。实训1以普通客户为例，讲解建行网上银行开通的程序。

实训步骤

步骤一：登录中国建设银行网站首页（http://www.ccb.com），单击页面左下方的"马上开通"按钮，如图3-1所示。

图3-1　中国建设银行网站首页

> **提示**：要开通网上银行功能，必须先要申请一张银行卡。

步骤二：选择"普通客户"级别，单击"马上开通"按钮，如图3-2所示。

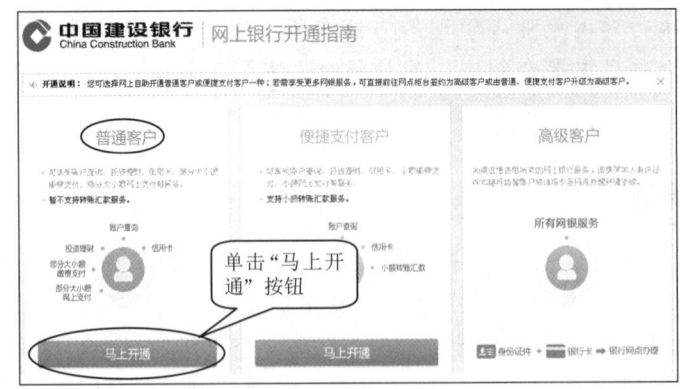

图3-2　选择"普通客户"级别

步骤三：阅读协议及风险提示，在"我已认真阅读"前打"√"，然后单击"同意"按钮，如图3-3所示。

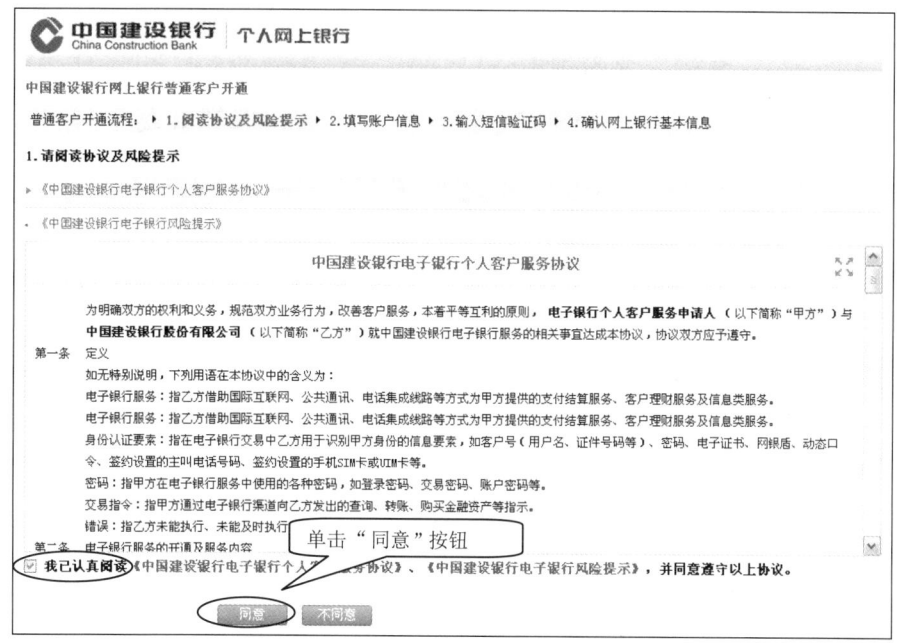

图3-3　阅读协议及风险提示

步骤四：填写个人账户信息，然后单击"下一步"按钮，如图3-4所示。

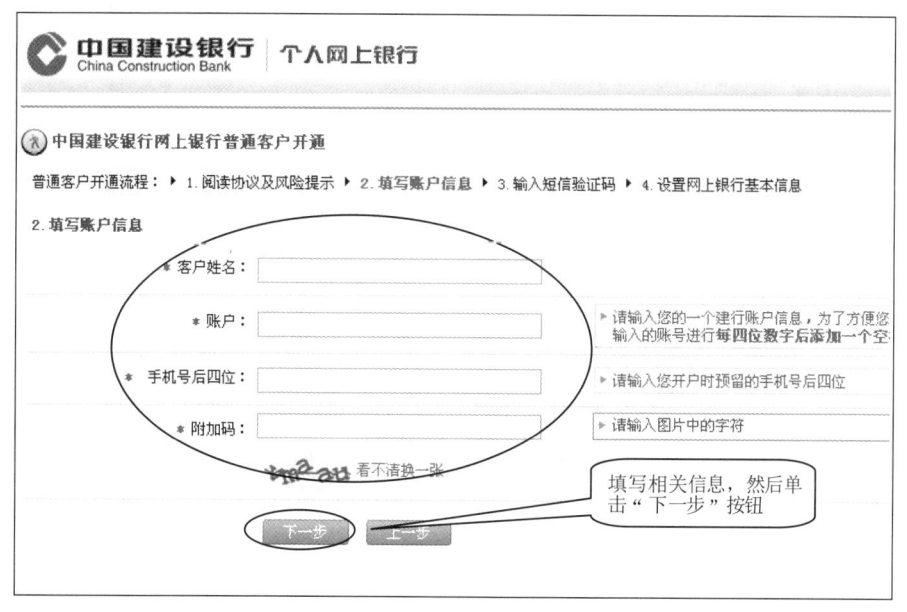

图3-4　填写账户相关信息

步骤五：手机收到验证码后单击"确定"按钮，如图3-5所示。

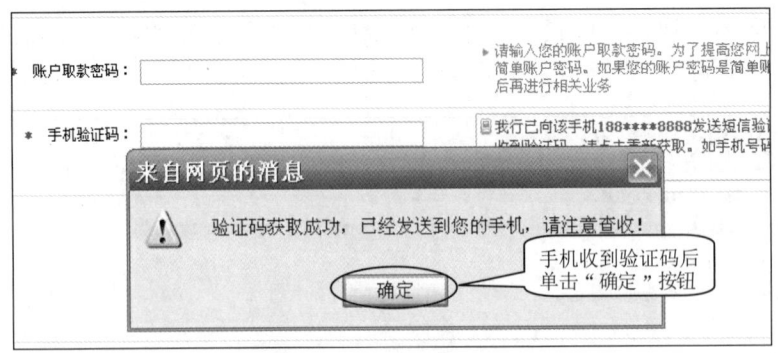

图 3-5　接收验证码

步骤六：输入账户取款密码和手机验证码，单击"下一步"按钮，如图 3-6 所示。

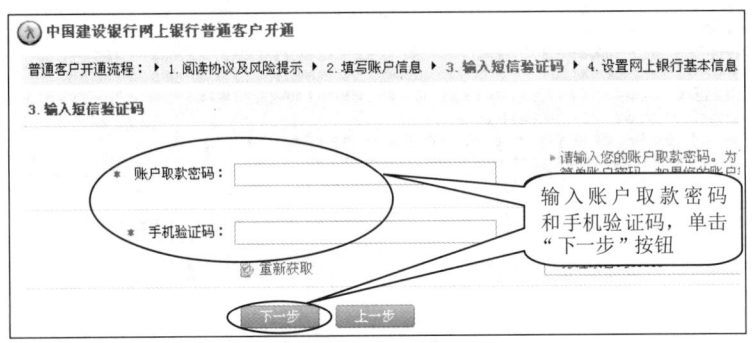

图 3-6　输入短信验证码

步骤七：设置网上银行基本信息，输入个人基本信息和网上银行密码，然后单击"确认"按钮，如图 3-7 所示。

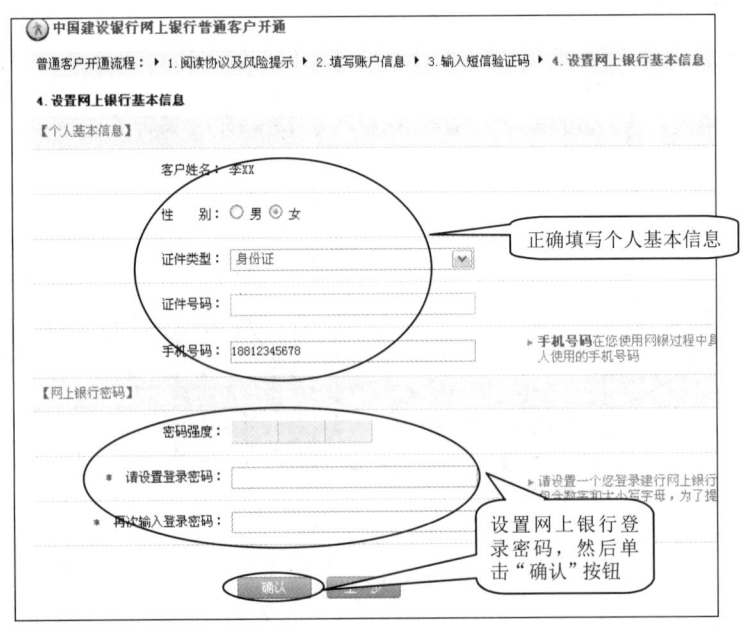

图 3-7　设置网上银行基本信息

步骤八：成功开通网上银行，单击"登录网上银行"按钮，如图 3-8 所示。

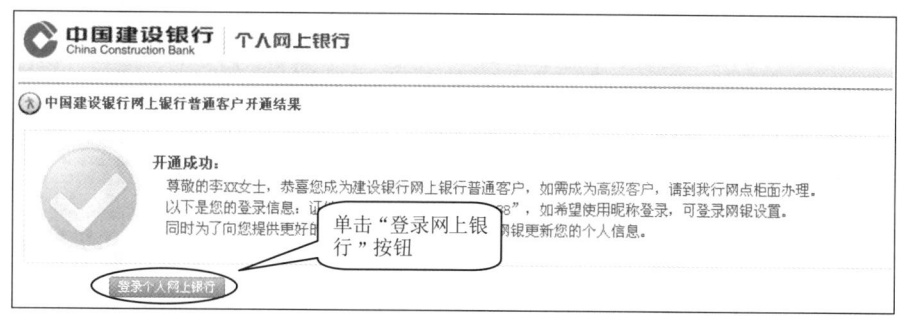

图 3-8　成功开通网上银行

> **提示**：为了提高网上交易的安全性，请勿使用简单账户密码。如果您的账户密码是简单账户密码，请更改密码后再进行其他业务。

步骤九：填写注册时的相关信息，登录网上银行，如图 3-9 所示。

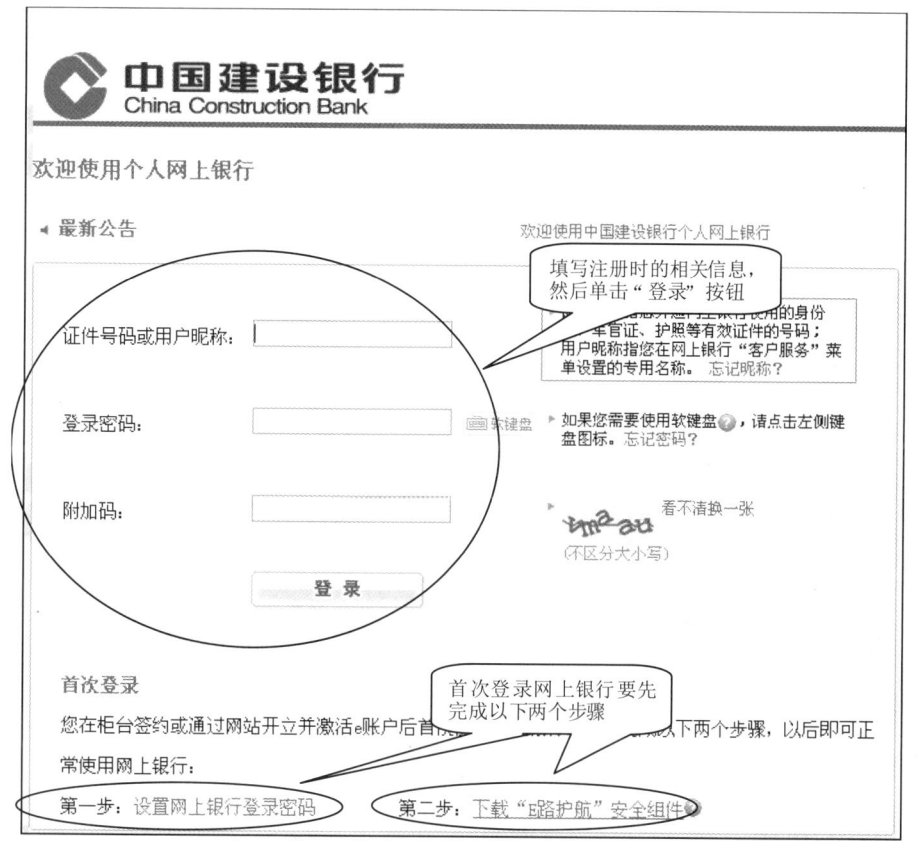

图 3-9　登录网上银行

步骤十：成功登录网上银行，进入网上银行账户，如图 3-10 所示。

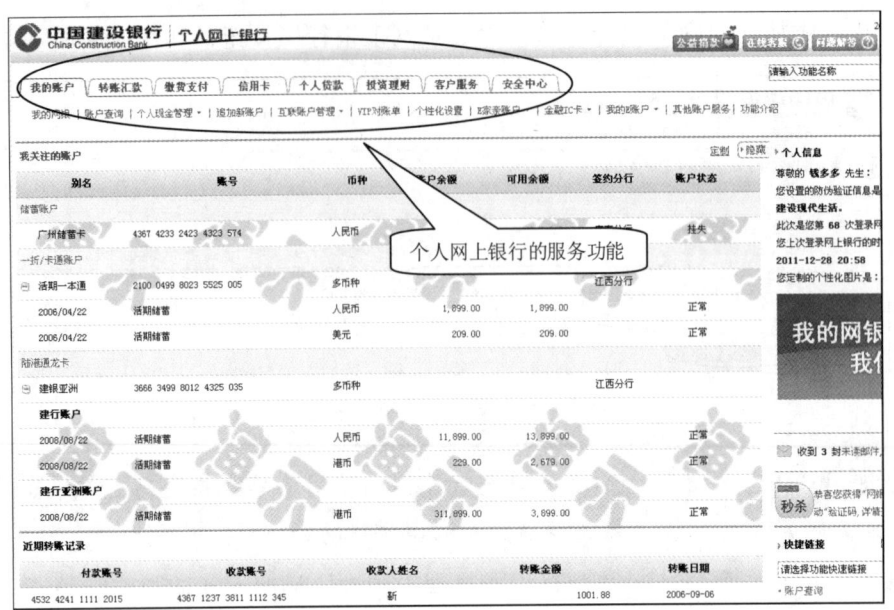

图 3-10　个人网上银行服务功能

步骤十一：在成功开通建行网上银行的基础上，完成表 3-1 的填写。

表 3-1　中国建设银行网上银行成功开通记录表

开 通 内 容	中国建设银行网上银行
网址	
开通条件	
有效证件	
开通渠道	
用户昵称的要求	
账户密码要求	
附加码	
网上银行登录密码安全性强度	
网上银行登录密码要求	
个人网上银行服务功能	
普通客户享有的服务	
使用网上银行地点的要求	
建行网上银行服务热线	

知识链接

一、建行个人网上银行简介

中国建设银行个人网上银行是利用先进的互联网技术，通过因特网向个人客户提供全面、高效、安全服务的一种综合性的银行服务，满足客户全方位、多层次的需求，可以让客户足不出户，随时随地轻松享受金融服务。

建行个人网上银行业务于1998年上线，至今已有近20年的历史。目前，建行个人网上银行已形成一套体系完整、功能丰富、设计先进的服务体系，在国内处于领先水平。其具有以下几个特点：

（1）便捷易用　填写6项基本要素，即可成为个人网上银行客户。足不出户即可享受7×24小时全天候个人金融服务。

（2）安全可靠　拥有先进的建设银行网银盾和动态口令等安全产品，并提供短信通知、身份认证、限额控制等安全措施，重重保护您的资金安全。

（3）功能丰富　提供八大类百余项专业金融服务，包括账户查询、转账汇款、缴费支付、信用卡、个人贷款、投资理财（基金、黄金、外汇等）、客户服务、安全中心等各类金融服务。

（4）经济实惠　申请免费，省去奔波成本；使用免费，办理业务手续费相比柜台均有不同程度折扣和优惠（如转账汇款、申购基金等）。

二、简单账户密码介绍

建行对个人网上银行非签约账户的账户密码进行严格验证，账户安全密码必须符合以下规则：

1）密码不能设为相同的数字，如000000、111111等。

2）密码不能设为连续升降排列的数字，如123456、987654等。

3）密码不能设为您的生日：如身份证号为220105198001012222，以800101（2位年2位月2位日）或198001（4位年2位月）设置的密码。

4）密码不能设为您的证件号后6位：如身份证号为220105198001012222，以012222设置的密码。

违背以上规则设置的账户密码统称为简单账户密码。由于简单账户密码具有较为明显的规律性和客户信息的针对性，极易被他人猜测、被黑客破解，因此，建行规定个人网上银行非签约账户进行网上交易不能使用简单账户密码。

三、建行个人网上银行的安全策略

安全是建行个人网上银行应用的关键和核心。为了能让您安全、放心地使用网上银行，建行制定了多重安全策略，以全面保护您的信息资料与资金的安全。

（1）先进的技术保障　网上银行系统采用了严格的安全性设计，通过密码校验、CA证书、SSL（加密套接字层协议）加密和服务器方的反黑客软件等多种方式来保证客户信息安全。

（2）为客户提供软硬件安全产品，重重保护交易的安全　硬件安全产品包括网银盾、动态口令卡、短信动态口令等，采用密码和安全工具的组合验证。软件安全产品指客户拥有的软件形式的安全产品，如屏幕软键盘、专用浏览器等，软件安全产品可充分利用客户端设备，改善客户端的安全性。

（3）交易限额控制　网上银行系统对各类资金交易均设定了交易限额，以防范大额交易风险，进一步保证客户账户资金的安全。

四、建行个人网上银行安全产品

（1）网银盾　网银盾是建行主推的网上银行安全产品，能够储存电子证书，具有电子签名功能，能够确保您网上交易的保密性、真实性、完整性，安全性高。它的特点有：使用方便，能预制证书，真正做到即插即用；交易安全，使您远离黑客、木马病毒等各种风险；支付便捷，支持网上大额转账、汇款及缴费支付。

（2）动态口令卡　动态口令卡是建行推出的电子银行安全产品，每张卡片覆盖有100个不同的密码。您在网上进行交易时可以使用不同的密码进行交易确认。它的特点有：一次一密、安全可靠；操作简单、方便快捷；技术成熟、应用广泛；量身定做、便于携带。

（3）短信动态口令　短信动态口令是建行推出的动态密码安全服务。您在使用网银时，需通过手机短信验证码的方式进行交易验证。

（4）网银安全浏览器　网银安全浏览器是建行与微软公司联合部署、创新研发的专为个人网银定制的浏览器，为您提供极佳的安全保障和客户体验。

项目实训目标2：
开通中国工商银行网上银行

中国工商银行（以下简称工行）根据不同的客户类别（个人、企业）、注册状态（营业网点注册、自助注册和未注册）、认证方式和申请项目，为客户提供相应的网上银行服务。在营业网点注册的客户，与自助注册和未注册客户相比，可享受更全面的电子银行服务。实训2以个人网上银行自助注册为例，讲解工行网上银行开通的程序。

实训步骤

步骤一：登录中国工商银行网站首页（http://www.icbc.com.cn），单击页面左上方的"个人网上银行"按钮下的"注册"链接，如图3-11所示。

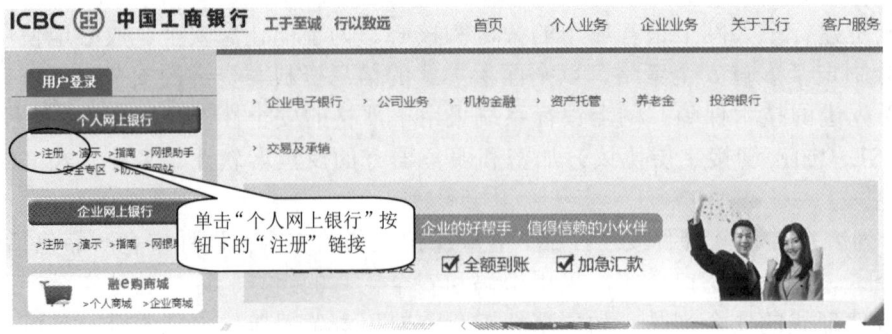

图3-11　中国工商银行网站首页

步骤二：按照要求输入相关信息，然后单击"提交"按钮，如图 3-12 所示。

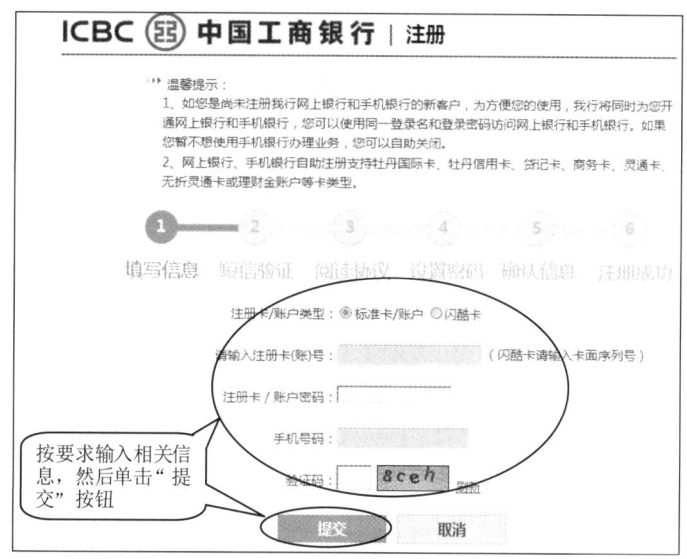

图 3-12 填写信息

> **提示**：自助注册个人网上银行时只能注册一张卡。如果您需要在网上银行中增加新的账号，请携带本人身份证件及注册卡到营业网点办理添加注册卡手续。

步骤三：输入手机收到的短信验证码，然后单击"提交"按钮，如图 3-13 所示。

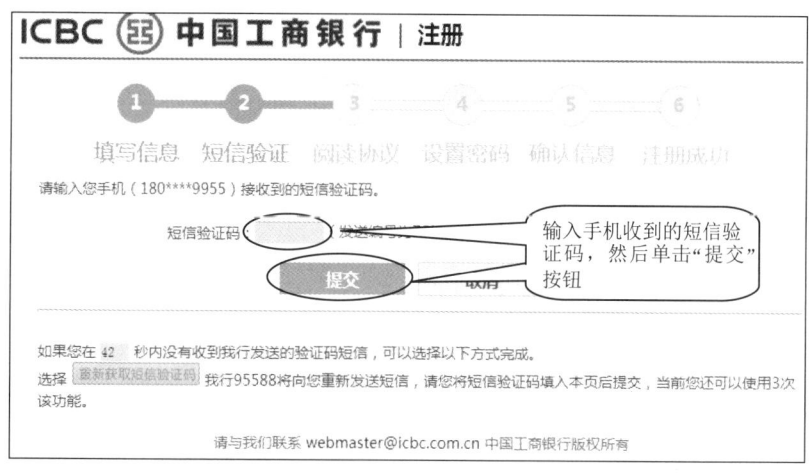

图 3-13 短信验证

步骤四：单击"接受此协议"按钮，如图 3-14 所示。
步骤五：设置网银登录密码，正确输入相关信息，然后单击"提交"按钮，如图 3-15 所示。

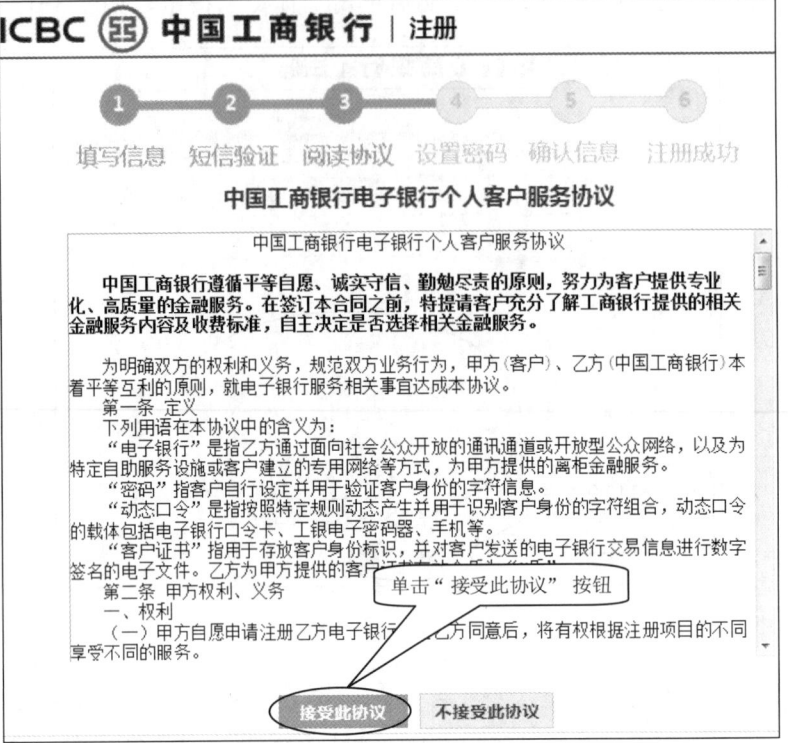

图 3-14 阅读协议

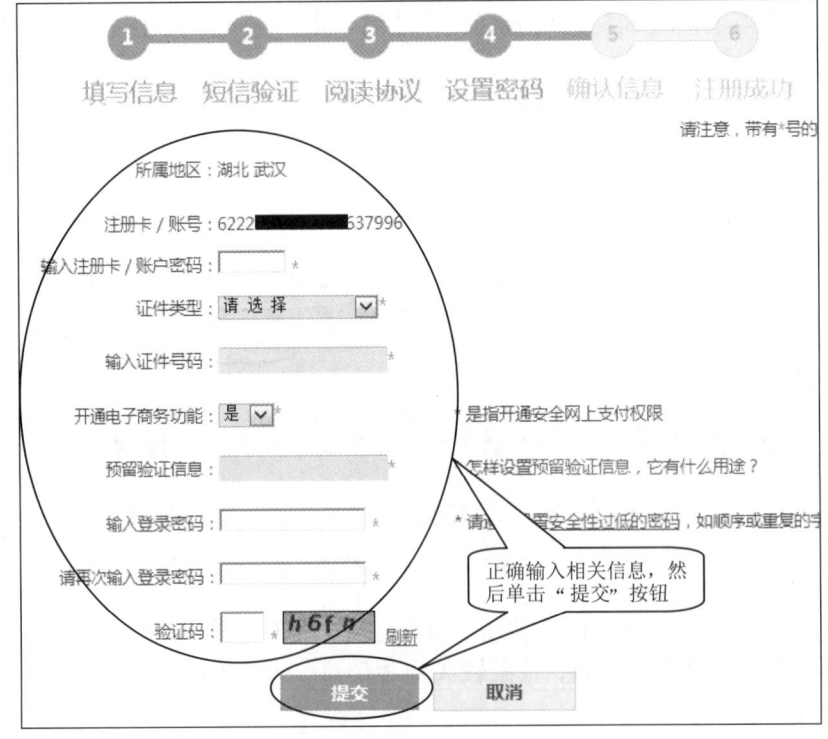

图 3-15 设置密码

提示： 为进一步增强网上交易的安全性，工商银行提供了"预留验证信息"服务，您可以在此预留一句"暗语"。当您登录工行个人网银、在购物网站上进行支付和在线签订委托缴费协议时，将会回显该预留信息供您验证，当确认该信息与您实际预留的信息一致时，您可以继续进行网上交易；当不一致时，请您立即停止交易，并尽快与银行客服电话联系。

步骤六： 用户自助注册确认，确认注册卡号后单击"确定"按钮，如图3-16所示。

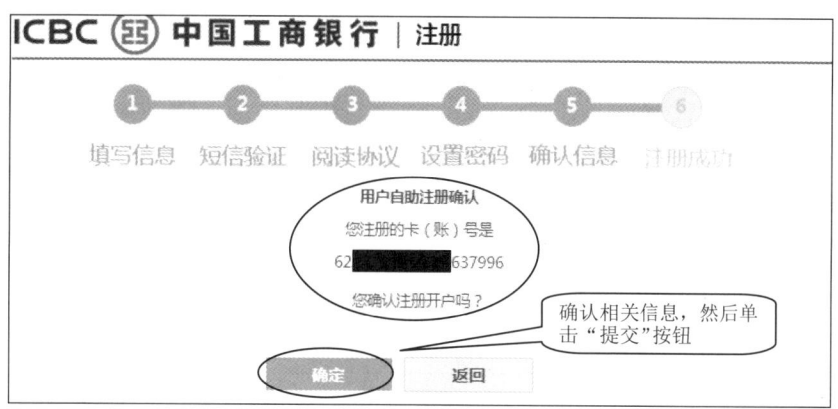

图 3-16　确认注册的卡号信息

步骤七： 个人网上银行注册成功单击"完成"按钮，如图3-17所示。

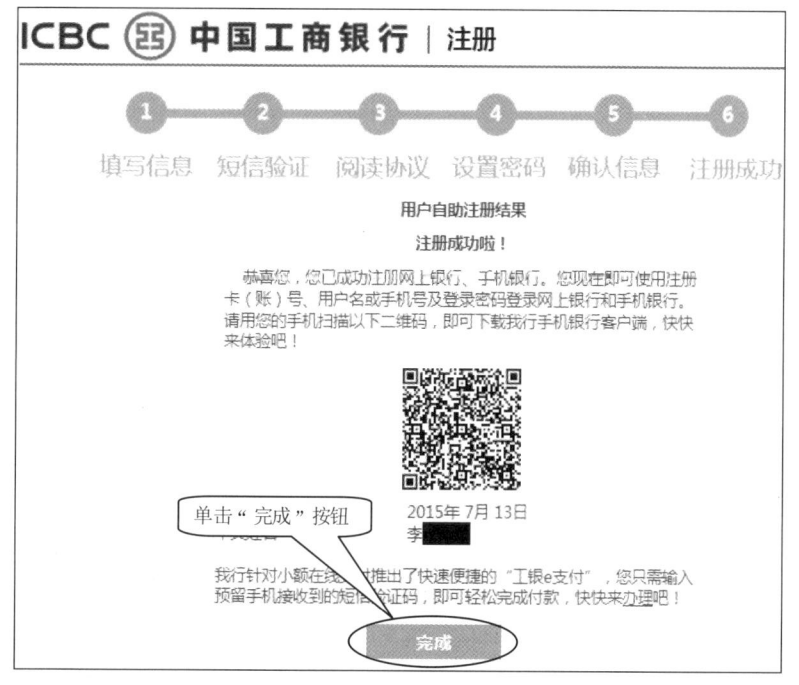

图 3-17　注册成功

步骤八：填写注册时的相关信息，重新登录网上银行，如图3-18所示。

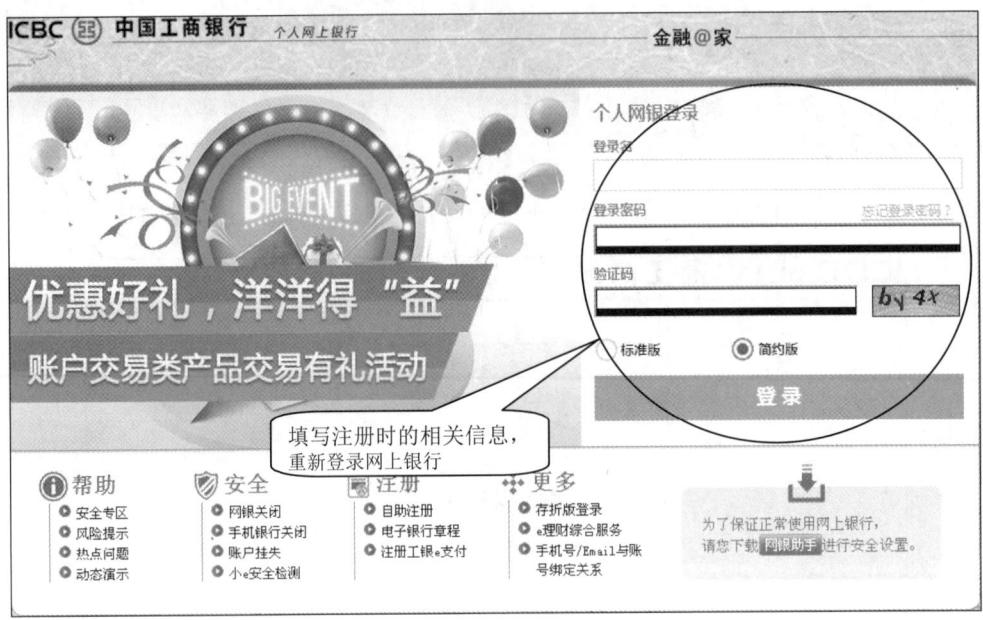

图3-18 登录个人网银

步骤九：成功登录网上银行，进入网上银行账户，如图3-19所示。

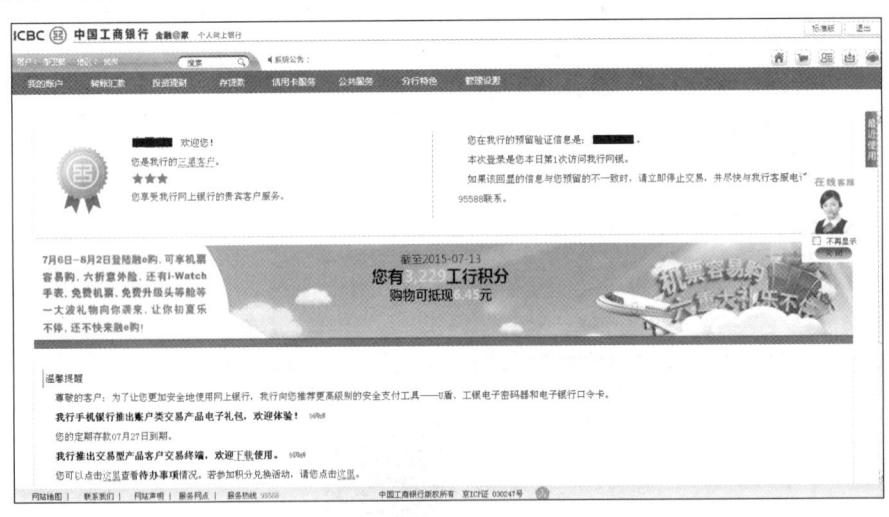

图3-19 进入网上银行账户

步骤十：在成功开通工行网上银行的基础上，完成表3-2的填写。

表3-2 中国工商银行网上银行成功开通记录表

开 通 内 容	中国工商银行网上银行
网址	
自助注册支持的卡类型	

（续）

开通内容	中国工商银行网上银行
有效证件	
账户密码要求	
预留验证信息要求	
客户身份认证方式	
网上银行登录密码要求	
个人网上银行服务功能	
自助注册客户享有的服务	
使用网上银行地点的要求	
服务热线	

知识链接

一、工行个人网上银行简介

个人网上银行是指通过互联网，为工行个人客户提供账户查询、转账汇款、投资理财、在线支付等金融服务的网上银行渠道，品牌为"金融@家"。个人网上银行为您提供的全新网上银行服务，包含了账户查询、转账汇款、捐款、买卖基金、国债、黄金、外汇、理财产品、代理缴费等功能服务，能够满足不同层次客户的各种金融服务需求，并可为您提供高度安全、高度个性化的服务。其具有以下几个特点：

（1）安全可靠　采取严密的标准数字证书体系，通过国家安全认证。

（2）功能强大　多账户管理，方便您和您的家庭理财；个性化的功能和提示，体现您的尊贵；丰富的理财功能，成为您的得力助手。

（3）方便快捷　24小时网上服务，跨越时空，省时省力；账务管理一目了然，所有交易明细尽收眼底；同城转账、异地汇款、资金调拨方便快捷；网上支付快捷便利。

（4）信息丰富　可提供银行利率、外汇汇率等信息的查询功能，配备详细的功能介绍、操作指南、帮助文件及演示程序，帮助您了解系统各项功能。

二、工行个人网上银行适用对象

凡在工行开立本地工银财富卡、理财金账户、工银灵通卡、牡丹信用卡、活期存折等账户且信誉良好的个人客户，均可申请成为个人网上银行注册客户。

三、开通工行个人网上银行注意事项

1）注册时使用的证件类型和号码必须与您申领该卡时所使用的证件一致。

2）为保障您的资金安全，对外转账功能须到柜面开通。

3）自助注册时同一客户只允许注册一次，只能注册一张卡。

4）修改密码时，您的新密码长度必须大于等于6位字符，小于等于30位字符，须设置为字母与数字的组合，并注意区分大小写。

5）自助注册或在营业网点注册的客户均可以自助注销网上银行。在自助销户当天，建议您不要再做任何开户交易。

项目实训目标 3：
开通招商银行网上银行

招商银行（以下简称招行）的个人网上银行分为两种：一种是有证书的，称为"专业版"；一种是没有证书的，称为"大众版"。如何申请专业版网上银行，招行网站上有详细的说明，可以详细查看。实训3以大众版"一卡通"个人网上银行为例，讲解招行网上银行开通的程序。

实训步骤

步骤一： 登录招商银行网站首页（http://www.cmbchina.com），单击页面右方的"个人银行大众版"按钮，如图3-20所示。

图3-20 招商银行网上银行首页

步骤二： 选择"一卡通"选项卡，输入相关相信息后单击"登录"按钮，如图3-21所示。

步骤三： 在"网上支付"栏目中找到"网上支付管理"中的"网上支付申请"链接，单击进入，如图3-22所示。

步骤四： 选择"一卡通网上支付"方式，然后单击"确定"按钮，如图3-23所示。

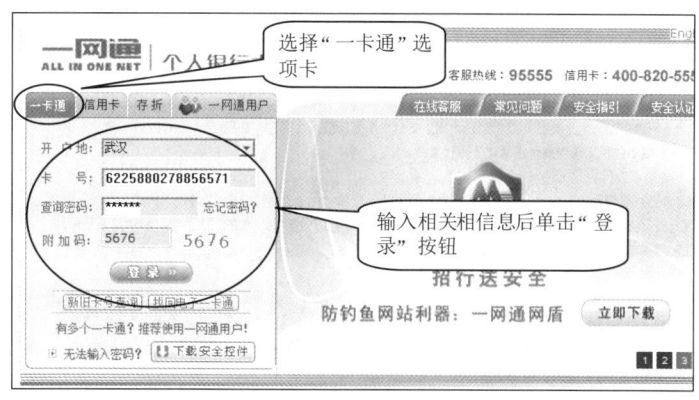

图 3-21 填写信用卡的相关信息并登录

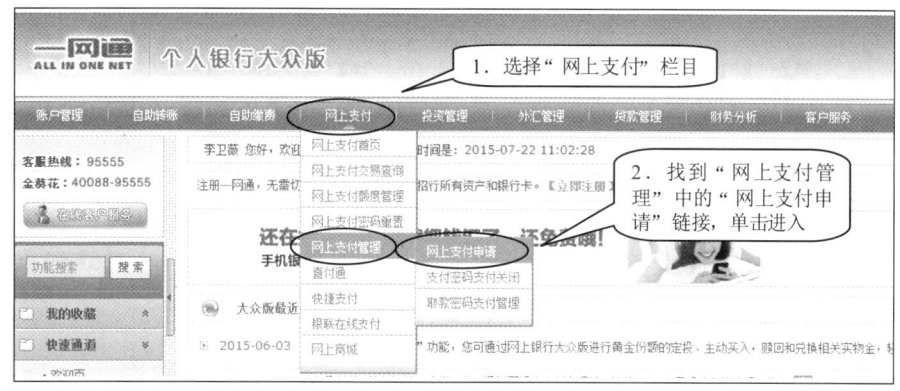

图 3-22 网上支付申请

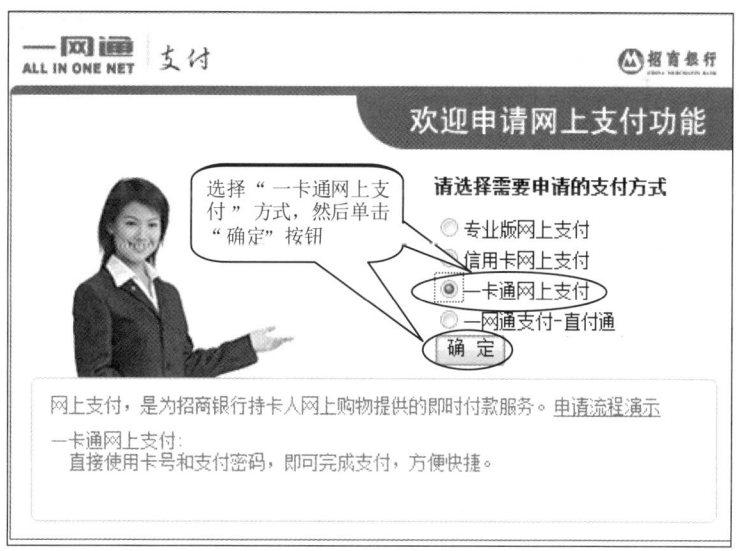

图 3-23 选择"一卡通网上支付"方式,单击"确定"按钮

步骤五:在"是否接受责任条款"后方选择"是"选项,然后单击"继续在网上申请"按钮,如图 3-24 所示。

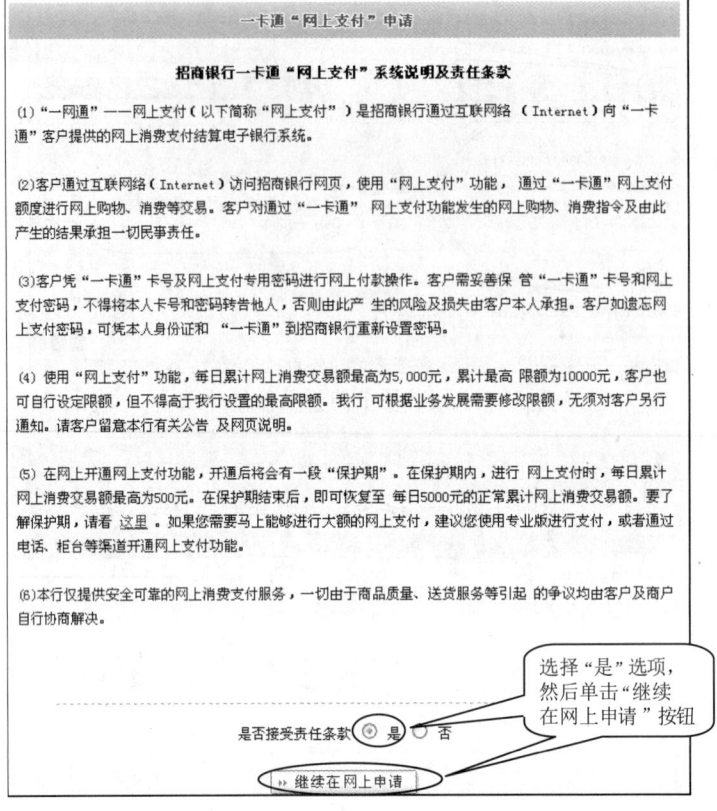

图 3-24 接受责任条款

步骤六：按要求输入相关信息，然后单击"提交"按钮，如图 3-25、图 3-26 所示。

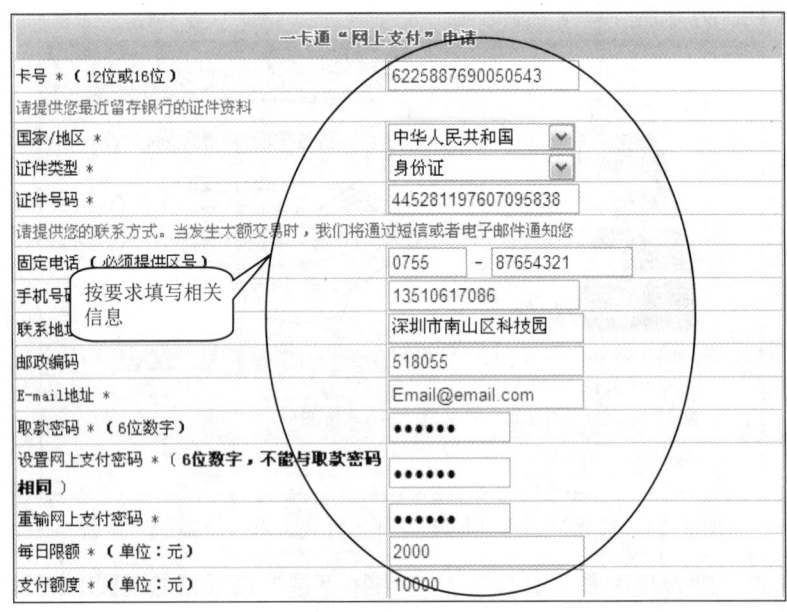

图 3-25 网上支付申请信息

项目三 开通网上银行

> 提示：在为网上银行设置密码时，建议不与其他网站使用的密码相同；不使用自己及亲友的生日、电话号码、身份证号码中的数字做密码；不把卡号、密码保存在计算机或电子邮箱中。

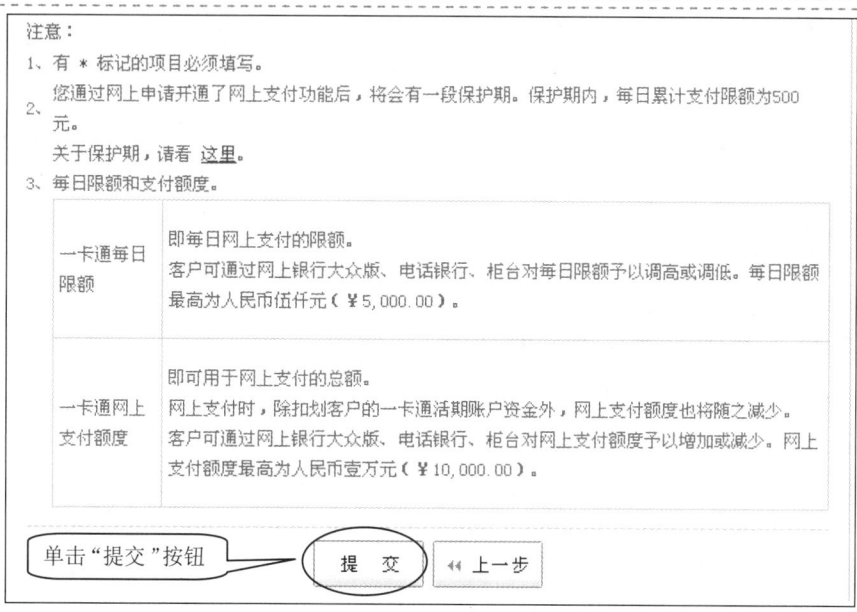

图 3-26 网上支付申请注意事项

步骤七： 成功开通网上支付功能，如图 3-27 所示。

图 3-27 成功开通网上支付功能

步骤八： 在成功开通招行网上银行的基础上，完成表 3-3 的填写。

表 3-3 招商银行网上银行成功开通记录表

开通内容	招商银行网上银行
网址	
开通条件	
有效证件	
网上银行大众版登录方式	
附加码	

(续)

开通内容	招商银行网上银行
网上银行登录密码要求	
个人网上银行服务功能	
大众版客户享有的服务	
使用网上银行地点的要求	
招行网上银行安全图标	
客户服务热线	

知识链接

一、招行个人网上银行大众版简介

个人网上银行大众版是招行基于互联网平台开发的，通过互联网为广大客户提供全天候银行金融服务的自助理财系统。只要你是招商银行的银行卡（包括"一卡通""一卡通"金卡和"金葵花卡"及其联名卡/认同卡）客户或存折客户，你就可以凭在招商银行开立的银行卡或普通存折账户，通过个人网上银行大众版办理以下自助业务：查询账户余额和交易明细、转账、修改密码等；另外，你还可以通过个人网上银行大众版申请一卡通大众版支付功能、自助充值和缴费、投资国债、申请个人消费贷款等。

个人网上银行大众版为"卡号+密码"的登录方式，卡号、密码的保管非常重要，如果卡号和密码不慎被他人取得，他人即可通过网上银行大众版的转账、网上支付卡转账等功能窃取客户的账户资金。因此，使用大众版进行交易的客户，应妥善保管好卡号和密码，防止账户失窃。同时，应立即办理网上个人银行专业版，以便更安全地管理自己的账户和资金。

二、招行个人网上银行专业版简介

个人网上银行专业版是招行基于互联网平台开发的网上个人银行理财软件，该软件建立在严格的客户身份认证基础上，对参与交易的客户发放证书，交易时验证证书。其具有以下几个特点：

（1）安全可靠 采取严密的 X.509 标准数字证书体系，通过国家安全认证。运用数字签名技术和基于证书的强加密通信管道，确保客户身份认证和数据传输以及密码输入的安全。

（2）功能强大 一户多卡管理，方便您和您的家庭理财；个性化的功能和提示，体现您的尊贵；丰富的理财功能，成为您的得力助手；各种个人网上银行业务服务，满足您的需要。

（3）方便快捷 招商银行 24 小时网上服务，跨越时空，省时省力；账务管理一目了然，只须打开计算机，所有交易明细尽收眼底；同城转账或异地汇款，无需事先指定账户，资金调拨方便快捷；网上商户遍布全国，实时支付快捷便利。

（4）安装智能化　专业版采用智能化安装引导，用户只要到招行的任一网点提出申请，然后登录招行网站，单击"登录个人银行（专业版）"按钮，即可按照系统提示完成专业版的安装工作。

（5）信息丰富　专业版可提供银行利率、外汇汇率等信息的查询功能，配备详细的功能介绍、使用指南、帮助文件及演示程序，帮助您了解系统各项功能。

三、一网通网上支付

一网通网上支付是招商银行提供的网上即时付款服务。通过一网通网上支付，您可以在网上任意选购众多与招商银行签约的特约商户所提供的商品，足不出户，即可进行网上消费。

1. 服务特色

1）全国联网，您可以在任何一家招商银行特约商户消费付款。

2）多种支付工具，满足您的各种消费需求。

3）强大的安全保障。

2. 支付工具

（1）专业版支付　个人银行专业版关联的银行卡支付，可自己设置任意限额。

（2）一卡通支付　从活期存款支付，有封顶限额。

（3）直付通支付　将一卡通账户与特约商户的账户绑定，直接在商户界面完成支付，可设置限额。

（4）信用卡支付　在您的信用卡额度范围内支付，可设置限额。

（5）手机支付　在个人手机上输入支付密码进行即时付款，免去您使用公共计算机的安全之忧。

四、使用招行个人网上银行注意事项

1. 登录正确的网址

招行网上银行的品牌为"一网通"。招行网上银行的网址为 http://www.cmbchina.com。建议用户将该网址添加至收藏夹，直接访问，不建议通过其他网站链接进行访问，防止不法分子将网址链接到其他非法网站上窃取资料。

进行网上支付交易时，在用户输入卡号和密码的页面上，请您确认浏览器地址栏里的地址，前面部分必须为 http://www.cmbchina.com。此外，如访问***.cmbchina.com 类网址，"***"为"wma""mobile""info"，则该类网址为招行系列合法网址。

2. 认清网页特征

1）招行网上银行网页下方有"网安"图标，单击该图标，图标中的备案编号为4403101210120。

2）网页下方标有招行网上银行图标，如图 3-28 所示。

图 3-28　招行网上银行图标

项目实训目标 4：
撰写一份选择××银行网上银行理由和依据的书面说明

目的： 在完成前三个项目实训目标的基础上，相信你已经对建行、工行、招行的网上银行以及开通网上银行流程有所了解。通过项目实训目标 4，掌握开通网上银行的基本流程和方法。

内容： 选择一家银行开通网上银行（先要持有该银行的银行卡）。

要求： 在上网了解各家银行的网上银行功能和开通程序的基础上，选择一家银行开通网上银行（先要持有该银行的银行卡），并写出一份选择开通该银行网上银行理由和依据的书面说明，完成表 3-4 的填写。

表 3-4　开通_____银行网上银行的书面说明

内　容	选择的理由
网站界面	
申请注册流程	
账户服务功能	
安全性	
安全策略	
费用	
特色服务	
网页安全图标	
您的建议	

知识链接

一、网上银行简介

网上银行又称网络银行、在线银行，是指银行利用互联网技术，通过互联网向用户提供开户、销户、查询、对账、行内转账、跨行转账、信贷、网上证券和投资理财等传统服务项目，使用户足不出户就能够安全、便捷地管理活期和定期存款、支票、信用卡及个人投资等。可以说，网上银行是在互联网上的虚拟银行柜台。

网上银行又被称为"3A 银行"，因为它不受时间、空间限制，能够在任何时间

（Anytime）、任何地点（Anywhere），以任何方式（Anyhow）为用户提供金融服务。网上银行是利用 Internet 和 Intranet 技术，为用户提供综合、统一、安全、实时的银行服务，包括提供对私、对公的各种零售和批发的全方位银行业务，还可以为用户提供跨国支付与清算等其他贸易、非贸易的银行业务服务。

二、网上银行的特征

1）依托迅猛发展的计算机和网络与通信技术，利用渗透到全球每个角落的互联网。

2）突破了银行传统的业务操作模式，摒弃了银行由大堂、前台、接柜开始的传统服务流程，把银行的业务直接在互联网上推出。

3）个人用户不仅可以通过网上银行查询存折账户、信用卡账户中的余额以及交易情况，还可以通过网络自动定期缴纳各种社会服务项目的费用，进行网络购物等。

4）企业集团用户不仅可以查询本公司和集团子公司账户的余额、汇款、交易信息，并且能够在网上进行交易。

5）网上银行还提供网上支票报失、查询服务，维护金融秩序，最大限度地减少国家、企业的经济损失。

6）网上银行服务采用多种先进技术来保证交易的安全，不仅用户、商户和银行三者的利益能够得到保障，而且随着银行业务的网络化，商业犯罪将更难以找到可乘之机。

三、网上银行业务介绍

（1）基本网上银行业务　商业银行提供的基本网上银行服务包括在线查询账户余额、交易记录，下载数据，转账和网上支付等。

（2）网上投资　由于国外金融服务市场更为发达，可以投资的金融产品种类众多，网上银行一般提供包括股票、期权、共同基金投资和 CDs（大额可转让定期存单）买卖等多种金融产品服务。国内商业银行网上银行投资品种则有所限制。

（3）网上购物　商业银行网上银行设立的网上购物协助服务，大大方便了用户的网上购物，为用户在相同的服务品种上提供了优质的金融服务或相关的信息服务，加强了商业银行在传统领域的竞争优势。

（4）个人理财助理　个人理财助理是国外网上银行重点发展的一个服务品种。各大银行将传统银行业务中的理财助理转移到网上进行,通过网络为用户提供各种理财方案，提供咨询建议，或者提供金融服务技术的援助，从而极大地扩大了商业银行的服务范围，并降低了相关的服务成本。

（5）企业银行　企业银行服务是网上银行服务中最重要的部分之一。其服务品种比对个人用户的服务品种更多，也更为复杂，对相关技术的要求也更高，所以能够为企业提供网上银行服务是商业银行实力的象征之一。一般的中小网上银行或纯网上银行只能部分提供，甚至完全不提供这方面的服务。

企业银行服务一般提供账户余额查询、交易记录查询、总账户与分账户管理、转账、

网上开店实务 第2版

在线支付各种费用、透支保护、储蓄账户与支票账户资金自动划拨、商业信用卡和投资等服务，部分网上银行还为企业提供网上贷款业务。

（6）其他金融服务　除了银行服务外，大型商业银行的网上银行均通过自身或与其他金融服务网站联合的方式，为用户提供多种金融服务产品，如保险、抵押和按揭等，以扩大网上银行的服务范围。

四、网上银行操作的安全卫士

网上银行系统是银行业务服务的延伸，用户可以通过网络方便地使用银行核心业务服务，完成各种非现金交易。目前，各家银行都开发了自己的网上银行安全产品——U盾（USB Key）。当客户在网上交易用到网银付款的时候，就得插入U盾。而且一个网银只对应一个U盾。U盾可以看成是一种防止别人盗号后随便提款的硬件，别人即使有了你的网银账号、密码，没有你的U盾也不能付款或取款。使用U盾保护网上银行交易安全，操作流程十分简单、快捷。

五、网上银行安全使用建议

1. 保管好账号和密码

银行账号和密码为保障银行资金安全的最重要因素，所以保管好账号和密码非常重要。一旦您的账号和密码被他人盗取，您的银行资金就有可能被盗用。为了保障您的银行资金安全，请您务必重视账号、密码的保管工作，尽量做到：

1）在任何情况下，坚持账号和密码自己保管、不透露给任何人的原则。不要相信任何通过电子邮件、短信、电话等方式索要账号和密码的行为。若有任何怀疑，请立即致电银行全国统一客服电话联系。对于已经向不明人员或网站提供网上银行密码的，要立即登录网上银行修改密码，或到柜面进行密码重置，或通过电话及登录网上银行申请挂失。

2）尽量做到密码不容易被不法分子破解。不采用生日日期、电话号码、身份证号码中的连续几位、银行卡号中的几位、同一数字、简单数字规则构成的密码。避免密码被不法分子破解，盗取账户资金。

3）使用单独的银行密码。将平时在其他网站使用的各类密码与银行密码区分开，不采用同一密码，避免因在其他网站泄漏密码导致银行密码同时失窃。

4）应设置不同的网上银行登录密码、取款密码（在银行柜台或ATM机上使用）和网上支付密码。不同的多重密码能更有效地保障账户资金的安全。

5）不要在网上银行系统以外的其他地方输入卡号和密码。

6）不定期地修改密码。

2. 保证计算机安全

计算机及软件有可能受到病毒及计算机黑客的威胁，应留意以下几点：

1）设置由数字、字母（大、小写）构成的不易被破译的开机密码。

2）定期下载安装最新的操作系统和浏览器安全程序或补丁。

3）建议将计算机中的 hosts 文件修改为只读。
4）安装个人防火墙，可以防止黑客入侵计算机。
5）安装并及时更新杀毒软件。养成定期更新杀毒软件的习惯，防止新型病毒入侵。
6）使用网上银行的计算机不作为资料、文件共享等类型的服务器。
7）不要开启不明来历的电子邮件。

3．增强安全意识

随着科技的发展，金融网络犯罪的手法越来越多，但所有金融网络犯罪的最终的都是为了盗取用户的账号和密码。尽管银行在安全方面采取了各种措施，保障了银行交易系统的安全，但个人账号和密码的保管也依赖于用户个人的安全风险意识和行为，要做到：

1）不要在公共场所使用网上银行，防止他人偷看密码。
2）不要在网吧、图书馆等公用网络上使用网上银行，防止他人安装监测程序或木马程序窃取账号和密码。
3）每次使用网上银行后，应及时退出。
4）在其他渠道（如 ATM 取款、自助终端登录）进行交易时，注意密码输入的保护措施，防止他人通过录像等方式窃取到账号和密码。
5）切勿向他人透露用户名、密码或任何个人身份识别资料。
6）如果个人资料有任何更改（如联系方式和地址等有变动），请及时通过银行系统修改相关资料。
7）定期查看交易记录，核对对账单。
8）遇到任何怀疑或问题，请及时联系银行全国统一客服电话。

4．防范电信诈骗安全口诀

陌生电话要警惕，可疑短信需注意。
中奖退税送便宜，哄你汇钱是目的。
暴利理财和投资，多是骗局莫搭理。
刷卡消费欠话费，细分真伪辨猫腻。
冒充领导公检法，提防骗子在演戏。
来电自称黑社会，立刻报警不迟疑。
亲朋好友遇事急，不忙汇款先联系。
升级网银假信息，钓鱼网站莫点击。
电子银行本人办，U 盾自己拿手里。
个人信息要保密，密码账号管仔细。
任凭骗术千万变，我自心中有主意。
不理不信不汇款，小心谨慎防万一。

开通网上银行项目实训评价表，见表 3-5。

表 3-5 开通网上银行项目实训评价表

内容	评价标准				自评/分	组评/分	师评/分
	优（90～100分）	良（76～89分）	及格（60～75分）	不及格（60分以下）			
工作态度	积极、认真	比较认真	一般	不认真			
工作能力	超额完成并有所创新	按时完成	勉强完成	不能完成			
工作成果	拥有任意一家银行的银行卡，成功开通网上银行，并成功下载数字证书	拥有本实训项目中三家银行的银行卡，成功开通网上银行	拥有本实训项目中三家银行的银行卡，虽能开通网上银行，但是用时较长	拥有本实训项目中三家银行的银行卡，但是不能成功开通网上银行			

巩固练习

一、判断题（正确的打"√"，错误的打"×"）

1．网上银行一般分为非证书版与证书版两种，非证书版可以直接在网上申请，证书版必须携带身份证件和账户资料到银行网点签约，下载并安装网上银行证书。（　　）
2．证书版网上银行的有些功能会受限制。（　　）
3．建行规定：如果设置简单登录密码，就不能在网上自助开通网上银行。（　　）
4．工行规定：自助注册个人网上银行时可以注册两张卡。（　　）
5．银行账号和密码是保障银行资金安全最重要的因素，保管好账号和密码非常重要。（　　）

二、单项选择题（请将正确选项的代号填在括号中）

1．下面哪个密码是符合要求的登录密码？（　　）。
　　A．123456　　　　B．654321　　　　C．hui0608yes　　　D．88888888
2．预留验证信息是开通（　　）的网上银行时要求设置的。
　　A．中国工商银行　B．中国农业银行　C．招商银行　　　D．中国建设银行
3．招商银行一网通创建于（　　）年。
　　A．1995　　　　　B．1996　　　　　C．1997　　　　　D．1998
4．安全使用网上银行系统的地点是（　　）。
　　A．网吧　　　　　B．家里　　　　　C．单位　　　　　D．公共场所

三、多项选择题（每题的备选答案中有两个或两个以上符合题意的答案，请将正确选项的代号填在括号中）

1．网上银行可以为用户提供（　　）等服务项目。
　　A．查询账户　　　B．网上支付　　　C．投资理财　　　D．跨行转账
2．开通网上银行的有效证件是（　　）。
　　A．身份证　　　　B．学生证　　　　C．军官证　　　　D．户口簿
3．招商银行大众版客户享有的服务有（　　）。
　　A．投资管理　　　B．贷款管理　　　C．账户查询　　　D．小额网上支付

项目四

支付宝攻略

 **学习目标**

了解和掌握中国最大的第三方网络支付平台——支付宝的注册与认证流程。具体的项目实训目标包括:

项目实训目标 1:获得开店"通行证"——注册支付宝
项目实训目标 2:验证卖家第一关——支付宝实名认证
项目实训目标 3:提高账户安全性能——支付宝数字证书
项目实训目标 4:支付宝账户的设置

 情景设置

支付宝是中国最大的第三方网络支付平台,由阿里巴巴集团创办,致力于为中国电子商务提供各种安全、方便、个性化的在线支付解决方案。目前已和国内的工行、建行、农行、招行等各大商业银行以及 VISA 国际组织等各大金融机构建立了战略合作关系,成为银行在网上支付领域极为信任的合作伙伴。

支付宝交易服务从 2003 年 10 月在淘宝网推出,是应用极其广泛的网上安全支付工具。要想在淘宝网上开设店铺,必须注册支付宝账户并进行实名认证。同时,为了支付宝账户的安全,还要下载支付宝数字证书。还等什么呢?请跟我一起到支付宝上探索一番吧!

实训准备

☑ 教学设备准备:已经开通个人网上银行功能的银行卡、有效身份证件(可以是身份证、护照和军官证等)、多媒体网络计算机教室或电子商务实训室。

☑ 教学组织形式:将学生 2~6 人分成一个小组,以小组学习为主。

☑ 项目学时安排:共 4 学时(其中,项目实训目标 1~3,2 学时;项目实训目标 4,1 学时;巩固练习,1 学时)。

项目实训目标 1：
获得开店"通行证"——注册支付宝

实训步骤

步骤一：登录支付宝网站首页（http://www.alipay.com），单击"立即注册"按钮，如图 4-1 所示。

图 4-1 登录支付宝首页进行注册

步骤二：单击"个人账户"选项，默认选择"中国大陆"，输入手机号码后单击"获取验证码"按钮，收到短信验证码后将其填入相应位置，然后单击"下一步"按钮，如图 4-2 所示。

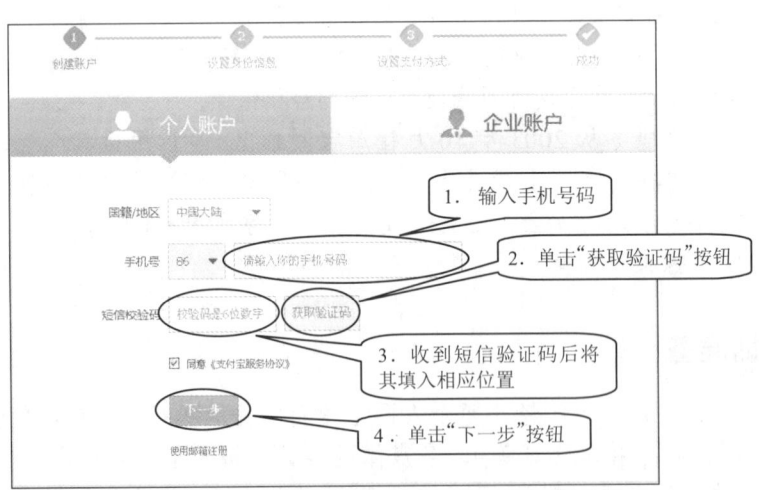

图 4-2 选择账户类别

步骤三：如校验码一直没有收到，可以单击"重新获取短信"按钮，如图 4-3 所示。

图4-3 重新获取短信

> **提示**：系统默认是手机号码注册，填入的手机号码如果已经注册过支付宝，系统会提示"此手机号码已经被注册，请更换号码注册或登录"。确认前请阅读支付宝服务协议，服务协议规定注册使用支付宝的用户须年满16岁。

步骤四：若手机号码被占用不能注册，可使用邮箱注册，用户填写邮箱名，如图4-4所示。

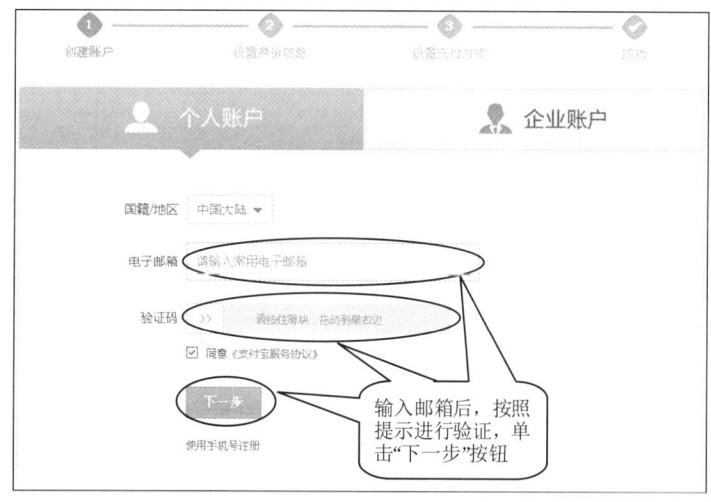

图4-4 邮箱注册

> **提示**：建议大家使用手机号码注册，因为使用邮箱注册还是需要绑定手机号码才能完成注册。

步骤五：填写账户基本信息（账户注册成功，则默认支付宝账户绑定手机），必须填写您的真实姓名。注册完成后不可修改，如图4-5所示。

图 4-5　填写信息

步骤六：设置支付方式，如图 4-6 所示。

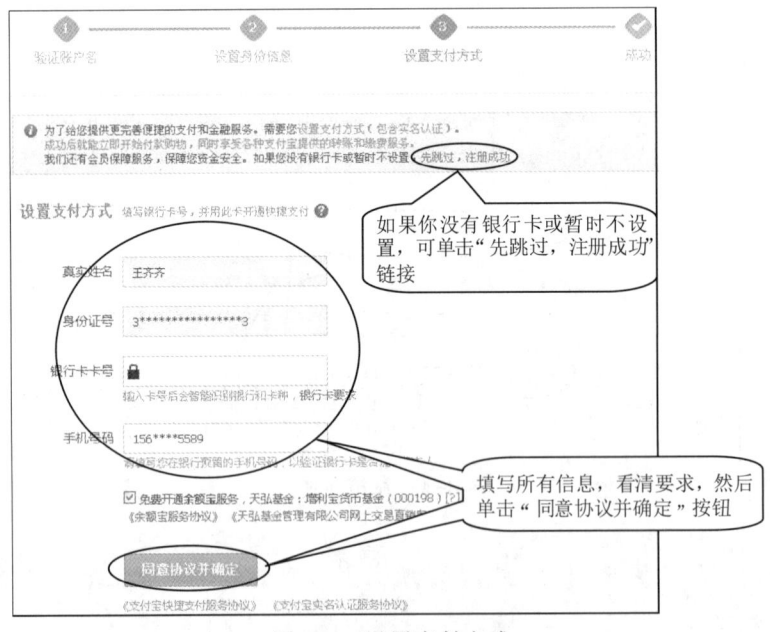

图 4-6　设置支付方式

步骤七：再次输入验证码，完成注册，如图 4-7 所示。

项目四 支付宝攻略

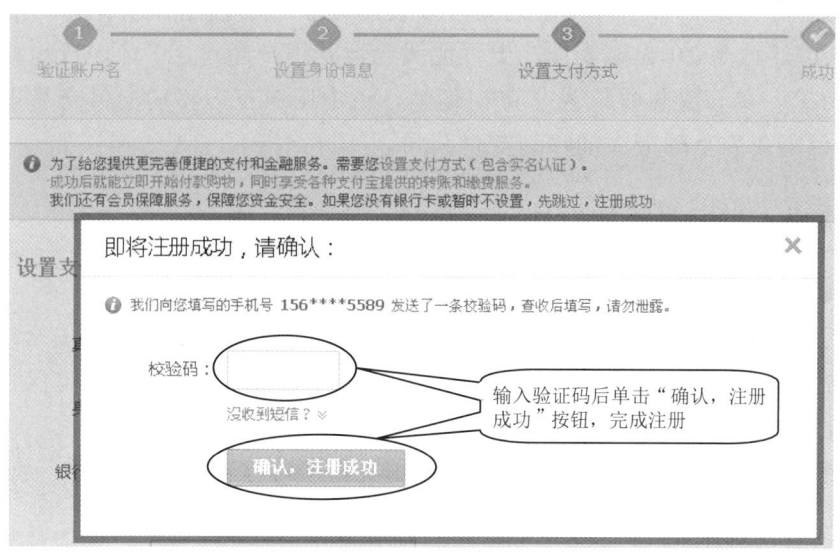

图 4-7 完成注册

步骤八：在支付宝注册成功的基础上，完成表 4-1 的填写。

表 4-1 支付宝成功注册记录表

注 册 内 容	支付宝注册记录
网址	
注册者的年龄	
注册方式	
账户名	
支付宝用户类型	
注册的要求	
证件类型	
注册成功后的功能	

知识链接

一、支付宝简介

支付宝（中国）网络技术有限公司是国内领先的独立第三方支付平台是具备一定实力和信誉保障的独立机构，采用与各大银行签约的方式，提供与银行支付结算系统接口的网络交易的一种支付平台，由阿里巴巴集团于 2004 年创办。支付宝（www.alipay.com）致力于为中国电子商务提供"简单、安全、快速"的在线支付解决方案。

支付宝秉持"建立信任,化繁为简,以技术创新带动信用体系完善"的理念,获得市场的认可。截至2015年5月,支付宝钱包活跃用户超过2.7亿,日均移动支付超过4 500万笔,单日支付峰值为1.976亿笔,占中国第三方移动支付交易市场份额的82.3%,支付宝成为全球最大的移动支付公司。

二、使用支付宝服务的好处

1. 买家使用的好处

1)支付宝拥有业界领先的安全技术、最高规格的数据加密和丰富的安全产品。买家在网上购物付款,不用担心资金和隐私的安全。而且购物货款先由支付宝保管,收货满意后才付钱给卖家,安全放心。

2)去银行转账既要排队,又要手续费。用支付宝跨行转账0手续费,最快10分钟到账,手机支付宝客户端还可以随时随地完成支付,方便简单。

3)支付宝开通了水电煤缴费、信用卡还款、手机充值等功能,在家轻点鼠标,生活琐事一步完成。

4)每一笔消费都有交易记录,每月自动生成对账单,让买家对消费支出了然于心,做出更合理的理财计划。

2. 卖家使用的好处

1)无需到银行查账,支付宝即时告知买家付款情况,省时、省力。

2)账目分明,交易管理帮助卖家清晰地记录每一笔交易的详细信息,省心。

3)支付宝认证是卖家信誉的有效体现。

三、注册支付宝账户注意事项

1. 输入真实姓名

1)你所填写的真实姓名是你进行支付宝账户认证时的重要组成部分,会影响到你能否通过认证。

2)你在支付宝账户中保存的银行账号的开户人姓名需与你所填写的真实姓名完全对应;如果两者不一致,你将无法完成支付宝账户资金的提现。

3)注册完成后,你所提供的真实姓名将不能修改,请如实填写。

2. 保存证件号码

1)你所填写的证件号码是你进行支付宝账户认证时的重要组成部分,会影响到你能否通过认证。

2)在你进行重新取回登录密码或者支付密码等操作的时候,需要你输入注册时所保存的证件号码进行对比确认。

3)注册完成后,证件号码不得随意修改,请如实填写。

项目实训目标 2：
验证卖家第一关——支付宝实名认证

实训步骤

步骤一： 打开支付宝首页（http://www.alipay.com），登录支付宝账户，单击页面上方的"账户设置"栏目，在"基本信息"栏目中找到"实名认证"图标，单击"立即认证"链接，如图 4-8 所示。

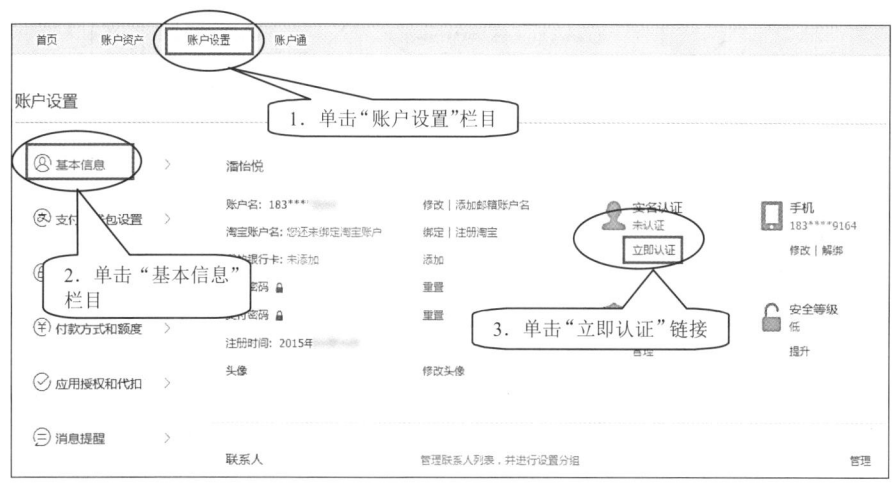

图 4-8　单击"立即认证"链接

步骤二： 在弹出的页面中，单击"立即认证（大陆）"按钮，如图 4-9 所示。

图 4-9　单击"立即认证（大陆）"按钮

步骤三： 填写身份证号码、支付密码，单击"下一步"按钮进行身份信息验证，如图 4-10 所示。

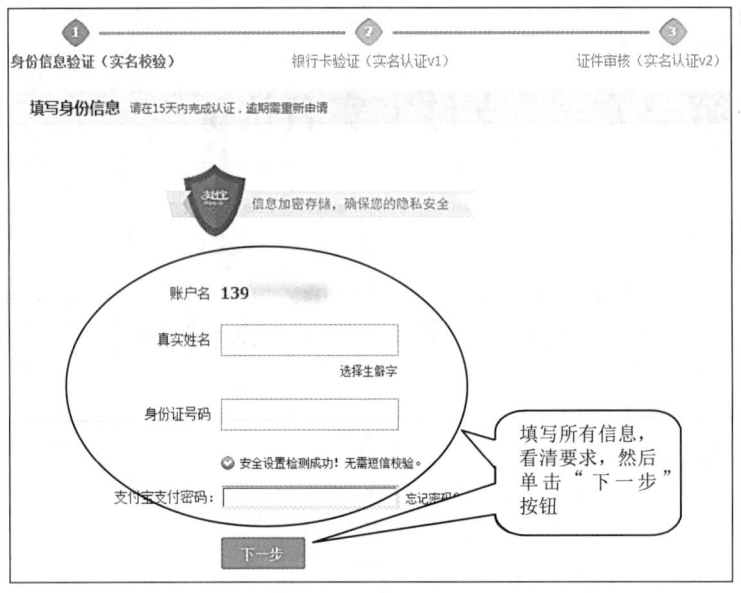

图 4-10　身份验证

步骤四：确认姓名和身份证号码无误，单击"确定"按钮，系统自动进行实名制校验，如图 4-11 所示。

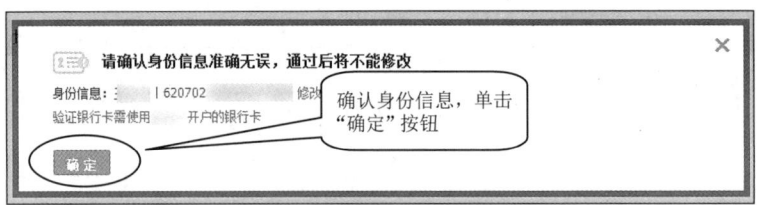

图 4-11　确认姓名和身份证

> **提示**：若身份信息未通过验证，用户需单击"申请人工审核"按钮，提交双证由支付宝进行人工审核（审核时间：2 天），如图 4-12 所示。审核通过后，您可以继续申请认证，请再次登录支付宝账户，单击"实名认证"图标跳转至步骤五进行银行卡验证。

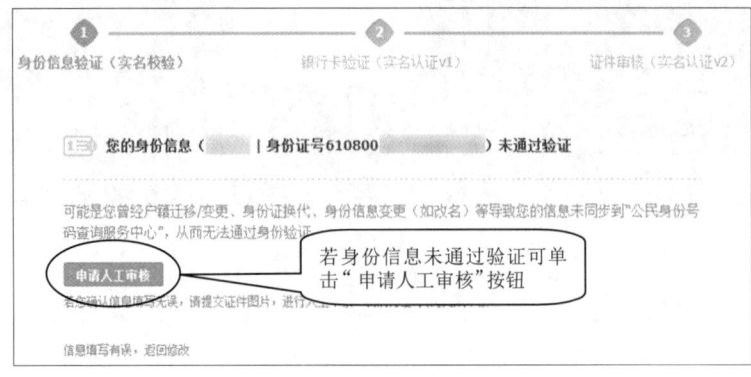

图 4-12　申请人工审核

步骤五：通过身份信息验证，进入验证银行卡信息页面，填写银行卡相关信息，然后单击"下一步"按钮，系统发送短信校验，接受并填写校验码完成校验，如图4-13~图4-17所示。

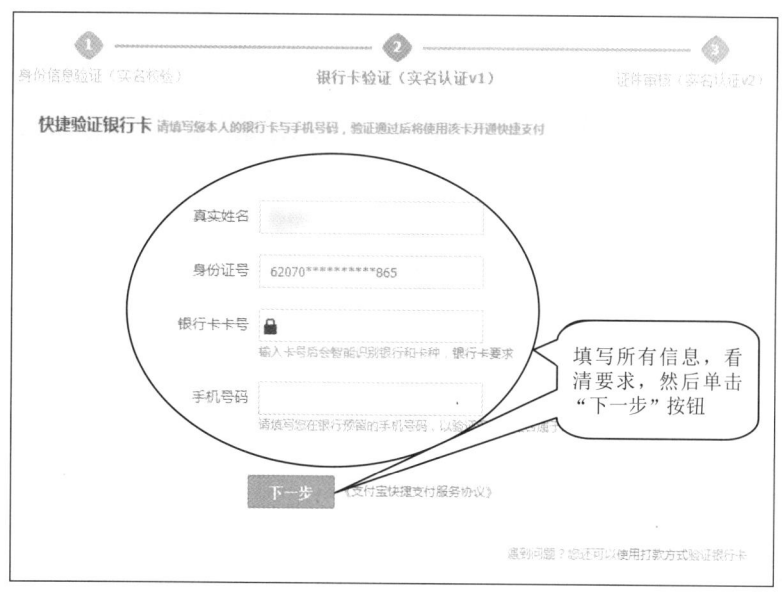

图4-13 银行卡验证

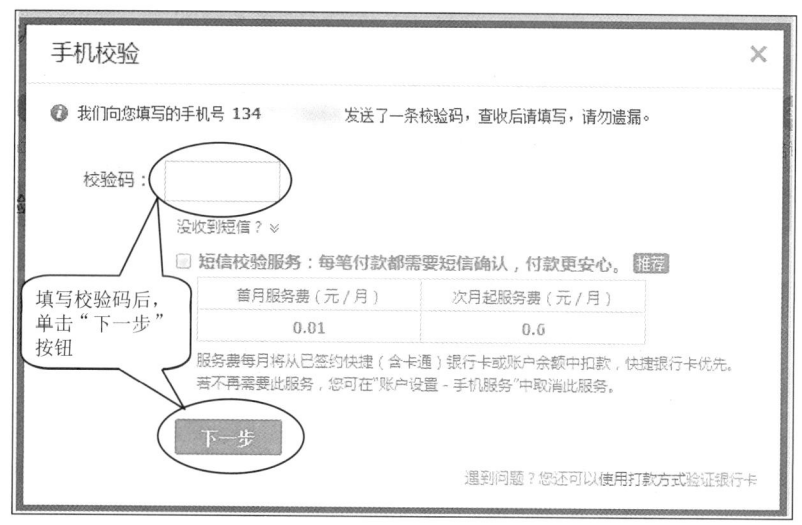

图4-14 手机校验

提示：当填写的手机号与银行预留手机号不一致，信息验证未成功时，若该卡支持打款方式校验，单击"下一步"按钮，会给该银行卡进行打款验证（打款时间：1~2天）；若您还有其他银行卡，可单击"更换银行卡"链接进行银行卡校验；若页面提示"您的银行卡校验失败"，您可单击"继续认证"按钮进入打款方式验证环节。

图 4-15　使用打款方式

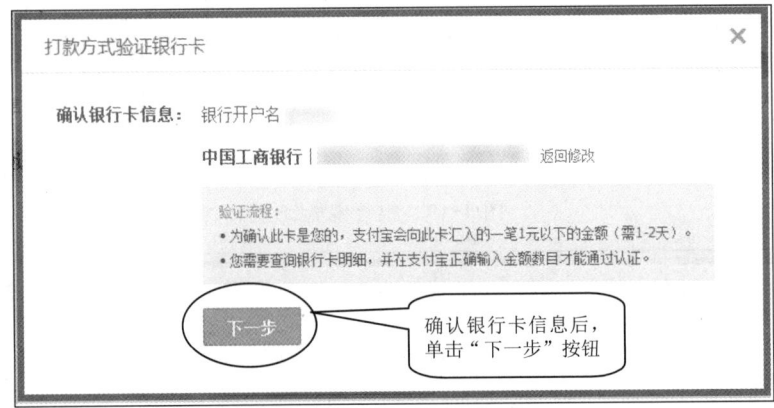

图 4-16　打款方式验证银行卡

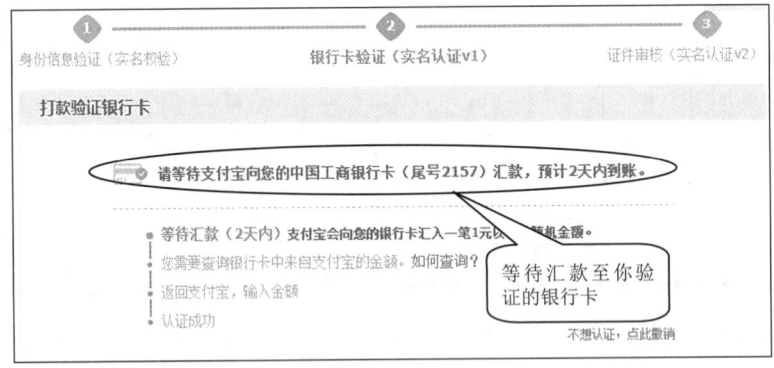

图 4-17　等待汇款

步骤六：收到汇款且查询汇款金额后，登录支付宝账户进入认证页面，输入收到的汇款金额，完成金额的确认，如图 4-18 所示。

步骤七：通过支付宝实名认证 V1。若有大额收付款需要，可单击"立即升级认证"按钮进行实名认证 V2 操作，如图 4-19 所示。

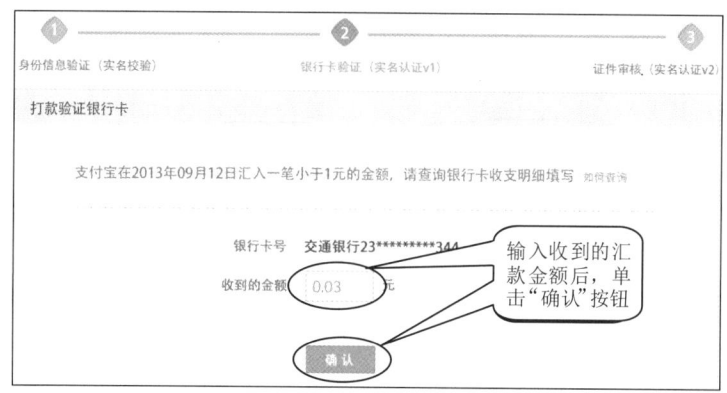

图 4-18 输入收到的汇款金额

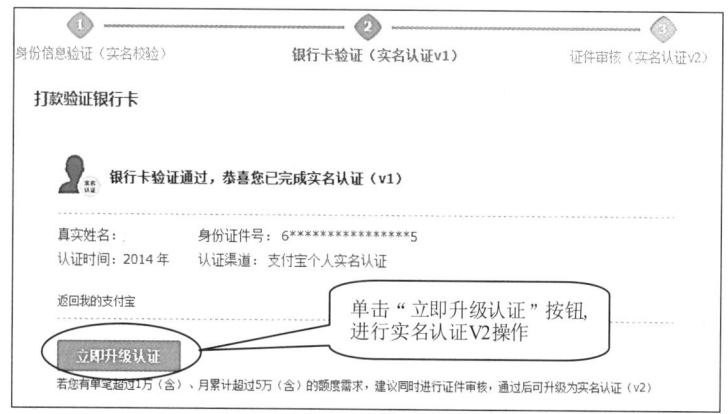

图 4-19 升级实名认证 V2

步骤八：上传身份证件，填写身份信息，等待审核（审核时间：2 天），如图 4-20、图 4-21 所示。

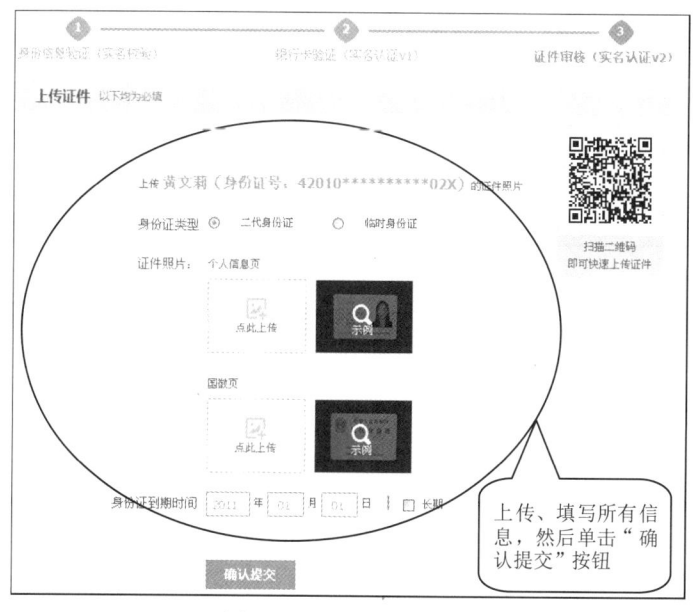

图 4-20 上传身份证件

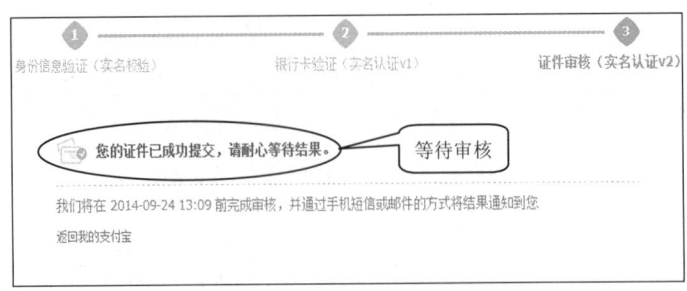

图 4-21　等待审核

步骤九：审核成功，这时你的邮箱会收到一条消息提醒，通知你已完成实名认证 V2 等级，如图 4-22 和图 4-23 所示。

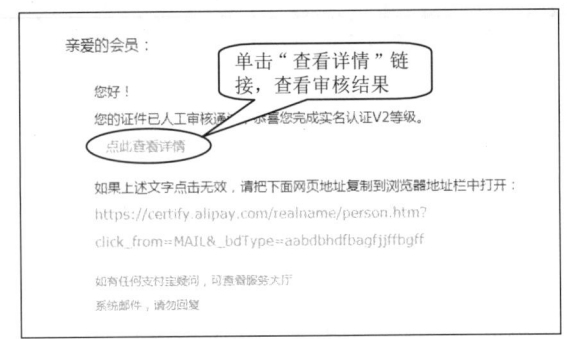

图 4-22　邮箱通知页面

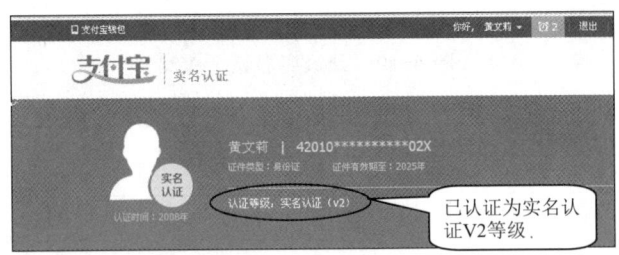

图 4-23　审核成功

步骤十：在了解并完成支付宝实名认证的基础上，完成表 4-2 的填写。

表 4-2　支付宝实名认证记录表

申请内容	支付宝实名认证记录
实名认证的年龄	
实名认证的类型	
身份证件所在的地区	
实名认证的方式	
身份证件信息	
费用问题	
支付宝支持的银行	
个人认证标志	
商家认证标志	
实名认证的程序	
认证会员独享的功能	

知识链接

一、支付宝实名认证简介

支付宝实名认证服务是由支付宝（中国）网络技术有限公司提供的一项身份识别服务。支付宝实名认证同时核实会员身份信息和银行账户信息。通过支付宝实名认证后，相当于拥有了一张互联网身份证，可以在淘宝网等众多电子商务网站开店、出售商品，增加支付宝注册账户的信用度。

二、支付宝实名认证的特点

1）支付宝实名认证为第三方提供，更加可靠和客观。
2）由众多知名银行共同参与，更具权威性。
3）同时核实会员身份信息和银行账户信息，极大提升真实性。
4）认证流程简单易操作，认证信息及时反馈，用户实时掌握认证进程。

三、支付宝会员通过认证的识别

（1）查看交易对方是否通过认证　您可以在已建立的交易中通过"查看信用"链接来识别交易对方是否是支付宝实名认证会员。

（2）查看自己是否通过认证　您可以登录支付宝账户，在"我的支付宝"栏目中，如果看到标志"[图]"，就说明您已经通过支付宝个人实名认证；如果您看到标志"[图]"，就说明您已经通过支付宝商家实名认证。

四、支付宝认证等级及权益（见表4-3）

表4-3　支付宝认证等级及权益

认证等级	所需资料	可享受权益	
未实名	未验证任何信息资料	仅可以网银付款，不能收款	可以使用转账、还款、缴费等服务
实名校验	身份验证	小额收付款 一个身份证下任一账户单笔收付款限额人民币1万元（不含）以下	可以使用转账、还款、缴费等服务
实名认证（V1）	身份验证 + 银行卡验证	一个身份证下所有账户月累计收付款限额人民币5万元（不含）以下 一个身份证关联账户3个以下	除可使用转账、还款、缴费外，还可以享受理财、保险、贷款、淘宝开店等更多服务
实名认证（V2）	身份验证 + 银行卡验证 + 证件审核	自由收付款	

五、支付宝认证服务协议

1. 支付宝认证服务协议概述

本规则中将支付宝（中国）网络技术有限公司简称为"本公司"，对使用本公司服务的用户简称为"您"、"支付宝用户"或"用户"。

您确认，在您注册成为支付宝用户以接受本公司的服务，或您以其他本公司允许的方式实际使用本公司服务前，您已充分阅读、理解并接受本规则的全部内容，一旦您使用支付宝服务，即表示您同意遵循本规则之所有约定。

本公司提醒您认真阅读、充分理解本规则各条款。如您不同意接受本规则的任意内容，或者无法准确理解相关条款含义的，请不要进行后续操作。如果您对本规则的条款有疑问，请通过本公司客服渠道进行询问，本公司将向您解释条款内容。

2. 关于认证服务的理解与认同

1）在您申请认证前，您必须先注册成为支付宝用户。本公司有权采取各种必要手段（包括但不限于向第三方确认）对您的身份进行识别。但在目前的技术水平下本公司所能采取的方法有限，且在网络上进行用户身份识别存在一定的困难，因此，本公司对完成认证的用户身份的准确性和绝对真实性不做任何保证。

2）您同意，本公司有权记录并保存您在认证中提供给本公司的信息和本公司向其他合作方获取的信息，亦有权根据本协议的约定向您或第三方提供您是否通过认证以及您的认证信息。

3）您同意，您有义务按照本公司的要求提供本人的真实身份资料进行注册及认证，并保证诸如电子邮件地址、联系电话、联系地址、邮政编码等信息的有效性，同时也有义务在相关资料发生变更时及时通知本公司进行更新。若您提供任何错误、不实、过时或不完整资料，或本公司有合理理由怀疑该资料为错误、不实、过时或不完整的，本公司有权暂停或终止对您提供服务，或限制您支付宝账户的部分或全部功能，本公司对此不承担任何责任。

4）除非本协议另有约定，一旦您的支付宝账户完成了认证，相关身份信息和认证结果将不能由您本人进行任何修改；如果在完成认证后，您的身份信息发生了变更，，您应按本公司要求提供资料并由本公司审核后进行更新。

5）若您未满16周岁或未满足本协议及《支付宝服务协议》规定的条件，而以不当方式注册为本公司用户或通过本公司认证的，则因此产生的一切法律责任应由您及（或）其监护人承担；因此给本公司造成损失的，该用户及（或）其监护人应向本公司进行赔偿。同时本公司有权随时注销该支付宝账户或释放该支付宝账户的相关身份信息或停止为其提供服务。

6）一旦您经由淘宝网，域名为 taobao.com；天猫，域名为 tmall.com；一淘网，域名为 etao.com（以下合称"淘宝"）提交认证服务申请并通过认证，您的淘宝会员账户即与您的支付宝账户之间建立一一绑定关系，您不能自行变更或解除该绑定关系，除非经由淘宝同意。

7）本公司有权根据具体情况，而要求您提供相应的身份信息和银行账户信息的相关凭证。具体凭证的要求和标准以本服务第三条和第四条内容为准。

3. 身份信息识别

1）中华人民共和国大陆（以下简称大陆）个人支付宝用户提供以下证件用于身份信息识别：申请认证当时处于有效期内的身份证、护照等明确标有身份证号的证件之一（需要在线上传证件时，必须是原件的彩色扫描件，或者原件的彩色数码拍摄件，第二代身份证需要同时提交正反两面）。

2）台湾地区用户应提供有效期内的台湾居民往来大陆通行证（台胞证）和入境证明（需要同时提交公章页）。港澳用户应提供有效期内的港澳居民往来内地通行证。海外用户应提供有效期内的护照和入境证明（或中华人民共和国颁发的《外国人永久居留证》）。

3）本公司不向未满16周岁的自然人提供认证服务。

4）商户类支付宝用户向本公司申请认证服务时，应向本公司提供以下资料：营业执照副本、组织机构代码证、税务登记证等有效证件（以上证件必须为原件的彩色扫描件，或者是原件的彩色数码拍摄件。如果是复印件的，则须加盖公章）。

如果是法定代表人作为授权委托人申请支付宝账户的，则须提交法定代表人身份证件（身份证件的要求同本条第1款规定）；如果是非法定代表人作为授权委托人申请支付宝账户的，除了提供法定代表人身份证件外，还需要提供授权委托人的身份证件，同时提供商户类支付宝用户加盖公章的授权委托书。

5）通过身份信息识别的支付宝用户不能自行修改已经认证的信息，包括但不限于企业名称、姓名以及身份证件号码等。

6）支付宝用户在进行找回支付宝账户密码等操作时，应按照本公司要求出示相关身份证件或其他资料，以便本公司核实用户身份。

7）本公司有权根据实际情况而要求您补充或提供其他类型的身份凭证。

4. 银行账户识别

在申请支付宝认证时，支付宝有权视具体情况而要求您提供您本人的银行账户信息：

1）个人支付宝用户应提供本人在大陆银行开设的人民币账号、开户名、开户银行。

2）商户类支付宝用户应提供其在大陆银行开设的人民币账号、开户名、开户银行。

3）支付宝用户填写的银行账户开户名必须与身份信息中的真实姓名或营业执照、组织机构代码证中的名称完全一致，所有经支付宝用户填写的资料将成为认证资料。

4）本公司有权根据实际情况而要求您补充或提供其他类型的银行账户信息的相关凭证。

5. 特别声明

（1）身份认证信息共享　为了使您享有便捷的服务，您经由其他网站或其他合作方向本公司提交认证申请，即表示您同意本公司为您核对所提交的全部身份信息和银行账户信息，并同意本公司将认证结果及相关身份信息提供给该网站或合作方。

（2）认证资料的管理　您在认证时提交给本公司的认证资料，即不可撤销地授权由本公司保留。本公司承诺按照《隐私权规则》的约定保护您的相关隐私信息。

6. 第三方网站的链接

为实现身份信息审查，支付宝网站（www.alipay.com）上可能包含了指向第三方网站（如网上银行网站）的链接（以下简称"链接网站"）。"链接网站"非由该公司控制，对于任何"链接网站"的内容，包含但不限于"链接网站"内含的任何链接，或"链接网站"的任何改变或更新，该公司均不予负责。自"链接网站"接收的网络传播或其他形式之传送，该公司不予负责。

7. 不得为非法或禁止的使用

接受本协议全部的说明、条款、条件是您申请认证的先决条件。您声明并保证，您不得为任何非法或为本协议、条件及须知所禁止之目的进行认证申请。您不得以任何可能损害、使瘫痪、使过度负荷或损害其他网站或其他网站的服务或本公司或干扰他人对于支付宝认证申请的使用等方式使用认证服务。您不得经由非本公司许可提供的任何方式取得或试图取得任何资料或信息。

8. 有关免责

下列情况时该公司无需承担任何责任：

1）由于您将支付宝账户密码告知他人或未保管好自己的密码或与他人共享支付宝账户或任何其他非本公司的过错，导致您的个人资料泄露。

2）任何由于黑客攻击、计算机病毒侵入或发作、电信部门技术调整导致之影响、因政府管制而造成的暂时性关闭、由于第三方原因（包括不可抗力，例如国际出口的主干线路及国际出口电信提供商一方出现故障、火灾、水灾、雷击、地震、洪水、台风、龙卷风、火山爆发、瘟疫和传染病流行、罢工、战争或暴力行为或类似事件等）及其他非因本公司过错而造成的认证信息泄露、丢失、被盗用或被篡改等。

3）由于与该公司链接的其他网站（如网上银行等）所造成的银行账户信息泄露及由此而导致的任何法律争议和后果。

4）任何支付宝用户（包括未成年人用户）向该公司提供错误、不完整、不实信息等造成不能通过认证或遭受任何其他损失，概与该公司无关。

9. 其他条款

您同意，本公司有权随时对本协议内容进行单方面的变更，并以在www.alipay.com 网站公告的方式予以公布，无需另行单独通知您；若您在本协议内容变更后继续使用本服务的，表示您已充分阅读、理解并接受变更修改后的协议内容，也将遵循变更修改后的协议内容使用本服务；若您不同意变更修改后的协议内容，您应立即停止使用本服务。

项目实训目标 3：
提高账户安全性能——支付宝数字证书

实训步骤

步骤一：登录支付宝账户，单击页面上方的"安全中心"栏目，找到"数字证书"

项目四 支付宝攻略

项目，单击"申请"链接，如图 4-24 所示。

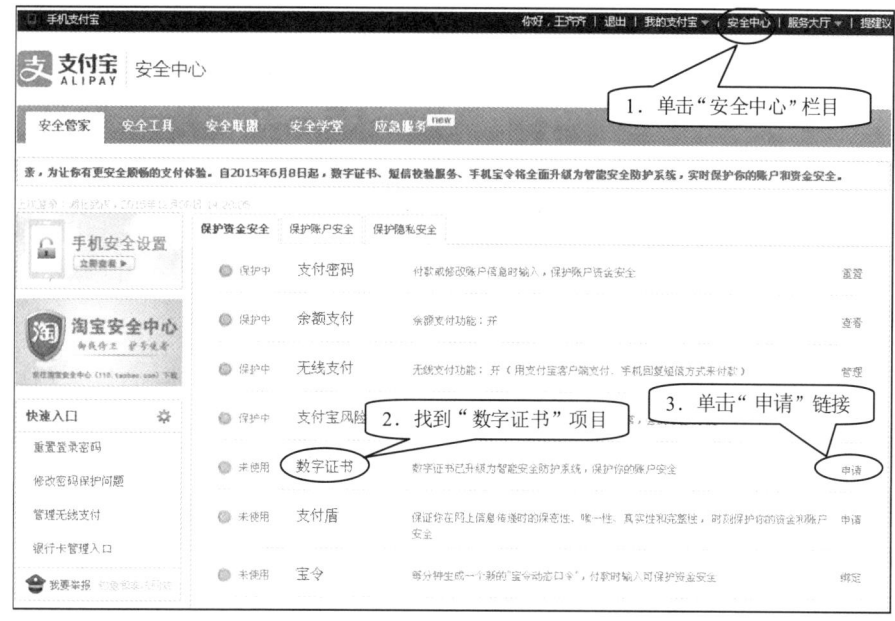

图 4-24　申请数字证书 1

步骤二：单击"申请数字证书"按钮，如图 4-25 所示。

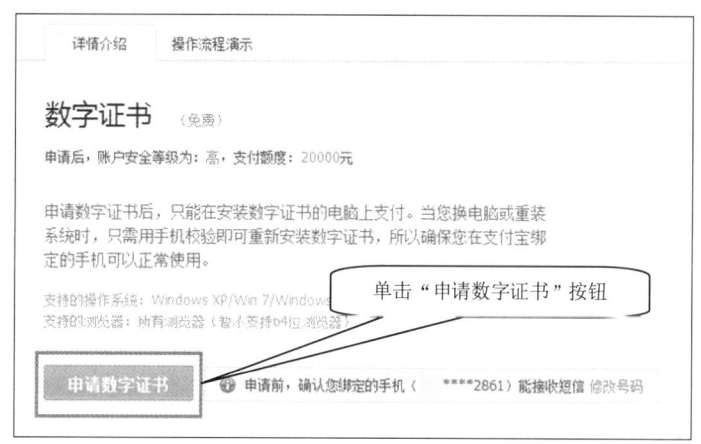

图 4-25　申请数字证书 2

> **提示**：若系统检测到计算机未安装数字证书控件，页面会提示先安装控件，安装后才能继续申请数字证书。请在家庭计算机上申请支付宝数字证书，避免数字证书泄露或遗留在网吧之类的公共场所。

步骤三：填写身份证号码和验证码，选择使用地点，单击"提交"按钮，如图 4-26 所示。

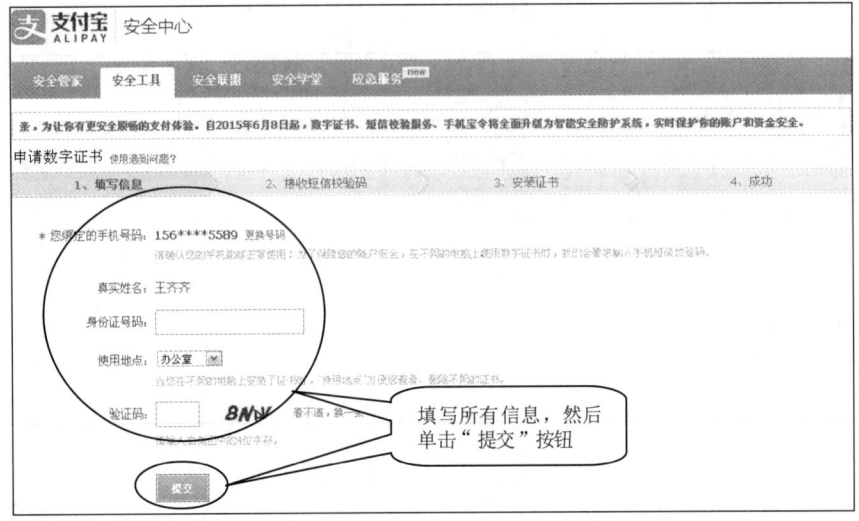

图 4-26 填写信息

步骤四：输入手机上收到的校验码，单击"确定"按钮，如图 4-27 所示。

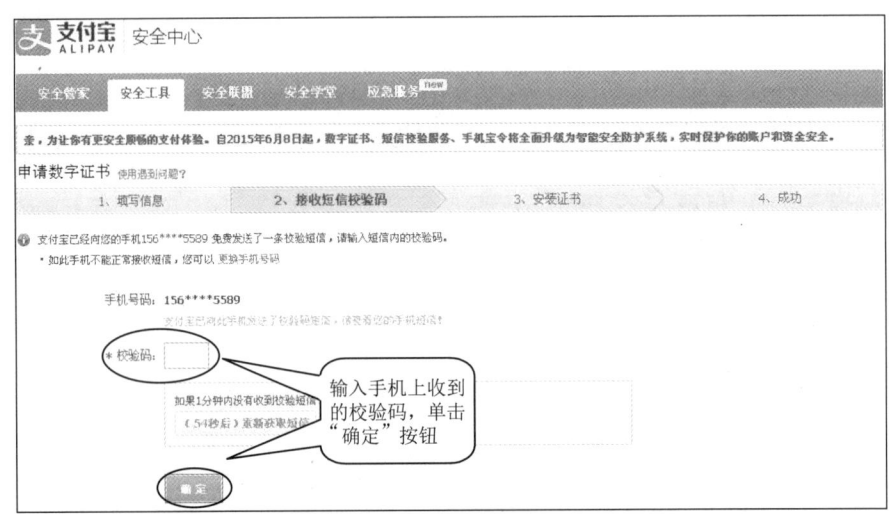

图 4-27 输入校验码

步骤五：证书申请成功，如图 4-28 所示。

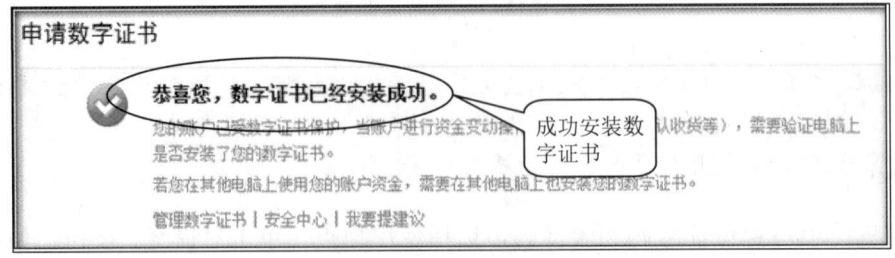

图 4-28 安装成功

步骤六：在了解并完成支付宝数字证书安装的基础上，完成表 4-4 的填写。

表 4-4　支付宝数字证书安装记录表

安 装 内 容	支付宝数字证书安装记录
数字证书的合作机构	
数字证书技术	
申请资格	
数字证书的作用	
数字证书的特性	
数字证书的期限	
数字证书的标志（安装前）	
数字证书的标志（安装后）	
备份证书的存储	

知识链接

一、支付宝数字证书简介

在现实生活中，开启保险箱可以使用密码和钥匙。而在网络的世界里，人们所面对和处理的都是数字化的信息或数据，也需要一种类似钥匙的数字凭证，用以增强账户的使用安全，这就是数字证书。

数字证书是使用支付宝账户资金的身份凭证之一，加密你的信息并确保账户资金安全。数字证书由权威公正的第三方机构 CA 中心签发。申请数字证书后，即使账号被盗，对方也动不了你账户里的资金。个人用户申请证书后，当重装计算机系统或更换计算机时，只需再安装一次证书即可，无需导入和备份数字证书。证书有效期为 2 年，支付宝数字证书过了有效期后就无法正常使用，需要更新。

二、支付宝数字证书的特点

1．安全性

为了避免传统数字证书方案中，由于使用不当造成的证书丢失等安全隐患，支付宝创造性地推出双证书解决方案：支付宝会员在申请数字证书时，将同时获得两张证书，一张用于验证支付宝账户，另一张用于验证会员当前所使用的计算机。

第二张证书不能备份，会员必须为每一台计算机申请一张数字证书。这样即使会员的数字证书被他人非法窃取，仍可保证其账户不会受到损失。

2．唯一性

支付宝数字证书根据用户身份给予相应的网络资源访问权限。申请使用数字证书后，如果在其他计算机登录支付宝账户，在没有导入数字证书备份的情况下，只能查询账户，不能进行其他任何操作，相当于您拥有了一把开通支付宝账户的钥匙，安全可靠。

3．方便性

1）即时申请、即时开通、即时使用。
2）量身定制多种途径维护数字证书，例如通过短信、安全问题等。
3）不需要使用者掌握任何数字证书相关知识，即可安全使用。

三、支付宝数字证书的申请对象

1）通过支付宝个人实名认证的账户，就能申请支付宝数字证书。
2）通过支付宝商家实名认证的账户，就能申请支付宝数字证书。

四、支付宝数字证书的作用

数字证书相当于开启网上保险箱的钥匙，它以网络数字加密传输电子凭证的方式有效地对账户使用者进行确认，帮助支付宝确认使用者是否合法，增强账户使用的安全。与物理钥匙不同的是，数字证书还具有安全、保密、防篡改的特性，可对网上传输的信息进行有效保护，增强传递的安全。具体功能还有以下两点：

（1）加强保障　将你的支付宝账号与你使用的计算机或手机进行绑定，即使对方窃取了你的密码，在其他的设备上也动不了你的资金，保障了你的资金安全。数字证书用户如果在其他设备登录支付宝账户，在设备没有安装数字证书的情况下，只能查询账户，不能进行任何操作，数字证书相当于为你的账户配置了一把钥匙，大大增强了账户使用的安全性。

（2）提升限额　安装支付宝数字证书后，当你在支付宝网站内发起转账到支付宝账户功能时，即时到账交易限额上升到 20 000 元。

五、支付宝数字证书的使用

1．安装数字证书

1）使用计算机者的登录身份需要是 admin，不是 guest。
2）不要拦截 ActiveX 控件。

2．备份数字证书

在安装有支付宝数字证书的计算机上登录支付宝账户，在数字证书管理中有备份证书的功能，按照提示即可进行操作。证书的备份文件，推荐您保存在 U 盘中，一来方便携带，二来也可以防备计算机出问题时丢失备份文件。

3．取消数字证书

在安装有支付宝数字证书的计算机上登录支付宝账户，在数字证书管理中有取消证书的功能，按照提示即可进行操作。取消证书前，请先备份证书。

取消证书有以下四种方法：
1）自主取消证书（当前计算机有安装证书就可以操作，推荐）。
2）手机取消证书（支付宝账户绑定的手机能正常接收短信，推荐）。
3）客服取消证书。

4）接收邮件并回答安全保护问题取消证书。

项目实训目标4：
支付宝账户的设置

目的：在完成前三个项目实训目标的基础上，相信你已经对支付宝有所了解。通过学习项目实训目标4，掌握支付宝账户设置的基本流程和方法。

内容：支付宝账户设置。

要求：在完成注册支付宝账户、实名认证、安装数字证书等操作的基础上，登录支付宝账户，对支付宝账户进行设置，并完成表4-5的填写。

表4-5 支付宝账户设置记录表

设置内容	具体描述
支付宝的常用功能	
"基本信息"的内容	
"支付宝钱包设置"的内容	
"安全设置"的内容	
"付款方式和额度"的内容	
"余额宝"的内容	
"安全中心"的内容	
"账户资产"的内容	

知识链接

一、支付宝攻略

1. 先注册

注册支付宝账户你需要准备：

（1）账户名　常用的手机号码或电子邮箱。

（2）手机　接收校验码短信。

（3）身份证件　身份证、护照或港澳通行证。

如果你已是淘宝网会员，那么支付宝账户名就是注册淘宝时填写的手机号或电子邮箱。支付宝登录密码、支付密码就是注册淘宝时设置的淘宝登录密码。

2. 懂支付

1）如果你是慵懒型的用户，没有网银也懒得绑定银行卡，你可以选择找人代付和货到付款的方式。

2）如果你是效率型的用户，有银行卡，追求一劳永逸，你可以选择快捷支付的方式。

这种支付方式72小时赔付，资金有保证。一次绑定银行卡，后续不再输入银行卡号，就能轻松用银行卡付款。

3）如果你是传统型的用户，喜欢经典的支付方式，你可以选择网银支付的方式，用这种支付方式支付时，页面跳转到银行页面，每次都要输入银行卡信息；也可以选择使用支付宝账户余额的方式支付，这种支付方式需要先给支付宝账户充值。

3. 保安全

（1）双密码保护　注册时，需填写登录密码和支付密码，这种方式虽然麻烦，但两个不一样的密码相当于给账户加了两把坚固的锁。尤其是支付密码，能保护你的资金安全。

（2）手机绑定（手机注册用户默认已绑定手机）绑定手机能帮你找回丢失密码、管理安全产品，能实时接收资金变动信息。

（3）实名认证　给你的账户贴上身份证，密码更易找回，能用更多的安全产品，还可在淘宝开店，提升收付款额度。

二、注册支付宝常见问题及解答

1. 什么是支付密码和登录密码

支付宝账户有两个密码：登录密码、支付密码。登录密码可以用来登录你的支付宝账户。支付密码通常在购物确认付款的时候才会用到。为了你的账户安全，建议你务必设置不一样的支付密码和登录密码。

2. 什么是支付宝账户和淘宝账户

在淘宝购物和开店，必须绑定淘宝账户和支付宝账户。淘宝账户有一个密码，用来登录淘宝网。支付宝账户有两个密码——登录密码和支付密码，分别用来登录支付宝网站和确认付款。账户绑定后，支付宝账户可以直接登录淘宝网，淘宝账户同样也能登录支付宝。

3. 支付宝账户为什么需要激活

登录支付宝按照提示补全信息就可以激活账户。支付宝账户激活成功后可以进行付款、充值等操作，还可以使用多种网上支付方式，享受更完善更贴心的增值服务。

4. 支付宝有哪些付款方式

目前支付宝提供的付款方式有：快捷支付（含一卡通）、余额宝、蚂蚁花呗、支付宝账户余额、网上银行、信用卡支付、话费充值卡、货到付款、支付宝卡、指纹支付、信用卡分期。

5. 为什么一定要填写真实姓名

填写真实姓名可以帮助你在网络交易中建立信用；还能帮助你顺利找回密码获取赔偿；能方便客服核实你的身份。

支付宝攻略项目实训评价表，见表4-6。

表 4-6 支付宝攻略项目实训评价表

内容	评价标准				自评/分	组评/分	师评/分
	优（90～100 分）	良（76～89 分）	及格（60～75 分）	不及格（60 分以下）			
工作态度	积极、认真	比较认真	一般	不认真			
工作能力	超额完成并有所创新	按时完成	勉强完成	不能完成			
工作成果	成功注册支付宝账户，完成支付宝实名认证，安装支付宝数字证书并备份，完整地设置支付宝账户	成功注册支付宝账户，完成支付宝实名认证，没有安装支付宝数字证书，比较完整地设置支付宝账户	成功注册支付宝账户，不能完成支付宝实名认证，只能完成支付宝账户的部分设置	注册支付宝账户，但是没有与淘宝网绑定			

巩固练习

一、判断题（正确的打"√"，错误的打"×"）

1. 在淘宝网开设店铺，不需要注册支付宝账户。　　　　　　　　　　（　　）
2. 在淘宝网开设店铺，必须要进行支付宝账户的实名认证。　　　　　（　　）
3. 数字证书是由支付宝签发的证书。　　　　　　　　　　　　　　　（　　）
4. 安装支付宝数字证书，可以提高支付宝账户的安全性。　　　　　　（　　）
5. 只有先绑定手机，才能继续申请支付宝数字证书。　　　　　　　　（　　）

二、单项选择题（请将正确选项的代号填在括号中）

1. 支付宝由（　　）创办，是现阶段中国最大的第三方网络支付平台。
   A．eBay   B．阿里巴巴
   C．腾讯   D．Tom
2. 支付宝交易服务于（　　）年 10 月在淘宝网推出。
   A．2002   B．2003
   C．2004   D．2005
3. 目前，支付宝实名认证不支持的身份证件是（　　）。
   A．身份证   B．护照
   C．户口   D．军官证
4. 支付宝实名认证（V1）等级，需要的资料有（　　）。
   A．身份证和户口   B．护照和银行
   C．身份证和银行卡   D．户口和护照
5. 支付宝数字证书的有效期限是（　　）年。
   A．1   B．2
   C．3   D．5

三、多项选择题（每题的备选答案中有两个或两个以上符合题意的答案，请将正确选项的代号填在括号中）

1. 注册支付宝账户要填写的信息包括（　　　）。
   A．真实姓名　　　　　　　　　　B．证件类型
   C．证件号码　　　　　　　　　　D．安全保护问题
2. 支付宝账户注册成功后可实现的功能有（　　　）。
   A．账户充值　　　　　　　　　　B．银行卡付款
   C．手机支付　　　　　　　　　　D．积分兑换
3. 支付宝支持的银行有（　　　）。
   A．中国银行　　　　　　　　　　B．中国建设银行
   C．中国民生银行　　　　　　　　D．交通银行
4. 支付宝实名认证身份证件所在的地区包括（　　　）。
   A．中国大陆　　　　　　　　　　B．港澳地区
   C．台湾地区　　　　　　　　　　D．其他地区
5. 通过支付宝可以做到（　　　）。
   A．手机充值　　　　　　　　　　B．交电费
   C．交水费　　　　　　　　　　　D．信用卡还款

项目五

网上发布宝贝

淘宝网上把商品称为宝贝。只要通过了支付宝实名认证和淘宝开店认证,淘宝网就为您提供免费开店的机会。具体的项目实训目标包括:

项目实训目标 1:发布宝贝——一口价

项目实训目标 2:发布宝贝——拍卖

项目实训目标 3:选择一种方式成功发布宝贝并填写记录表

 情景设置

完成了前面四个实训项目,您是不是已经迫不及待地想开张卖货了呢?别急!俗话说得好:"心急吃不了热豆腐。"必须成功发布宝贝,店铺才能开张哦。目前淘宝发布宝贝有两种方式:一口价、拍卖。在宝贝发布的过程中,有许多工作要做,因为顾客在网上是看不到实物的,他们只能通过宝贝标题、宝贝图片、宝贝描述等来了解商品,因此我们要认真对待这些工作,牢牢地抓住顾客的眼球,为开店做好准备。

实训准备

☑ 教学设备准备:数码相机、商品、道具、多媒体网络计算机教室或电子商务实训室。

☑ 教学组织形式:将学生 2~6 人分成一个小组,以小组学习为主。

☑ 项目学时安排:共 4 学时(其中,项目实训目标 1~2,2 学时;项目实训目标 3,1 学时;巩固练习,1 学时)。

项目实训目标1：
发布宝贝——一口价

实训步骤

步骤一：登录淘宝网首页，单击页面右上方的"卖家中心"栏目，如图5-1所示。

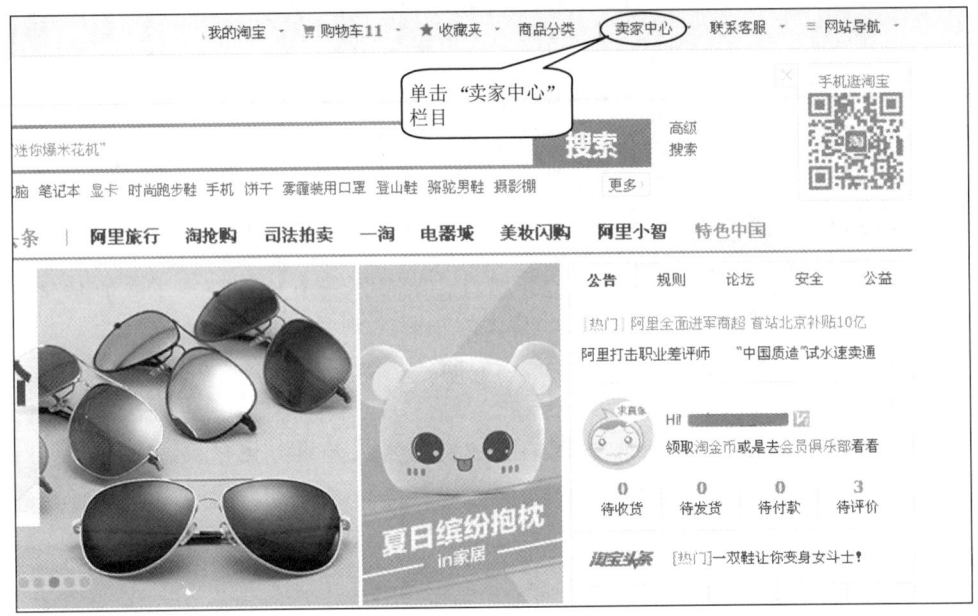

图5-1 登录淘宝网首页，单击"卖家中心"栏目

步骤二：在"卖家中心"页面左侧的"宝贝管理"栏目中，单击"发布宝贝"栏目，如图5-2所示。

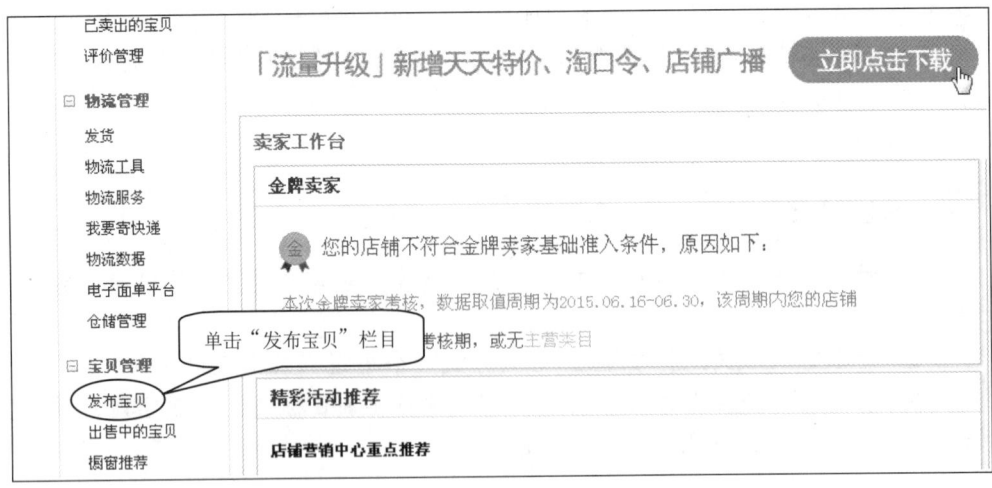

图5-2 单击"发布宝贝"栏目

步骤三：进入"宝贝发布"页面，选择"一口价"发布方式，如图5-3所示。

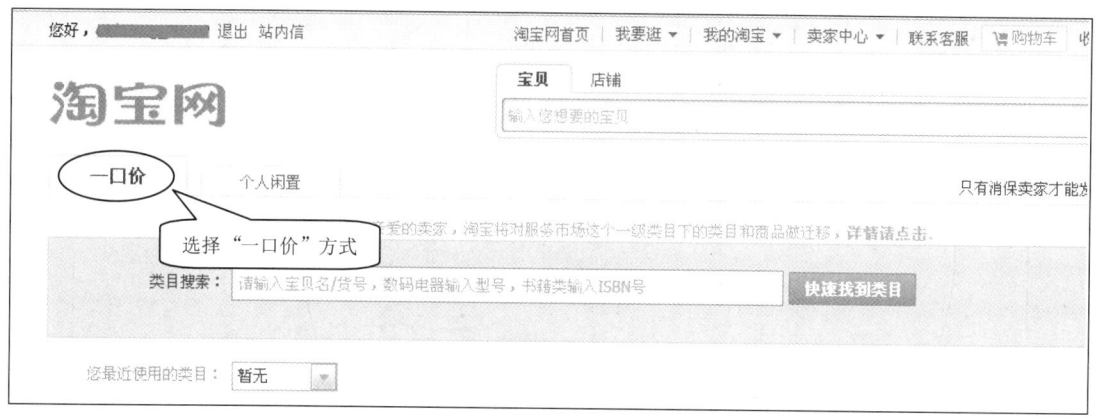

图5-3　选择"一口价"方式发布宝贝

> **提示**：淘宝网制定了一系列商品信息发布的管理规则。因此，卖家在发布出售的宝贝信息前，应该核对发布的商品是否符合最新的商品发布规则。

步骤四：选择商品所属类目，然后单击"我已阅读以下规则，现在发布宝贝"按钮，如图5-4所示。

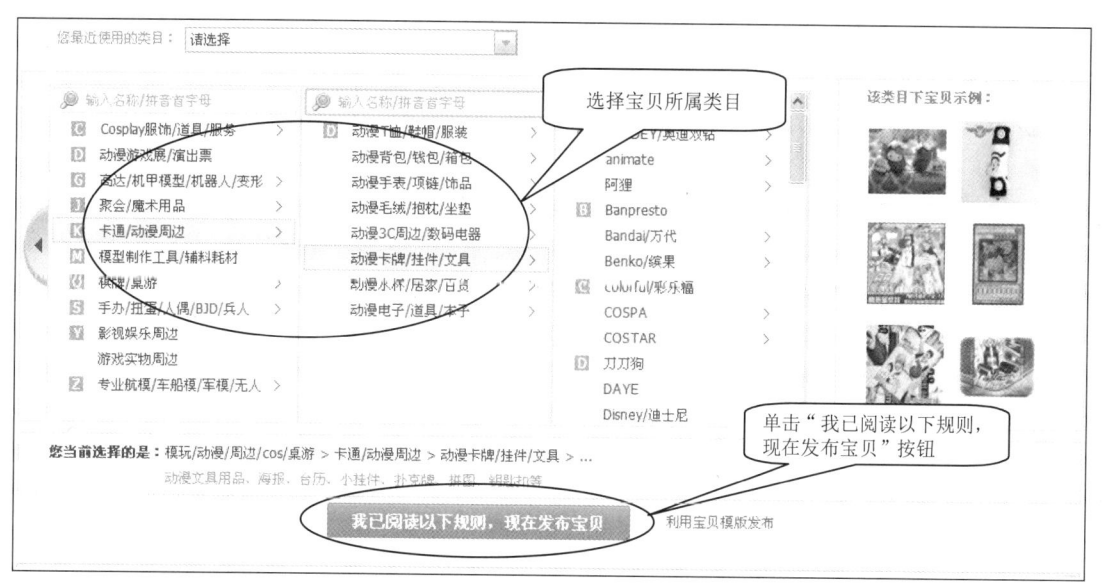

图5-4　选择宝贝所属类目

步骤五：选择好商品类目后，进入商品信息填写页面，首先填写宝贝基本信息，如图5-5所示。

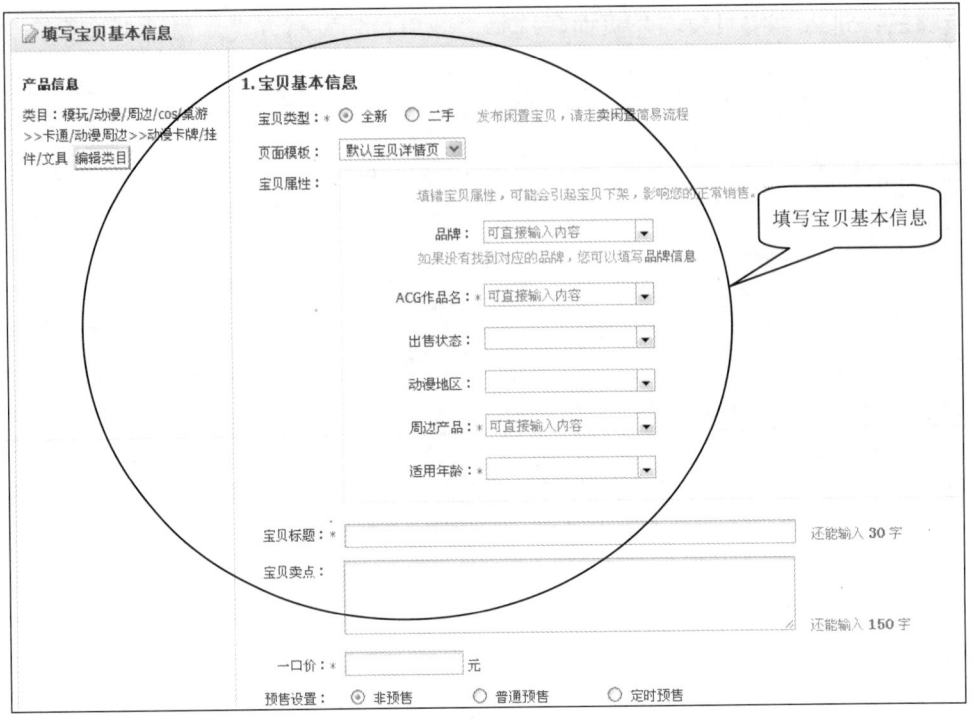

图 5-5　填写宝贝基本信息

> **提示：** 淘宝网在"宝贝标题"、"宝贝图片"、"宝贝描述"等栏目后面都给出了提示和要求，请大家注意查看。

步骤六： 上传宝贝图片，如图 5-6 所示。

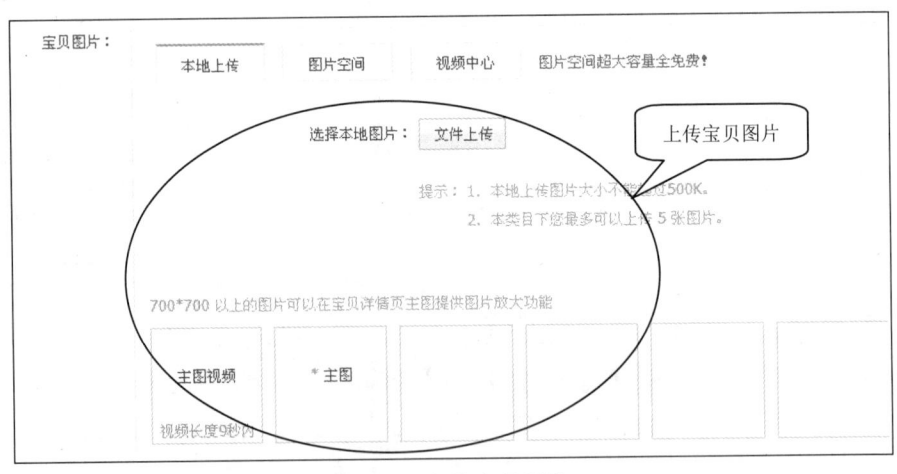

图 5-6　上传宝贝图片

步骤七： 填写宝贝物流及安装服务信息，如图 5-7 所示。
步骤八： 填写售后保障信息和其他信息，单击"发布"按钮，如图 5-8 所示。
步骤九： 宝贝发布成功，如图 5-9 所示。

项目五 网上发布宝贝

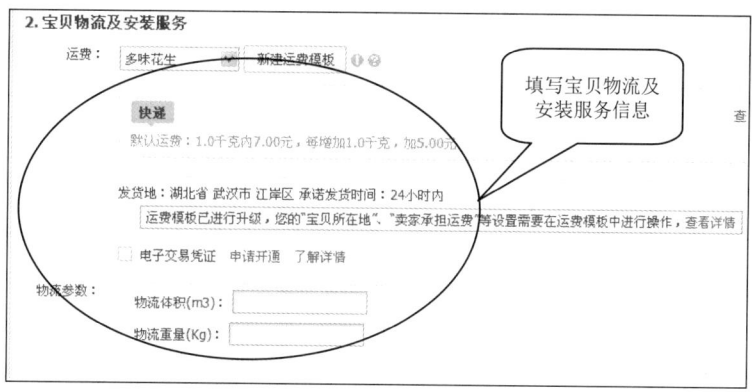

图 5-7 填写宝贝物流等信息

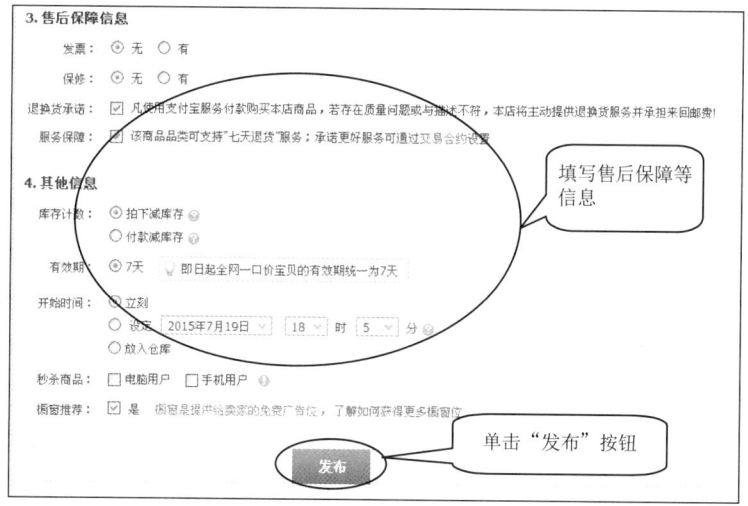

图 5-8 填写售后保障等信息

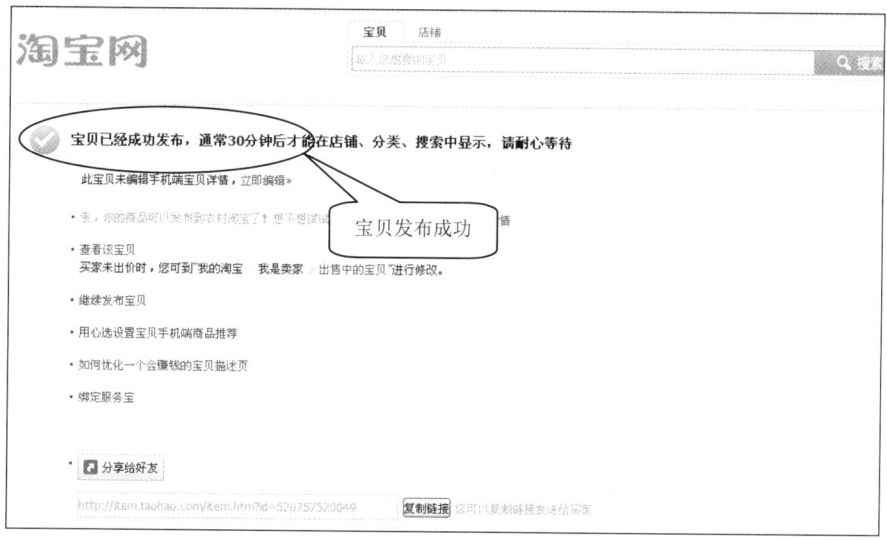

图 5-9 宝贝发布成功

步骤十：在一口价发布宝贝成功的基础上，完成表 5-1 的填写。

表 5-1　一口价发布宝贝成功记录表

一　口　价	详　细　内　容
含义	
发布宝贝需填写的信息	
发布的宝贝类型	
宝贝标题的要求	
宝贝图片的要求	
宝贝详情页主图的要求	
宝贝描述的要求	
运费承担方式	
运送方式	
售后保障内容	

知识链接

一、卖家发布宝贝的条件

1）卖家必须已经通过淘宝身份认证。
2）按照发布环节中的要求填写符合条件的发布信息。
3）卖家必须支持支付宝交易。
4）所发布的商品必须遵守淘宝规则。

二、开店保证金

1. 保证金的含义

为了更好地保障消费者，提升经营指定类目商品的卖家的服务水平和商品质量，淘宝网依照《消费者保障服务协议》，规定了必须缴纳消费者保障服务（以下简称消保）保证金的类目。若卖家不履行承诺，以卖家保证金给予先行赔付，保障每一个消费者的网购权益。

2. 保证金缴纳金额

保证金一般情况下只缴纳一次，以主营类目所需缴纳的金额为准。但是如果卖家新发布的商品要求的保证金额度更高，则需补缴保证金。例如，您之前销售的服装类商品只需缴纳 1 000 元保证金，但后续店铺中发布了手机类商品，则需按照手机类目要求的金额 10 000 元进行补缴。目前消保的基础保证金除手机类目是 10 000 元外，其他商品类目都是 1 000 元。

3. 特殊商品保证金

不支持消保的类目商品不用缴纳保证金。但是该类商品页面和店铺不会显示消保标志，会影响店铺和商品的信誉度。

三、发布宝贝相关名词解释

（1）宝贝有效期　宝贝有效期是指发布商品从开始到结束的时间。自 2012 年 3 月 15 日起，淘宝网的商品有效期时间统一修改为 7 天，有效期一到宝贝就会自动下架到仓库中，但只要宝贝仍正常在售，系统会自动重新上架宝贝，不必担心。

（2）宝贝详情　宝贝详情是指对您的宝贝的详细介绍，对于宝贝的品牌、款式、尺寸等属性进行具体的选择，使用文字、图片、视频、Falsh 等形式对宝贝进行进一步描述，以此丰富您的宝贝介绍，从而让买家对您的商品有更全面的了解。

（3）宝贝主图　主图是指发布商品时放在第一位置的图片，是商品发布以后，买家在搜索结果列表中看到的那张图片。

（4）运费模板　运费模版是指为一批商品设置的同一价格的运费。当您修改运费的时候，这些关联商品的运费会一起被修改。您也可以选择不使用运费模板。

（5）橱窗推荐　橱窗推荐是指通过搜索的方法让您的宝贝能有更多的浏览量及单击率。当买家选择搜索或者单击"我要买"栏目根据类目来搜索时，橱窗推荐宝贝会优先排在前面。

四、淘宝禁发商品及信息

1）仿真枪、军警用品、危险武器类。
2）易燃易爆、有毒化学物、毒品类。
3）反动等破坏性信息类。
4）色情低俗、催情用品类。
5）涉及人身安全、隐私类。
6）药品、医疗器械类。
7）非法服务、票证类。
8）动植物、动植物器官及动物捕杀工具类。
9）涉及盗取等非法所得及非法用途软件、工具或设备类。
10）未经允许违反国家行政法规或不适宜交易的商品类。
11）虚拟类。
12）其他类。

五、获得橱窗推荐位的方法

橱窗推荐需要获得橱窗位。橱窗位不可以购买，卖家只能通过在淘宝网的优秀表现来获取更多橱窗位。获得橱窗位的方法如下：

1）更好地服务买家，不断提升店铺的信用得分，来获得更多基础奖励。
2）持续而稳定地运营自己的店铺，通过老店奖励获取更多橱窗位。
3）缴纳保证金，可以获得 5 个橱窗位奖励。
4）成为金牌卖家，可以获得 5 个橱窗位奖励。

5）充分、合理地使用好已有的橱窗推荐位，提升从搜索获取流量并转化的能力，提升自己的店铺在同类目下的成交金额排名，可以获得更多动态奖励的橱窗位。

除了上面这些方法之外，淘宝的新橱窗位规则是具有可扩展性的，官方后续会增加更多获得橱窗位的条件或小任务，卖家可以通过满足相应的条件来获取更多橱窗推荐位。

六、商品如实描述规则

商品如实描述规则是指卖家在商品描述页面、店铺页面、阿里旺旺等所有淘宝提供的渠道中，应当对商品的基本属性、成色、瑕疵等必须说明的信息进行真实、完整的描述。

商品如实描述及对其所售商品的质量承担保证责任是卖家的基本义务。卖家应保证其出售的商品在合理期限内可以正常使用，包括商品不存在危及人身财产安全的不合理危险、具备商品应当具备的使用性能、符合商品或其包装上注明采用的标准等。

买家了解商品详细信息主要依靠商品描述，买家有权获得真实、客观、全面的商品详细信息。商品如实描述可使买家了解商品的真实状态，有效减少交易纠纷的发生。

七、商品描述不符的处理原则

商品描述不符，是指买家收到的商品或经淘宝官方抽检的商品与达成交易时卖家对商品的描述不相符，卖家未对商品瑕疵、保质期、附带品等必须说明的信息进行披露，妨害了买家的权益。

1）如果买家收到的商品跟卖家的描述不一致，淘宝支持退货退款，来回运费由卖家承担。

2）如果交易中买卖双方没有对商品的描述约定清楚（如：双方约定均码，但未约定具体尺寸），处理如下：

① 卖家与买家已经达成退款协议，但未对运费进行约定的，则需要卖家承担发货运费，以及与卖家发货相同货运方式的退货运费。

② 卖家与买家未达成退款协议，淘宝介入后也无法确定谁的责任，此时交易做退货退款处理，发货运费由卖家承担，退货运费由买家承担。

3）交易中的运费争议，根据"谁过错，谁承担"的原则处理，但买卖双方协商一致的除外。如果淘宝判定商品存在描述不符情况，则来回邮费都由卖家承担。

项目实训目标2：
发布宝贝——拍卖

实训步骤

步骤一： 登录淘宝网首页，单击页面右上方的"卖家中心"栏目，如图5-1所示。

步骤二： 在"卖家中心"页面左侧的"宝贝管理"栏目中，单击"宝贝发布"栏目，如图 5-2 所示。

步骤三：进入宝贝发布页面，选择"拍卖"发布方式，如图 5-10 所示。

图 5-10 选择"拍卖"方式发布宝贝

> **提示：** 为了规范拍卖交易方式，提升拍卖商品质量及消费者参与拍卖的购物体验，淘宝规定，必须是已签署《消费者保障服务协议》并已缴纳保证金的消保卖家，才能发布拍卖宝贝。

步骤四：选择商品所属类目，然后单击"我已阅读以下规则，现在发布宝贝"按钮，如图 5-4 所示。

步骤五：选择好商品类目后，进入商品信息填写页面，填写宝贝信息后单击"发布"按钮，商品就成功发布了，如图 5-11 所示。

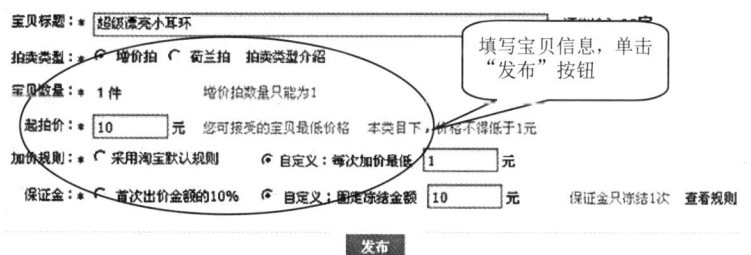

图 5-11 填写宝贝信息，单击"发布"按钮

> **提示：** 淘宝网在"拍卖类型""宝贝数量""起拍价""加价规则"等栏目后面都给出了提示和要求，请大家注意查看。

步骤六：宝贝发布成功，如图 5-9 所示。
步骤七：在拍卖发布宝贝成功的基础上，完成表 5-2 的填写。

表 5-2　拍卖发布宝贝成功记录表

拍　　卖	详 细 内 容
拍卖的含义	
填写的信息	
拍卖类型	
荷兰式拍卖	
起拍价	
加价规则	
自定义加价	
保证金	
拍卖包邮	

知识链接

一、拍卖相关名词解释

（1）起拍价　起拍价是指卖家设置的一个起始价格，最低起拍价格为 0.01 元。第一个出价的人可以选择其出价为起拍价，之后的出价必须高于起拍价格。

（2）加价幅度　加价幅度是指出价的买家为了超越前一个人的出价，在当前出价上允许增加的最低金额。卖家在发布宝贝的时候可以自定义加价幅度，也可以使用系统自动代理加价。系统自动代理加价的加价幅度随着当前出价金额的增加而增加。

（3）系统代理加价幅度　系统代理加价幅度是指系统根据当前的出价金额自动限定加价幅度的方法。

（4）代理出价　代理出价是指系统根据买家所输入的最高价格，在有其他买家出价时，自动以最小加价金额向上出价，以维持买家最高出价者的位置，直到最高出价被其他买家超过为止。如果代理出价的最高价格与其他出价相同，则最先设置该价格者领先。代理价格对其他会员是保密的。拍卖结束时，如果没有人出价超过该买家，则该买家就是获胜者，该买家将以目前的出价金额购得宝贝。

（5）拍卖包邮　拍卖包邮是指拍卖的商品只能以卖家承担运费的方式进行发布。

二、拍卖的种类

1. 增价拍卖

增价拍卖是指卖家设置参加拍卖宝贝的起拍价和加价幅度。买家可根据自己实际情况，输入系统规定的最低价格，也可以输入自己可以接受的最高价格，让系统代理出价。拍卖结束时，出价最高者获得宝贝。

发布要求：

1）认证会员可发布闲置增价拍卖；参与拍卖的商品件数为 1；可使用系统代理加价

幅度。

2）发布全新或二手增价拍卖，必须是已签署《消费者保障服务协议》并缴纳保证金的消保卖家；参与拍卖的商品件数为1；可使用系统代理加价幅度。

2. 荷兰式拍卖

荷兰式拍卖是指多件相同宝贝参加拍卖，价高者优先获得宝贝，相同价格先出价者先得。最终商品成交价格是最低成功出价的金额。如果拍卖宝贝的数量大于出价人数，则最终按照起拍价成交。如果最后一位获胜者可获得的宝贝数量不足，则可以放弃购买（注意：买家不能使用系统代理出价）。

发布要求：

1）必须是已签署《消费者保障服务》并缴纳保证金的消保卖家。

2）信用分数必须大于或等于11分；参与拍卖的商品件数必须大于1；可使用系统代理加价幅度。

3. 降价拍卖

降价拍卖是指拍卖宝贝的竞价由高到低依次递减直到竞买人应价时成交。如果宝贝数量为1，则拍卖在第一个竞买人应价时成交且拍卖结束；如果宝贝数量大于1，则在所有宝贝被竞买人应价完后，拍卖结束。

三、竞拍保证金的相关规则

1. 保证金缴纳

买家在对拍卖会拍品进行出价竞拍前，必须先缴纳保证金，如果买家的支付宝账户中有足够的余额支付拍卖保证金，系统会自动锁定该笔款项，并在支付宝账户余额中显示为不可用余额。

> **注意**：缴纳保证金时，需确认您的淘宝账号已绑定实名认证过的支付宝账号，否则保证金释放可能会遇到问题。

2. 保证金释放

1）宝贝未竞拍成功（出局），待拍卖结束后，系统会在1小时内释放保证金。

2）竞拍成功后，买家在72小时交易付款期内及时完成支付宝付款后，系统会立即释放保证金。

3）竞拍成功后，卖家主动关闭交易，系统会立即释放保证金。

3. 保证金扣除

1）凡是竞拍成功的买家，在竞拍结束后的72小时内未付款，系统会自动关闭交易，并扣除保证金款项用于赔付给送拍机构。

2）如果买家竞拍不买，扣除等同其参拍时锁定的对应拍品的保证金金额且不超过成交价款的资金作为违约金赔付给送拍机构。

3）如果因送拍机构原因导致买家不付款，买家可在交易关闭的15天内联系淘宝客服400-822-2870，逾期则不给予受理。

4. 保证金转货款

竞拍成功后,买家的竞拍保证金将自动转为拍品货款的一部分,在竞拍结束后的72小时内,买家只需支付尾款(拍品总货款减去竞拍保证金)。

四、卖家自行添加的免责条款是否有效的判断

卖家在自己店铺内所明示的责任条款,若违反法律法规和《淘宝规则》的规定,则这些条款无效,如内容为单方面免除卖家责任、将相关风险转嫁给消费者或明显有失公平的条款。若不违反法律法规和《淘宝规则》的规定,则这些条款有效,如卖家为了招揽生意,明示"假一赔万"的承诺,一旦违背,消费者有权要求卖家兑现承诺。

无效的条款举例:
1)请勿给差评,否则不予售后。
2)本店拒绝差评,不能接受者不要购买。
3)本店只接受换货,如需退货,来回邮费由买家承担。

五、宝贝类目/属性经常调整的说明

淘宝网根据会员建议或行业情况变动等原因,会不定时更新商品类目,在发生大的变更前会通过社区公告、系统消息等通知会员。同时也会给予会员时间进行类目整顿,在整顿期间商品出现放错类目的,将做不计数处理。

若卖家商品放错类目或宝贝发布信息存在违规情况,就要尽快整改。若未处理,宝贝会被违规下架或删除处理,详情请登录淘宝网查看《淘宝规则》。

六、商品描述不符问题的举证

1)如果买家表示收到的商品跟卖家的描述不一致,且通过照片可以直接看出,淘宝有权根据商品图片直接认定。

2)如果买家表示收到的商品跟卖家的描述不一致,并且此问题通过肉眼无法做出判断的(如材质不符),买家应当按照淘宝的要求提供相关的证明文件,如厂家的经销凭证、产品合格证、商业发票、检测凭证,以便淘宝核实处理。

项目实训目标3:
选择一种方式成功发布宝贝并填写记录表

目的:在完成前两个项目实训目标的基础上,相信您已经对在淘宝网上发布商品的要求有所了解。通过学习项目实训3,熟练掌握发布宝贝的基本流程和方法,为后面的网店商品管理和运营奠定基础。

内容:选择一种宝贝发布方式。

要求:在对淘宝网上发布商品信息已有所了解的基础上,选择一种宝贝发布方式,完整地填写宝贝的发布信息,同时完成表5-3的填写。

表 5-3　选择_____方式发布宝贝信息记录表

发 布 宝 贝	具 体 描 述	发 布 宝 贝	具 体 描 述
宝贝名称		宝贝描述	
发布方式		所在地	
发布的宝贝类型		运费的承担	
宝贝标题		有效期	
您定的一口价		开始时间	
您定的起拍价		发票、保修	
加价规则设置		秒杀商品	
保证金设置		橱窗推荐	
宝贝图片		成功发布宝贝所用时间	

知识链接

一、标题滥用关键词的商品管理规则

1. 定义

标题滥用关键词行为是指卖家为使发布的商品引人注目,或使买家能更多地搜索到所发布的商品,在商品名称中滥用品牌名称或和本商品无关的字眼,使消费者无法准确地找到需要的商品,扰乱淘宝网正常运营秩序。例如,商品标题中包括 Nike、Adidas、Puma 等多个品牌名称。

2. 违规处罚

标题滥用关键词的商品被淘宝搜索到后立即降权,淘宝根据会员违规的情节和程度,对卖家进行违规商品累计处罚及其他相关处罚,甚至冻结卖家的用户账号。如果由于卖家的违规行为导致淘宝网遭受损失,淘宝网有权追究该卖家的法律责任。

3. 修正申诉

标题滥用关键词的商品修改正确后,可联系在线客服进行申诉,申诉入口:"体检中心"→"急需处理"→"查看原因"→"我要申诉"。

二、重复铺货的商品管理规则

标题、图片、重要属性、描述等存在较高相似度的商品,只允许使用一种出售方式(一口价或拍卖)发布一次。违反以上规则,即可判定为重复发布,并受到淘宝的相关处罚。对于不同的商品,必须在商品的标题、描述、图片等方面体现商品的不同,否则将被判定为重复铺货。

重复铺货的举例(包含但不限于):

1)同款商品不允许不同颜色分别发布(类目:数码产品、网游、家电、汽车配件及饰品等)。

建议方案:因颜色不同影响到商品价格时可开设销售属性,编辑不同颜色商品的价格。

2)专车专用商品不允许不同车型分别发布(类目:专车专用脚垫、专车专用座套、专车专用行李箱垫等)。

建议方案：

① 如果不同车型，商品图片不一致，可分车型发布（不包含商品图片中车型文字不同）。

② 一般商品图片、标题、描述有 80% 相似，所选商品车型属性有重合，判断为重复铺货。可选多个车型属性发布（最多 30 个）。

③ 非专车专用商品标专车专用发布，如雨刮、装饰性尾喉等。卖家可按销售属性发布商品。

3）能适用于多款机型的通用型商品不允许不同机型分别发布，建议以 SKU 套餐形式发布（类目：3C 数码配件等）。

4）同款商品不允许以大小规格不同分开发布（类目：男装、女装、童装、鞋帽等）。

5）同款商品不允许附带不同的附赠品或附带品分别发布（类目：数码产品、动漫、母婴、运动、汽车等）。

6）同款商品不允许通过更改其价格、时间、数量、组合方式及其他发布形式进行多次发布（例如：一件商品每天发布一次，或以一口价和拍卖的方式分别发布）。

7）服务类商品不允许以相同价格、相同服务的不同表现形式发布（例如：T 恤烫画服务，烫画价格相同的请以一件商品发布，花样可在描述中展示）。

8）网络游戏虚拟商品类目下，QQ 币及 QQ 游戏货币允许单个和多个分别发布，但多个发布的次数不能超过 5 次。

9）每种游戏代练类型，只能发布一件商品（例如：等级代练、任务代练、跑商等，均各只能发布一件商品）。游戏代练类商品套餐区里，相同的商品不能同时出现在多个套餐中。

10）网络电话卡类目下，每个卖家所发布的相同运营商不同面值的充值商品不能超过 15 件。

11）汽摩商品类目下，不允许相同属性或者相同性质的商品以不同颜色或者以适用于不同车型而多次发布（例如："Sonata 索纳塔专用补漆笔"和"Golf 高尔夫专用补漆笔"商品实际是相同的，但以不同车型来分开发布，属于违规发布，可增加销售属性来选择）。

12）国内外快递/物流业务类目下，相同快递公司不允许按照不同重量分开发布。

三、淘宝搜索排序规则

1. 概述

1）淘宝搜索排序的目的是帮助消费者找到最满意的商品。店铺经营情况、商品价格与信息等可能会对搜索结果产生影响。

2）淘宝反对通过各种不正当手段对搜索结果进行影响的行为，并给予严厉打击。淘宝有权对卖家的违规行为和作假情况进行统计，并根据卖家的相关记录调整其商品在搜索结果中的排名。

3）淘宝有权根据多变的业务情况，采取灵活的解决方案，对商品排序与搜索结果进行持续的调整与改善。

2. 排名下调的情形（包括但不仅限于）

1）重复铺货。

2）虚构交易，包括炒作信用和炒作商品销量。
3）标题滥用关键词。
4）错放类目和属性。
5）发布广告商品。
6）商品邮费、价格严重不符。
7）标题、图片、描述等不一致。

四、提升宝贝搜索排序的方法

商品搜索排序有很多影响因素，如宝贝的人气、销量、卖家遵守规则累积的分数、店铺评分等。

想让您的宝贝排名靠前，让买家更快地找到自己的宝贝，建议您可以通过以下几个方面提高人气和销售量：

1）将最有竞争力的商品设为橱窗推荐商品。
2）详细描述自己的商品，补充型号、尺寸、信息、多角度展示图片等具体信息。
3）做好客户/买家售前、售后服务，保持好评度。
4）多渠道推广您的淘宝店铺以增加流量，比如淘宝直通车等。
5）使用支付宝交易，诚信经营店铺，使用虚假支付宝交易对增加交易、提升商品排序是百害而无一利的。

网上发布宝贝项目实训评价表，见表 5-4。

表 5-4 网上发布宝贝项目实训评价表

内容	评价标准				自评/分	组评/分	师评/分
	优（90～100分）	良（76～89分）	及格（60～75分）	不及格（60分以下）			
工作态度	积极、认真	比较认真	一般	不认真			
工作能力	超额完成并有所创新	按时完成	勉强完成	不能完成			
工作成果	各项宝贝信息填写完整，宝贝标题、宝贝描述有创意；成功发布宝贝，图片精美、合乎要求、上传顺利	比较完整地填写各项宝贝信息，成功发布宝贝	宝贝信息的填写不够完整；宝贝标题、宝贝描述差强人意，勉强过关	宝贝信息的填写不够完整，不能上传图片，没有成功发布宝贝			

一、判断题（正确的打"√"，错误的打"×"）

1．在淘宝网上发布商品信息没有任何限制。　　　　　　　　　　　　　　（　　）

2．一旦发现有任何违反商品管理规则的商品信息，淘宝网有权立即予以删除，并保留给予相关用户警告、冻结直至终止其账户的权力。　　　　　　　　　　　　（　　）

3. 设置吸引人的宝贝标题是增加宝贝点击率的关键,所以标题要尽可能地详尽,能多写就多写。( )

4. 淘宝网卖家都可以用荷兰式拍卖发布宝贝。( )

5. 如果买家收到的商品跟卖家的描述不一致,淘宝支持退货退款,来回运费由卖家承担。( )

二、单项选择题(请将正确选项的代号填在括号中)

1. 淘宝网设定的最低起拍价格为( )元。
   A. 10   B. 1   C. 0.1   D. 0.01

2. 淘宝网会员缴纳保证金,可以获得( )个橱窗位奖励。
   A. 5   B. 6   C. 7   D. 8

3. 宝贝未竞拍成功,待拍卖结束后,系统会在( )小时内释放保证金。
   A. 1   B. 2   C. 5   D. 24

4. 淘宝网规定网络电话卡类目下,每个卖家所发布的相同运营商不同面值的充值商品不能超过( )件。
   A. 20   B. 15   C. 10   D. 5

5. 宝贝图片应小于( )KB。
   A. 200   B. 300   C. 500   D. 100

三、多项选择题(每题的备选答案中有两个或两个以上符合题意的答案,请将正确选项的代号填在括号中)

1. 淘宝网规定有些类目是不支持消保的,以下( )商品属于此规定。
   A. 猫   B. 狗   C. 房屋   D. 汽车

2. 以下( )属于淘宝网制定的商品管理规则。
   A. 禁止和限制发布物品的管理规则
   B. 重复铺货的商品管理规则
   C. 标题滥用关键词的商品管理规则
   D. 标题、图片、描述等不一致的商品管理规则

3. 以下( )商品是淘宝网禁止发布的。
   A. 信用盐   B. 毒品   C. 烟花爆竹   D. 手铐

4. 淘宝网卖家发布宝贝的条件是( )。
   A. 卖家必须已经通过淘宝身份认证
   B. 卖家必须支持支付宝交易
   C. 按照发布环节中的要求填写符合条件的发布信息
   D. 所发布的商品必须遵守淘宝规则

5. 荷兰式拍卖方式发布宝贝的要求是( )。
   A. 参与拍卖的商品件数必须大于1   B. 卖家的信用分数须大于或等于11分
   C. 必须是缴纳保证金的消保卖家   D. 参与拍卖的商品件数为1

项目六

网上店铺装修

学习目标

在网上店铺正式开张前,为了吸引买家眼球,还需要精心为店铺起名、设置店标、设计公告栏、确定店铺风格,进行网上店铺的装修,让买家更好地了解您的店铺。具体的项目实训目标包括:

项目实训目标1:起个好名——正式开张
项目实训目标2:设置店标——吸引买家眼球
项目实训目标3:设计公告栏——广而告之
项目实训目标4:选择店铺风格——凸显卖家个性
项目实训目标5:综合训练——网上店铺装修

情景设置

要使自己的网上店铺门庭若市、生意红火,就要重视网上店铺的装修。为了吸引买家的眼球,网上店铺装修必须从给店铺起名开始,包括设置店标、设计公告栏、确定店铺风格,让买家了解店铺等方面的工作。好的网店装修是网店经营成功的重要环节。

实训准备

☑ 教学设备准备:多媒体网络计算机教室或电子商务实训室。
☑ 教学组织形式:将学生2~6人分成一个小组,以小组学习为主。
☑ 项目学时安排:共10学时(其中,项目实训目标1,1学时;项目实训目标2,2学时;项目实训目标3,2学时;项目实训目标4,1学时;项目实训目标5,2学时;巩固练习,2学时)。

项目实训目标 1：
起个好名——正式开张

一个好的店铺名称对于经营店铺、招揽生意、提高名气能起到非常重要的作用，那么，作为店主该怎样给网店起名呢？

实训步骤

步骤一：登录淘宝网首页，在顶端导航条的"卖家中心"下拉列表中选择"免费开店"栏目，如图 6-1 所示。

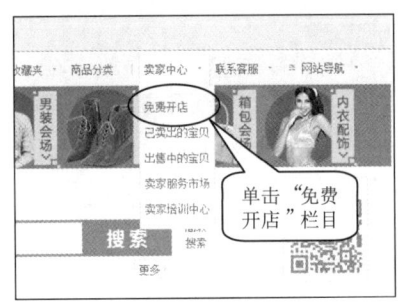

图 6-1　准备店铺命名

步骤二：进入"卖家中心"页面，在导航栏中选择"基础设置"→"店铺基本设置"栏目，依次填写店铺名称、店铺简介、联系地址、主要货源、店铺介绍。注意在店铺介绍中还可以设置字体、字号、颜色以及文字段落格式，甚至可以插入图片，如图 6-2 所示。

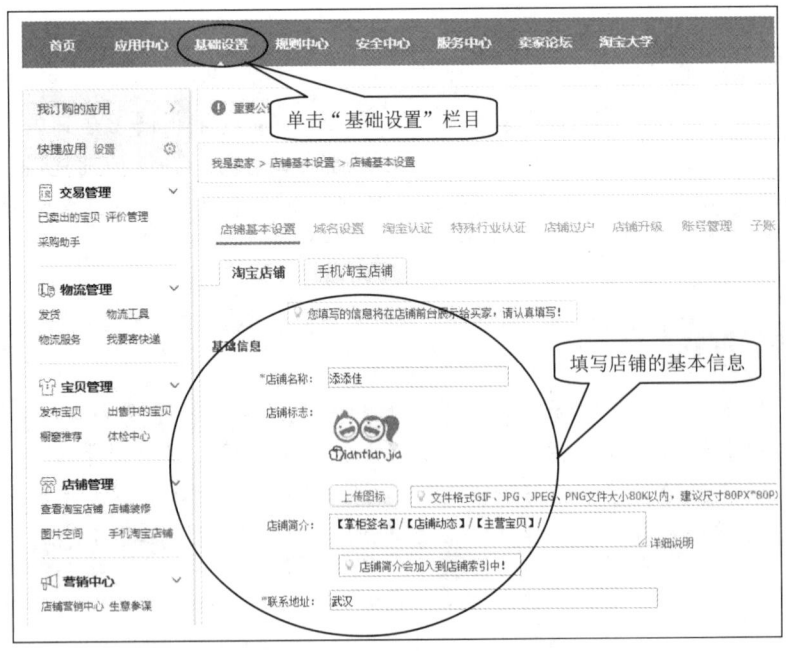

图 6-2　输入店铺名称等基本信息

步骤三：填完以上内容后，单击"保存"按钮，店铺开设成功，如图6-3所示。

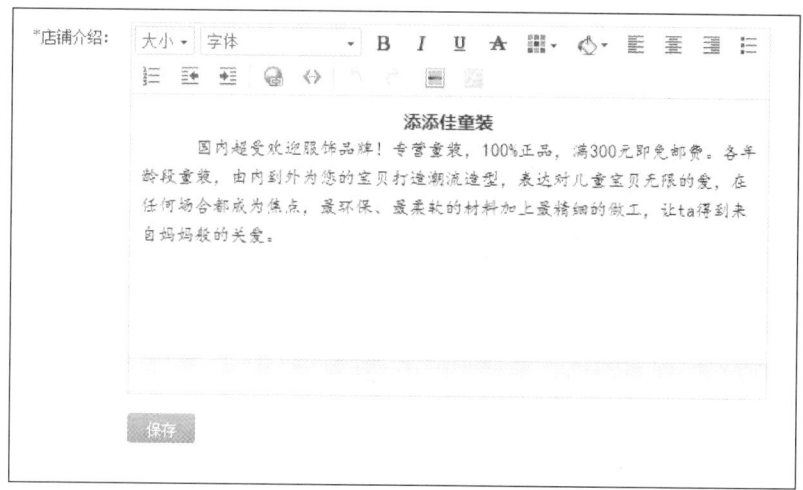

图6-3　保存店铺名称及介绍等基本信息

步骤四：单击"保存"按钮后，将见到"操作成功"字样，请及时记录店铺地址，如图6-4所示。

图6-4　店铺创建成功页面

> **提示**：店名是可以修改的，所以一时没想好也无所谓，可以等想到了适合的店名后再改过来。店名最好是贴切的、能吸引注意力的，一看到店名，就让人明白您的店铺是卖什么的。

知识链接

一、网店起名的基本原则

（1）简洁通俗，琅琅上口　名字越简短精练越容易让人记住。例如"清新茶叶店"，一看店名，就知道该店是专卖茶叶的店铺。一般情况下，店铺名字在10个字以内比较适宜。

（2）别具一格，独具特色　在众多网店中如何脱颖而出，店名起着至关重要的作用。一个新颖且凸显店主个性的店名，可以迅速抓住顾客的眼球，让其有进店看看的欲望。

（3）与经营的商品相关　店名与经营商品相关联能让顾客对店铺的经营类目一目了然，例如"小小数码在线"，一看就知道是销售数码产品的网店。

（4）隐含店主名字　为了让顾客有亲切感，可以将店主的名字或者昵称隐含在店名中。如果将店名与店主名字、经营商品都联系在一起，或许更能加深买家的印象。

（5）用字吉祥，给人美感　好的店名应有文化底蕴、格调高雅或者有特殊含义，但

是也不能一味追求个性，使用生僻字，不易辨认。特别需要注意的是：名字中绝对不允许出现违法或者侵权等文字。

二、经典店名

下面，提供一些行业的店铺名称供大家参考，主要以店名含所售商品为主。

1）电子产品店名：明华数码、星空数码港、特创科技。
2）服装服饰店名：青春衣然、我衣靠您、婷之美。
3）美容护肤品店名：精油小魔女、丽人美容会馆、艾丽俏佳人。
4）五金用品店名：安达、金不换、岁月流金。
5）运动品店名：网羽天地、高球宝贝、天天泳城。
6）治疗药品店名：好医生、康乐人生、不用再来。
7）书店店名：书香的秘密、万卷书、知识面包店。
8）时尚家居店名：家之趣、欧式家具城、快乐墙贴旗舰店。
9）茶叶店名：近水楼台、三口品味、自然香。
10）鲜花店名：花仙子、玫瑰情、兰草心语。

项目实训目标 2：
设置店标——吸引买家眼球

设置店标的步骤，如图 6-5 所示。

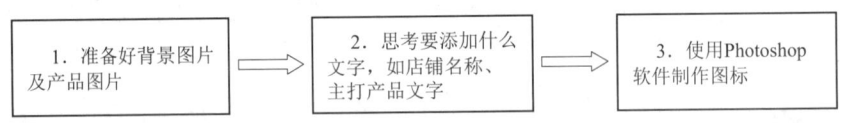

图 6-5 设置店标基本流程

> 提示：淘宝网要求店标的尺寸为 80 像素 ×80 像素，仅支持 gif 和 jpg 格式，图片的大小限制在 80KB 以内。

实训步骤

步骤一：准备基本图片，双击桌面图标 ，打开 PS 软件（Adobe Photoshop CS6），如图 6-6 所示。
步骤二：单击"文件"菜单，选择"新建"命令，如图 6-7 所示。
步骤三：输入名称"logo"，填写宽度、高度等相关参数，如图 6-8 所示。

图 6-6　Photoshop CS6 界面

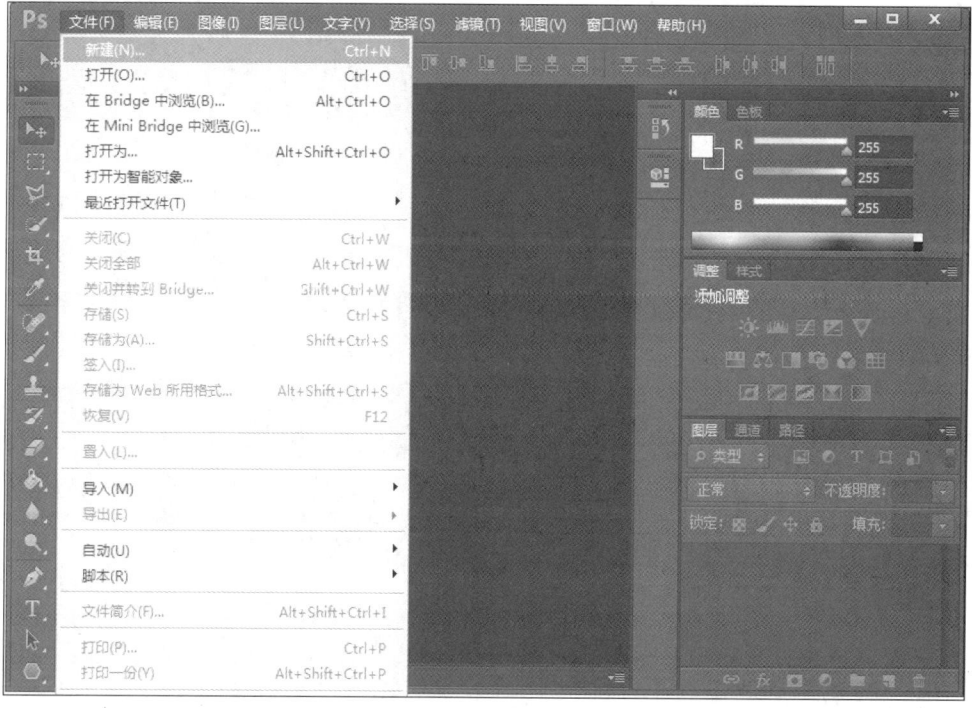

图 6-7　选择"新建"命令

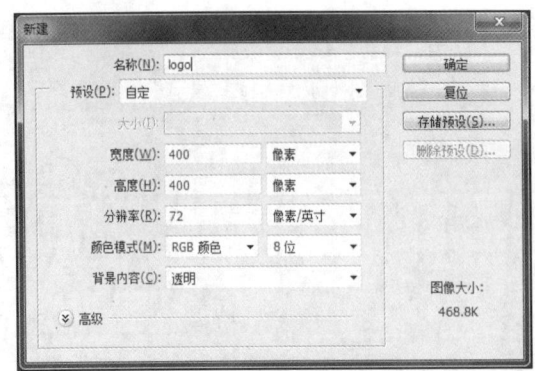

图 6-8 填写相关参数

步骤四：选择工具栏中的"画笔工具"选项，如图 6-9 所示。单击画笔右侧的下三角按钮，在弹出的页面中选择设置图标，在下拉快捷菜单中选择"载入画笔"命令，在弹出的对话框中选择"可爱童趣手绘涂鸦 Photoshop 笔刷素材下载"文件（Photoshop 的笔刷可以在网上下载导入，也可以将图片自定义为笔刷），如图 6-10 和图 6-11 所示。

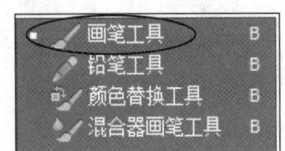

图 6-9 选择"画笔工具"选项

图 6-10 选择"载入画笔"命令

项目六　网上店铺装修

图 6-11　选择需要载入的画笔

步骤五：单击"载入"按钮后，在笔刷样式中找到并选择样式"271"，修改画笔大小为 240 像素，如图 6-12 所示。

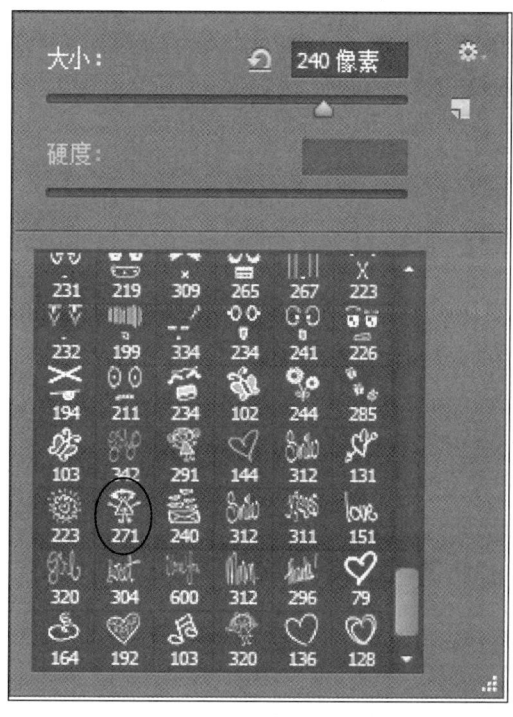

图 6-12　设置画笔大小

步骤六：单击画布中间偏上的位置，就能绘制出拟定的图案，如图 6-13 所示。

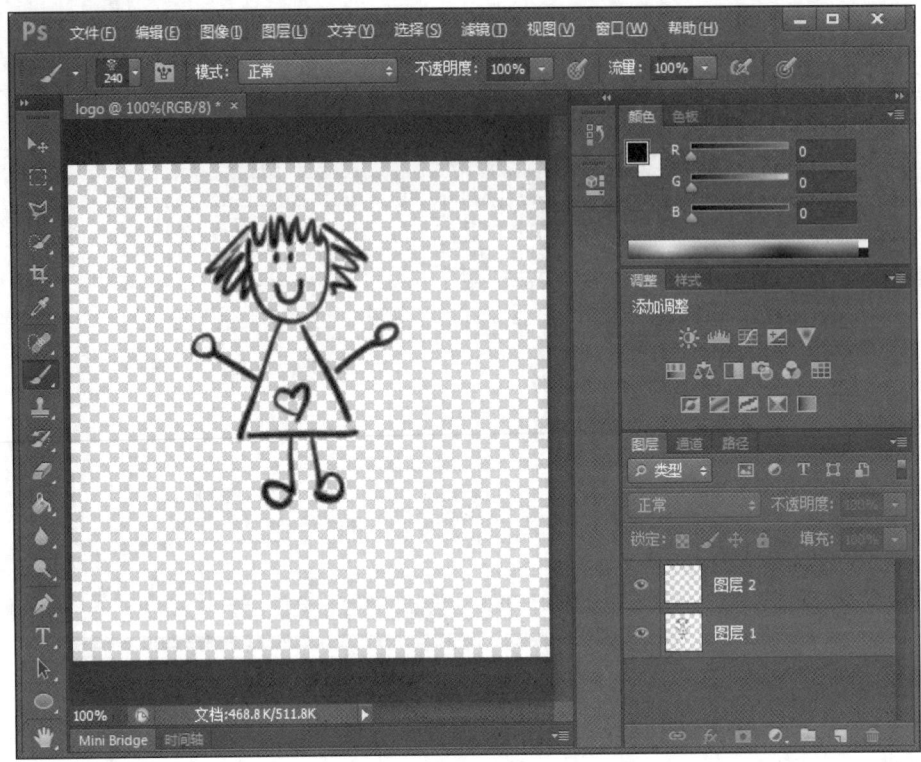

图 6-13 绘制拟定画笔

步骤七：新建图层并命名为头发，设置前景色，如图 6-14 所示。单击画笔工具图标，选择默认画笔样式，画笔大小改为 12 像素，并在画布上涂抹，如图 6-15 所示。

步骤八：将头发图层移至图层 1 下方，如图 6-16 所示。

步骤九：采用步骤七至步骤八的方式，绘制脸部和心形颜色。脸部颜色如图 6-17 所示，心形颜色如图 6-18 所示。

步骤十：绘制脸和心形，并设置图层顺序，效果如图 6-19 所示。

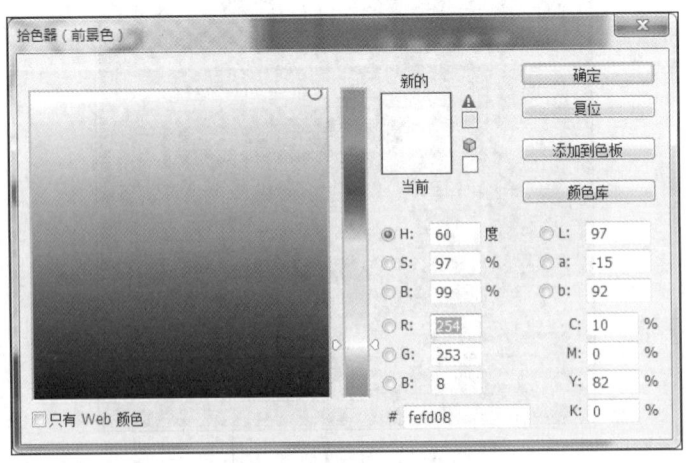

图 6-14 设置头发颜色

图 6-15 绘制头发

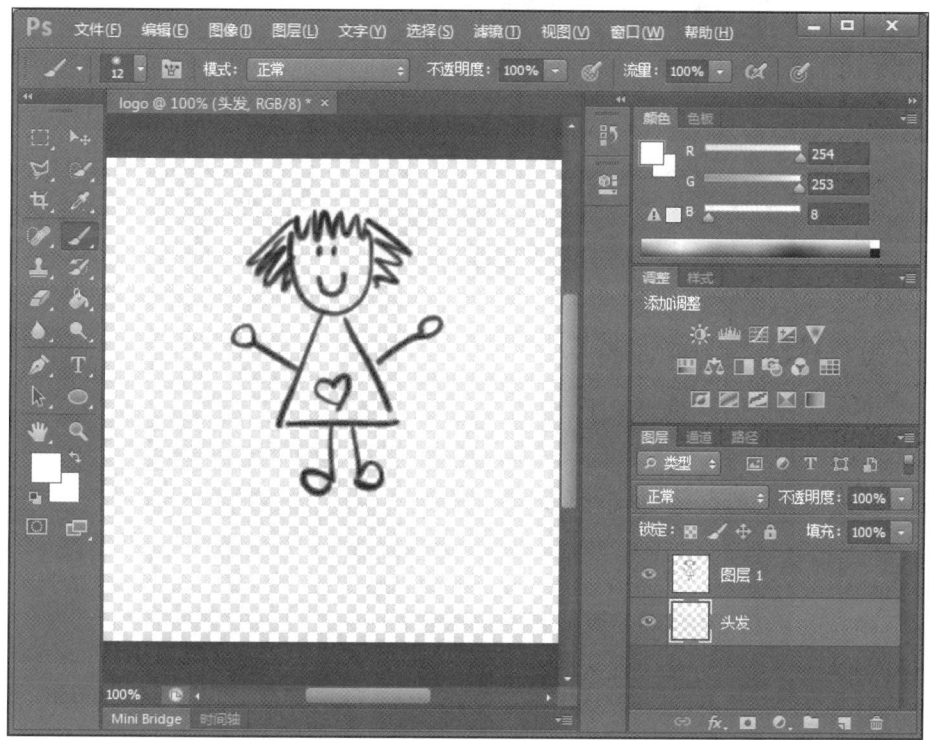

图 6-16 头发图层移至图层 1 下方

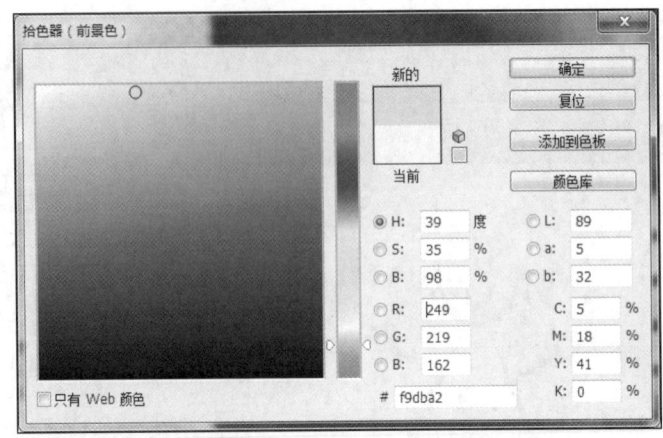

图 6-17 设置脸部颜色

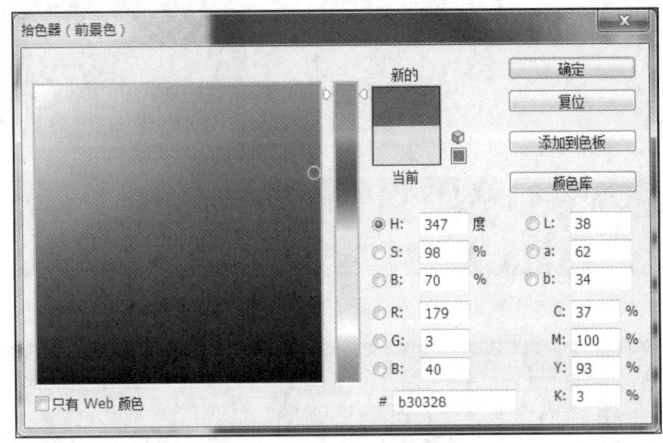

图 6-18 设置心形颜色

图 6-19 人物绘制效果

步骤十一： 新建图层，命名为椭圆，选择图形工具中的椭圆工具，设置填充和描边的颜色，如图 6-20 所示。

图 6-20　设置椭圆格式

步骤十二： 绘制椭圆，然后按"Ctrl+T"组合键调整椭圆大小及位置，按"Enter"键进行确定，再将椭圆图层置于所有图层下方，如图 6-21 所示。

图 6-21　设置椭圆大小及位置

步骤十三：选择文字工具，设置颜色为深棕色，大小为 72 点，字体为华康墨字体（没有该字体可以用其他字体替代），输入文字"TTJ 添添佳"，如图 6-22 所示。

图 6-22　输入文字

步骤十四：根据淘宝店标要求，修改图像大小。单击"图像"菜单，选择"图像大小"选项，修改参数，如图 6-23 所示。

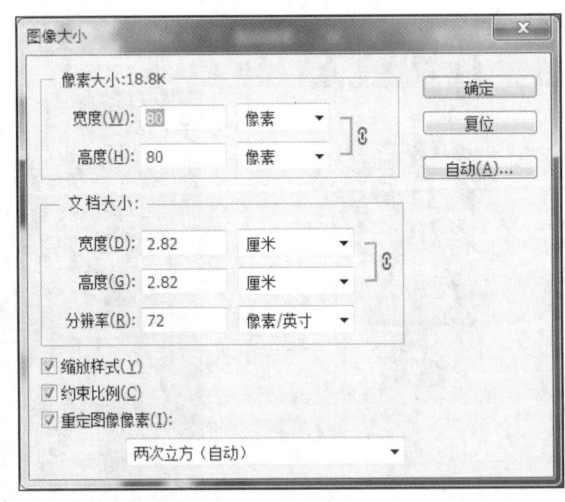

图 6-23　设置图像大小

步骤十五：单击"文件"菜单，选择"存储为"选项，文件名命名为为"logo.png"，如图 6-24 所示。

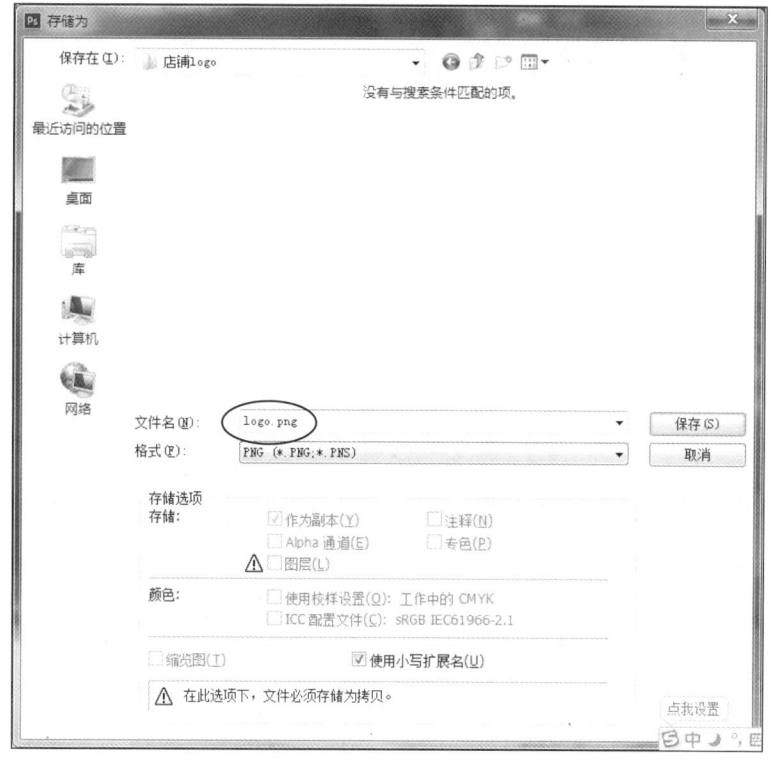

图 6-24　保存设计好的店标

步骤十六：登录淘宝网，进入"卖家中心"页面，单击"基础设置"选项，在"店铺基本设置-基础信息-店铺标志"中单击"上传图标"按钮，此处应注意文件格式要求和建议尺寸，如图 6-25 所示。

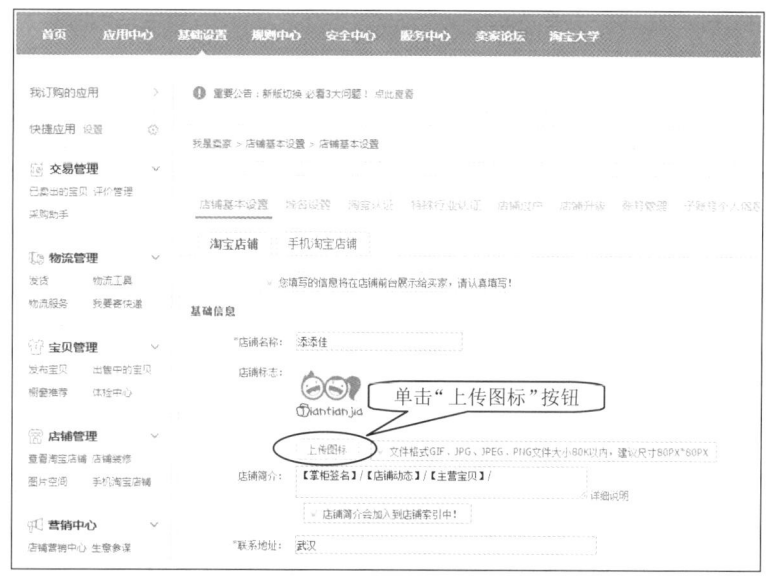

图 6-25　店铺基础设置页面

步骤十七：选择"logo"图片，单击"打开"按钮，如图 6-26 所示。

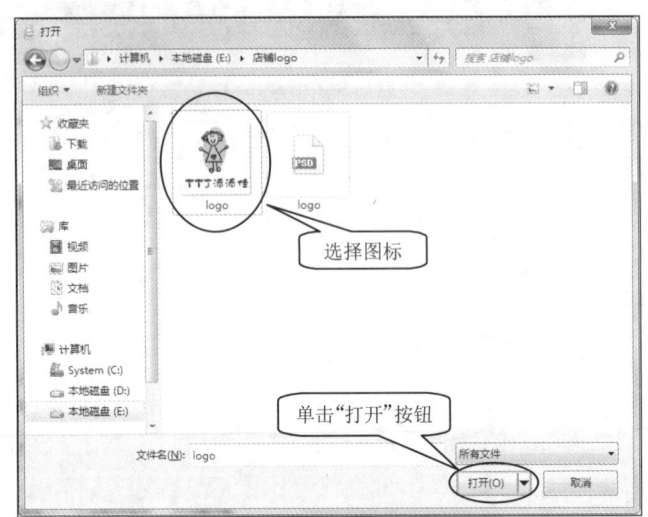

图 6-26　选择"logo"图片

步骤十八：单击"首页"栏目，即可看到店标已上传成功，如图 6-27 所示。

图 6-27　店标已上传

> **提示**：注意店标图片与店名的一致性以及图片大小、格式的选择。

知识链接

一、关于店标

店标是网店最重要的标识信息，淘宝网店的店标是店铺的标志，它们显示在网页的醒目位置，一般在店铺的左上角。店标大部分是动态图片，可以由产品图片、宣传语言、店铺名称等组成。漂亮的店标与签名在淘宝社区的作用可不小,可以吸引买家进入您的店铺哦!

二、设置店标的步骤

1)准备好背景图片及产品图片。
2)思考要添加哪些文字,如店铺名称和主打产品文字。
3)使用 PS 软件制作图标。

三、店标设计软件简介

1. Adobe Photoshop CS6 图像处理软件

Adobe Photoshop CS6 是 Adobe 公司旗下最有名的图像处理软件之一,集图像扫描、编辑修改、动画制作、图像制作、广告创意、图像输入与输出功能于一体,深受广大平面设计人员和电脑美术爱好者的喜爱。

2012 年 4 月 24 日,Adobe 公司发布了 Photoshop CS6 的正式版。Photoshop CS6 整合了 Adobe 专有的 Mercury 图像引擎,通过显卡核心 GPU 提供了强悍的图片编辑能力。相比前几个版本,Photoshop CS6 加强了 3D 图像编辑功能,采用新的暗色调用户界面,还改进了 Adobe 云服务、文件搜索等功能。Mac 用户需要升级到 64 位环境才能使用 Photoshop CS6。

2. Ulead GIF Animator 动画 GIF 制作软件

友立公司出版的 Ulead GIF Animator 动画 GIF 制作软件,内建的 Plugin 有许多现成的特效可以立即套用,可将 AVI 文件转成动画 GIF 文件,而且还能将动画 GIF 图片最佳化,能将您放在网页上的动画 GIF 图档"减肥",以便让买家能够更快速地浏览网页。该软件可用以制作 GIF 动态店标。

四、眼球经济

"眼球经济"是互联网发展过程中的一个特有现象,是互联网时代的一大创举。"眼球经济"又称"注意力经济",是指实现注意力这种有限的主观资源与信息这种相对无限的客观资源的最佳配置的过程。

在网络时代,注意力之所以重要,是因为注意力可以优化社会资源配置,也可以使网络商获得巨大的利益。注意力已成为一种可以交易的商品,一种稀缺资源。注意力作为一个个体资源虽然是有限的,但如果从全社会的总体角度看,它又是非常丰富的资源,而且其再生成本几乎可以忽略不计,其引发的经济效益具有倍增的乘数作用。这就是为什么网络的点击数(访问量)、网民数往往比利润更受到风险投资者的重视。因为点击率能够帮助我们破译注意力"密码",从而准确地把握市场走向。在这里,注意力是第一位的,利润反居次要地位。在网络时代,没有注意力就没有利润,而没有利润的企业最终要失败。传统产业为了争得消费者乃至下游产业的关注而采取一系列的措施,与网站为争取访问量（点击率）而采取的措施，其根本几乎是一样的。

五、PS 拾色器简介

PS 拾色器功能强大，使用方法也很多，图示是最通常的用法。如图 6-28 所示，左边大方框是鼠标色彩选取区，使用鼠标在色谱中选色即可；也可以由右边直接填入数字选色。大框右侧的竖条是色谱，此时右边 H 方式被选择，那么现在这个色谱就是色相色谱，即红色、橙色、黄色、绿色、青色、蓝色、紫色。

除了 H 方式，S、B、R、G、B、L、a、b 等方式都可以作为色谱的标准，但那些方式较为复杂，目前不必深究，只要知道 H 方式就够了。例如，要选择深绿色，可以先把色相移动到绿色那一段，然后在大框中移动鼠标到较深的区域即可完成。

纯白色在大框的左上角，因为只有选色小圈的中心才是选中的颜色，因此要选择最左上角的那个点，小圈移出大框 3/4。

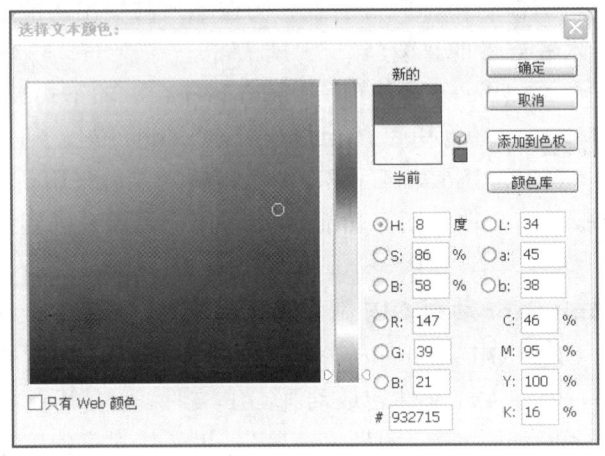

图 6-28　PS 拾色器

色谱右上方有一个从中间一分为二的方框，里面是这次选择前后颜色的对比。例如，下半部显示上一次选中的青色，点击这个颜色就可以回到上一次的选择。

项目实训目标 3：
设计公告栏——广而告之

好酒也怕巷子深，所以广告是必须要有的，而且它的作用常常是不可估量的。网店的广告就是店铺公告，它是店铺的简介，包括想与来访者说的话以及一些忠告和注意事项。这里的内容会被大部分人在第一时间注意到，一般被放置在店铺的右上角（即公告栏），类似报纸的报眼位置，而且滚动显示，起到一个广而告之的作用，如图 6-29 所示。接下来，让我们一起来设计公告栏吧！

项目六 网上店铺装修

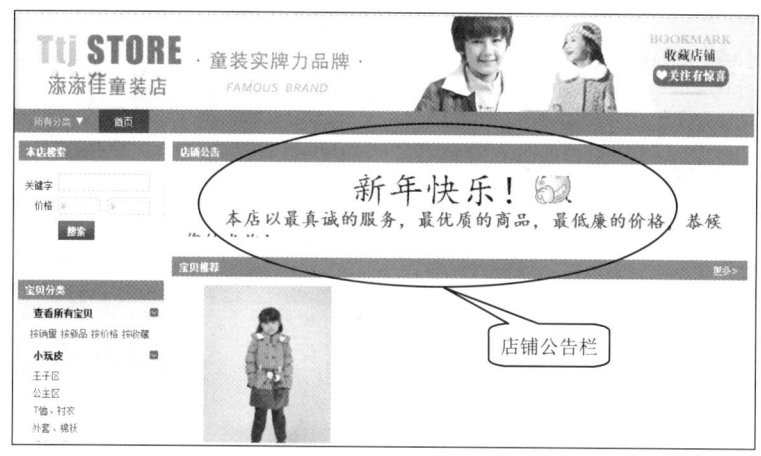

图 6-29 店铺公告栏

实训步骤

步骤一：进入"卖家中心"页面，在左侧分类列表中选择"店铺管理"分类中的"店铺装修"栏目，如图 6-30 所示。

图 6-30 选择"店铺装修"栏目

步骤二：进入"店铺装修"界面，单击右侧"店铺公告"模块的"编辑"按钮，如图 6-31 所示。

步骤三：在"店铺公告"编辑窗口中填写公告内容，设置字体大小、颜色、形状等属性，如图 6-32 所示。

步骤四：输入完后单击"确定"按钮，预览刚才设置的公告，如图 6-33 所示。

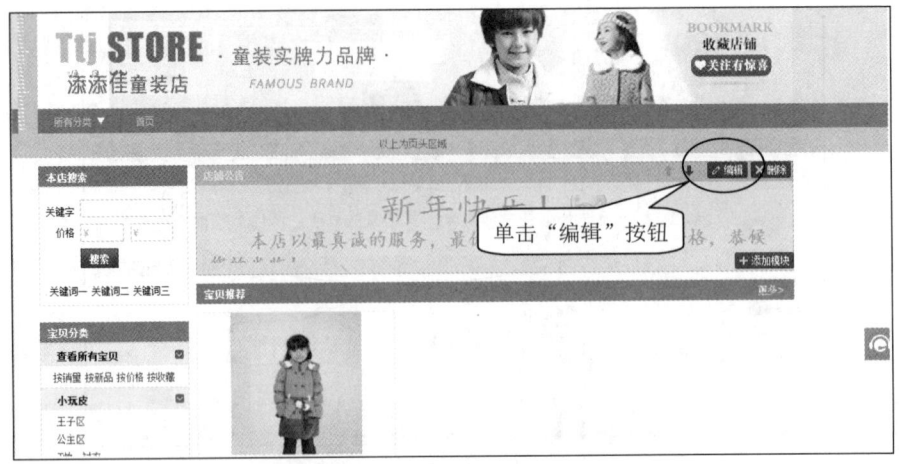

图 6-31　店铺公告模块

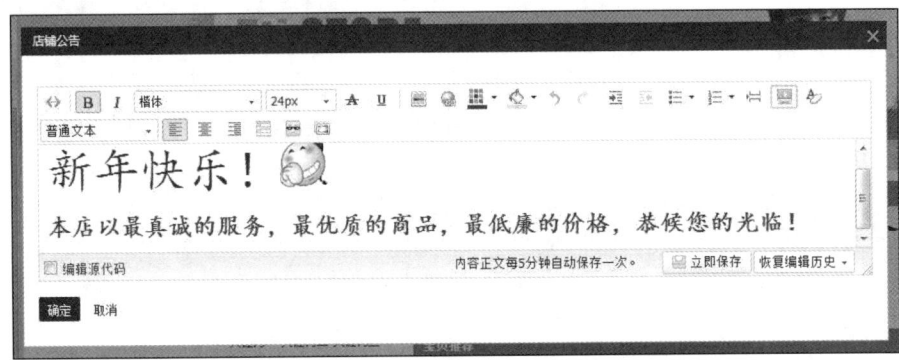

图 6-32　店铺公告编辑窗口

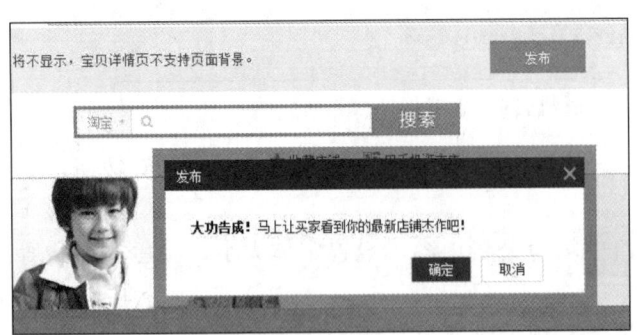

图 6-33　店铺公告预览

步骤五：单击页面右上角的"发布"按钮，在弹出的发布对话框中单击"确定"按钮，提示"店铺发布成功"，单击"查看店铺"按钮即可在浏览器中看到，如图 6-34 所示。

图 6-34　店铺公告发布

项目六　网上店铺装修

> **提示：** 漂亮的店标、翔实的店铺介绍与公告是不可或缺的，千万不要让这些地方空着。做一个漂亮的店标，公告上写上您的促销说明，店铺介绍中可以写上主营项目，再写些小文，买家会感觉到您的良苦用心，用心的卖家才会吸引买家的注意。

知识链接

一、设置店铺公告栏

店铺公告栏是买家进入店铺第一眼看到的内容。从店铺公告上可以感受到店主的用心、了解店铺经营的主要项目。因此，大多数卖家都不遗余力地设计、制作富有个性的、醒目的店铺公告栏。公告栏大都图文并茂，不但可以有优美的文案，而且还可以有动画效果和动听的音乐背景，目的就是给每一个来访者留下美好的、深刻的印象。销售好的店铺还可添加免费浏览计数器来扩大店铺影响。在店铺公告栏处，可以根据卖家自己的需要设计店铺的广告，也可以设计成卖家的名片，供买家了解店铺的营业时间、卖家的联系方式或者实体店说明等内容，还可以设计成信息发布栏，以便发布促销等信息，或者设计成为重点推荐主打商品的宣传栏。总之，这里实在是需要您花工夫好好打理的地方哦！

二、店铺公告栏中添加图片的步骤

店铺公告栏中添加图片的步骤包括：

1）把图片上传到图片空间（建议先把图片上传到淘宝图片空间中）。

2）记下上传后的地址。

3）在"店铺公告"编辑窗口中，单击插入图片图标 ，在弹出的对话框中填写相关信息，注意要填写图片的网络地址，如图6-35所示。

图6-35　在店铺公告中插入图片

4）单击"确定"按钮。

三、一个好的店铺公告应包含的基本信息

1）呈现您的店标、店名，不放过任何宣传自己店铺和商品的机会。

2）介绍您的开店理念。例如，您能提供哪些服务、您店铺的组成、您的相关简介等，让来访者对您和您的店有个大致的了解。

3）从顾客的角度给出一些在本店购物的建议或如何轻松、方便地在您的店里找到他所需要的商品。

4）公布店里的价格体系，如折扣、会员优惠、包邮或各种促销活动等。

5）可以写上您的联系方式。

6）如果有实体店，可以将地址和线路图公布上去。

7）如果需要扩大业务，也可以诚邀加盟商和寻求合作伙伴。

8）介绍您店里的其他网络资源。

四、使用模板设置个性店铺公告

网上开店的人越来越多，C2C 电子商务市场的竞争也越来越激烈。把自己的店铺打扮得能让来访者眼前一亮，是在激烈的竞争中脱颖而出的方法之一。

在这里给大家介绍一种使用模板设置个性店铺公告的方式。常用的模板分为两种：一种是网上提供的付费或免费使用的模板，另一种是自己设计的模板。本书介绍网络资源提供的模板。

步骤一：获取模板代码。

模板代码，就是由图片、文字等信息组成的 html 文档。获取模板代码的方式比较多，可以登录搜索引擎百度，寻找网络中可以免费下载的模板代码，也可以购买模板代码，当然还可以到淘宝网、易趣网上提供模板代码的网店中购买。

步骤二：登录到模板编辑窗口。

方法一：对于正准备发布的宝贝，添加模板的步骤为：登录淘宝（易趣）→单击"我要卖"栏目→选择发布方式→选择好类目→进入宝贝编辑页面。

方法二：对于已发布的宝贝，添加模板的步骤为：登录淘宝→单击"我的淘宝"栏目→进入宝贝编辑页面。

步骤三：为模板添加店铺导航链接。

网店模板在制作导航栏时主要有两种处理方法：①把每个栏目切成图片，如网店导航栏主要由逛逛店铺、店铺介绍、本店信用、个人空间等子栏目组成，许多网店模板设计人员把每个栏目切成一个个小图片。②把导航栏目当作一个整体，即当作一张图片来处理，这类模板要借助于其他软件在图片上加入热点，然后针对热点添加超级链接。本书主要介绍第一种处理方法。

编辑源文件（复制源文件粘贴进来）→使用编辑器→打开网店首页→复制链接地址→选中子栏目图片→单击"插入链接"按钮→确认→重复后面 4 个步骤。

步骤四：添加公告文字。

添加公告文字非常简单，在记事本或者 Word 上编辑好文字后复制、粘贴即可。但

项目六 网上店铺装修

考虑到公告文字要与模板的整体颜色风格搭配,所以要结合在线编辑器编辑公告文字的字体大小、颜色等,使用一些编辑按钮来排版。

把鼠标指向公告空白处单击→输入公告信息→选中公告信息→选择文字颜色按钮。

步骤五:预览满意后,可以直接发布,注意最好在本地计算机进行备份。

项目实训目标 4:
选择店铺风格——凸显卖家个性

实训步骤

步骤一:在"店铺装修"页面中,选择"配色"选项卡,在淘宝网提供的 5 种配色方案中,根据店铺风格进行选择,如图 6-36 所示。

步骤二:分别单击页面右上角的"预览"和"发布"按钮,如图 6-37 所示。

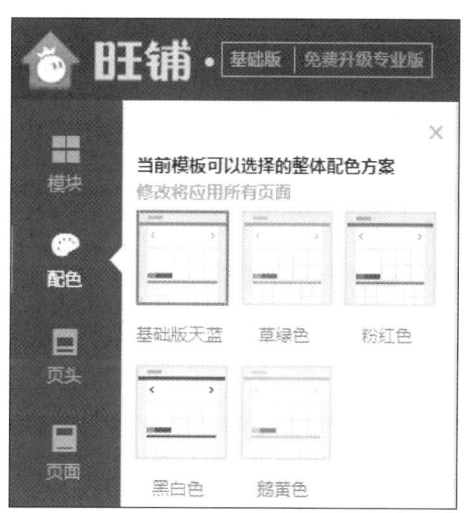

图 6-36　店铺配色方案

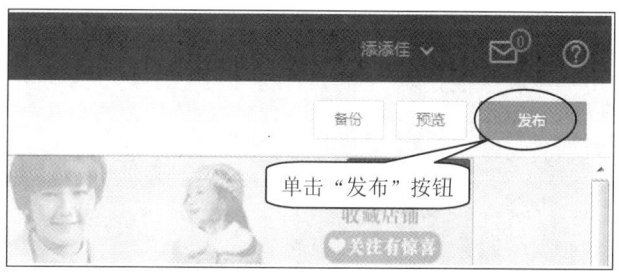

图 6-37　发布页面

知识链接

一、选择店铺风格时应考虑的问题

1. 搭配色彩与店铺形象一致

店铺要从买家的视角设计,选择合适的风格、色彩,尽量舒服、简单。店铺在形象宣传上应有统一的色调。如果没有,不妨选择与销售的产品相匹配的色调。

2. 外观风格与销售产品有关

1）可以按照行业或者产品类型选择店铺的风格与颜色，协调店铺的总体效果，给买家视觉上的享受。例如，销售电子类产品的店铺，可选择灰色系或者蓝色系；销售服饰的店铺，可选择紫色系或者黄色系；销售儿童用品的店铺，可选择亮色系。

2）可以按照商品图片的颜色来选择店铺颜色，以协调店铺的总体效果。如果商品图片都是比较暗的颜色，店铺颜色可以选择靓丽一些的；如果商品图片的颜色很靓丽，那么店铺颜色可以选择朴素一点的。

3. 模板可以由自己或别人设计

店铺风格模板一般可以自己设计，也可以在专门销售店铺风格模板的网店订购。也就是说，店铺风格可以使用自己或别人设计好的店铺模板，这样不但可以凸显店主的个性化特征，还可以选择更适合店内宝贝的色调和配置。

> **提示：** 生意参谋是淘宝推出的服务于卖家的一款应用，其可以帮助卖家进行商品分析，从装修、链接、热力图等多个维度分析卖家的店铺客流量。因此，可使用生意参谋来为选择店铺风格进行参考。

项目实训目标 5：
综合训练——网上店铺装修

目的： 在完成前四个项目实训目标的基础上，进行综合训练，提高网上店铺装修的技巧和能力，增加网上店铺的吸引力。

内容： 完成网上店铺的装修。

要求： 根据项目实训目标 1～4 的学习内容和要求，独立或分组进行网上店铺装修。

步骤一：起店名。
步骤二：设置店标。
步骤三：设置公告栏。
步骤四：选择店铺风格。

知识链接

对于一些店铺的装修，可以用到以下这段代码：

1）插入公告挂饰：<img src="图片地址" style="left:20px. position: relative. top:0px" />
2）公告里插入图片：
3）插入公告图片：
4）店铺分类代码：
5）背景音乐代码：<bgsound loop="-1" src="音乐地址"></bgsound>
6）在图片里附加音乐的办法：

项目六 网上店铺装修

7）浮动图片的代码：</td></tr></table>

8）把挂件挂在公告栏外面的代码：<img src="图片地址路径" style="left: 20px. position: relative.? top: 0px" />

9）换行代码：在换行的位置输入
，如果输入一个
，就另起一行；如果连续输入两个，即

，就会空一行。

10）自定义颜色。

代码：一元拍

注解： 是一对控制文字颜色的代码，等于号（=）后就是颜色值。可以更换为其他颜色，如 red（红）、blue（蓝）、green（绿），也可以用#000000——#ffffff 的形式（不过注意代码的总长度不要超过 40 个字符）。代码中间的字可以换成自己想要的字。

11）定义粗体。

代码：重要提示

注解： 是一对让中间文字粗体显示的代码。代码中间的字可以换成自己想要的字。

12）定义斜体。

代码：<i>重要提示</i>

注解： 是一对让中间文字斜体显示的代码。代码中间的字可以换成自己想要的字。

 实训评价

网上店铺装修项目实训评价表，见表 6-1。

表 6-1 网上店铺装修项目实训评价表

内容	评价标准			自评/分	组评/分	师评/分
	优（90～100分）	良（76～89分）	及格（60～75分）	不及格（60分以下）			
工作态度	积极、认真	比较认真	一般	不认真			
工作能力	超额完成并有所创新	按时完成	勉强完成	不能完成			
工作成果	能给网店起合适的网名；能设计并设置好店标；能设计出吸引买家的公告栏；选择合适的店铺风格	能够给网店起名，但不够有新意；使用已有图像作为店标；公告栏设计简单；选择合适的店铺风格	能给店铺起店名，但不太适合起名原则；在同学和老师的帮助或手把手指导下才能勉强完成店标设置、公告栏设计和店铺的介绍	不能完成店铺起名、店标设置；不会设计店标、设置店铺风格			

巩固练习

一、判断题（正确的打"√"，错误的打"×"）

1. 给网店起名没有什么原则遵循，想起什么名都可以，而且没有字数的限制。

（   ）

2．网店店标就是网店的招牌，应尽量与店铺名称或销售的商品种类保持一致。
（　　）

3．所谓公告，就是广而告之，因此店主把最重要的东西，以最简单的文字描述在公告栏里就行了。
（　　）

4．选择店铺风格与要与商品有关。至于颜色，店主喜欢什么颜色就用什么颜色。
（　　）

二、单项选择题（请将正确选项的代号填在括号中）

1．以下不属于起店名原则的是（　　）。
　　A．简洁通俗，琅琅上口；别具一格，独具特色
　　B．与自己经营的商品相关；店名中隐含店主名字
　　C．店名随便取，只要店主喜欢就可以了
　　D．用字吉祥，给人美感

2．设置店标时，应注意（　　）。
　　A．店标上的店名不宜随便改动
　　B．店标图片没有大小规定
　　C．店标应与店名保持一致
　　D．淘宝网店标的图像格式和大小要求：文件格式为 gif、jpg、jpeg、png；文件的大小在 80KB 以内，建议尺寸为 80 像素×80 像素即可

3．下列（　　）是不能写在公告栏中的。
　　A．最新促销信息和商品的广告　　B．卖家联系方式或者客服联系方式
　　C．开店宗旨或者实体店的地址　　D．卖家的用户名、账户和密码

4．选择店铺风格时需要考虑的因素有（　　）。
　　A．选择与所售商品匹配的色彩
　　B．可以按照商品图片的颜色来选择店铺颜色，协调店铺的总体效果
　　C．商品图片都比较暗时，店铺颜色可以选择靓丽一些的，也可以自己设计模板
　　D．店主喜欢就好，不管其他

三、多项选择题（每题的备选答案中有两个或两个以上符合题意的答案，请将正确选项的代号填在括号中）

1．网店公告栏可以设置的内容有（　　）。
　　A．店铺广告
　　B．设置店主名片，包括店名、店铺营业时间、店主联系方式和客服联系方式等
　　C．信息发布，包括促销活动、店铺信息更新等
　　D．重点商品宣传

2．设计店标时，可以（　　）。
　　A．用图像处理软件按淘宝网的要求设计或处理图片
　　B．制作动画图片让淘宝网的店标动起来
　　C．直接把别人的店标拿来用
　　D．用 psd 格式的图片直接作为店标

3．一个好的店铺公告应包括（　　　）等基本信息。
    A．呈现店标、店名
    B．介绍开店理念
    C．公布价格体系
    D．从顾客角度给一些在本店购物的建议等
4．以下说法错误的是（　　　）。
    A．目前淘宝网提供了 10 种以上店铺风格供卖家选择
    B．淘宝网普通店铺的风格不可以改变
    C．淘宝网店铺不可以使用模板，只能自己设计
    D．如果是淘宝网普通店铺，只能选择颜色、挂件和店铺音乐

项目七

网店商品管理

 学习目标

了解网店商品管理的含义,掌握如何添加、推荐新商品以及删改商品信息等的方法。具体的项目实训目标包括:

项目实训目标1:梳理宝贝——分类商品,方便买家浏览
项目实训目标2:推荐宝贝——增加商品的展示机会
项目实训目标3:修改宝贝信息——更新商品,迎合买家心理
项目实训目标4:综合训练——网店商品管理

 情景设置

建立自己的网店后,随着生意的逐步展开,商品自然会逐渐增多。如果商品种类多了,仅把这些商品堆在一起,是不是会给顾客零乱的感觉呢?淘宝网的商品分类管理功能可以解决这类问题,它可以把商品按照种类或者价格等进行区分管理,和传统店铺里的分货架陈列商品是一个意思。例如,您是卖服装的,可以设置"T恤衬衣""马夹外套""针织毛衫""裙装""裤装"等分类,也可以设置"100元以内区""100~500元区""500元以上区""特价清仓区"等分类。卖家可以根据实际情况进行灵活操作,买家可以根据自己的需要自行挑选,一举两得,何乐而不为呢!

 **实训准备**

☑ 教学设备准备:多媒体网络计算机教室或电子商务实训室。
☑ 教学组织形式:将学生2~6人分成一个小组,以小组学习为主。
☑ 项目学时安排:共10学时(其中,项目实训目标1,2学时;项目实训目标2,2学时;项目实训目标3,2学时;项目实训目标4,2学时;巩固练习,2学时)。

项目实训目标 1：
梳理宝贝——分类商品，方便买家浏览

实训步骤

步骤一：上网。双击桌面上的 图标，启动浏览器，输入网址 http://www.taobao.com，进入淘宝网首页，登录并进入"卖家中心"→"店铺管理"→"店铺装修"，如图 7-1 所示。

图 7-1　登录"卖家中心"页面

步骤二：鼠标移至"宝贝分类"处单击"编辑"按钮，进入宝贝分类页面，如图 7-2 所示。

图 7-2　编辑宝贝分类

步骤三：编辑分类。单击"手工添加分类"按钮，进行相应的设置，本例中使用品牌名称进行分类。如需添加子分类，则在分类名称前的 ▶，单击"添加子分类"按钮，输入名称，添加图片，如图 7-3 所示。

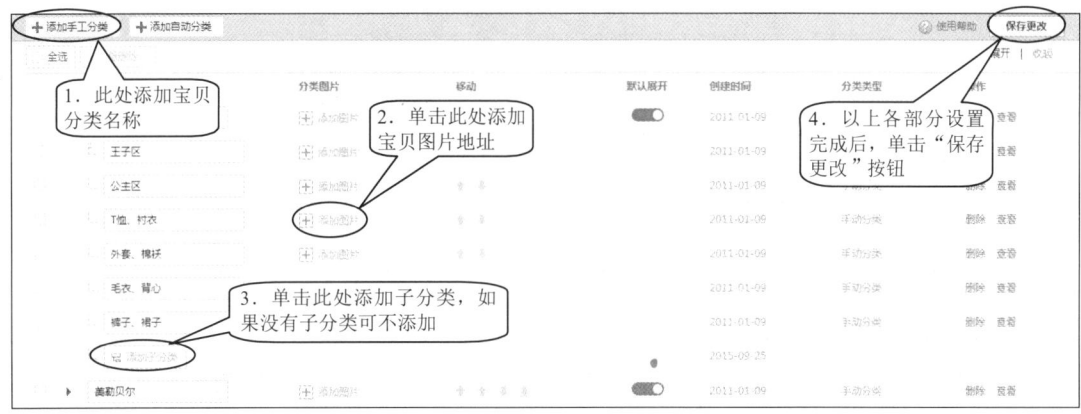

图 7-3　编辑宝贝分类

编辑宝贝分类具体操作，如图 7-4～图 7-7 所示。

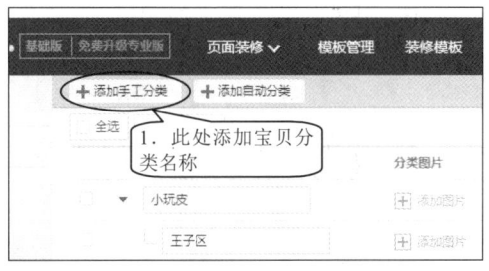

图 7-4　编辑宝贝分类第 1 步

图 7-5　编辑宝贝分类第 2 步

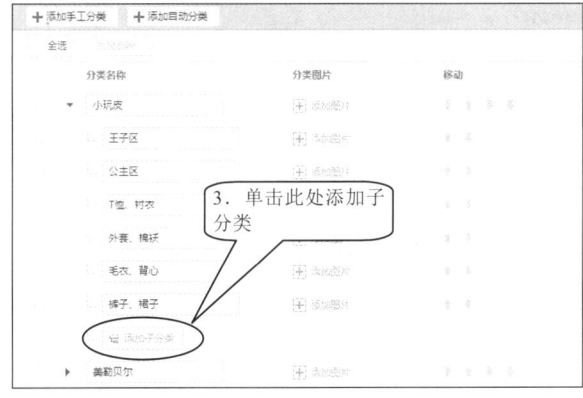

图 7-6　编辑宝贝分类第 3 步

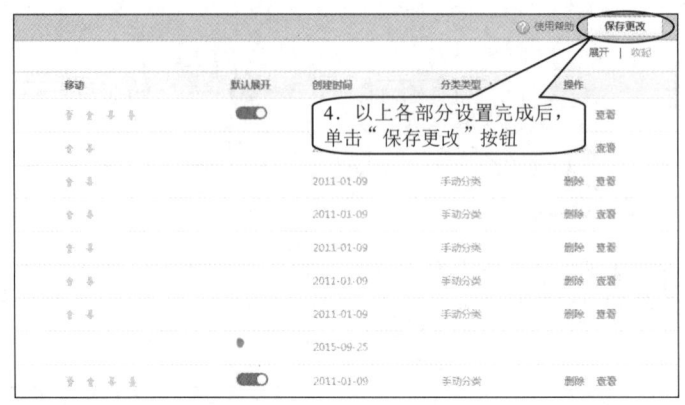

图 7-7　编辑宝贝分类第 4 步

步骤四：填写分类名称，添加图片等信息，设置完后单击"查看"按钮预览。单击"删除"按钮可以删掉分类，设置完成单击"保存更改"按钮即可，系统提示"操作成功"，如图 7-8 所示。

图 7-8　保存更改

步骤五：单击"查看我的店铺"按钮查看添加效果，如图 7-9 所示。

提示：只有图片地址是网络地址时，图片方可显示。淘宝网提供了图片网络存储空间——图片空间，将需要上传的图片存储到图片空间，就可以在店铺显示了。

步骤六：单击"店铺管理"中的"宝贝分类管理"按钮，如图 7-10 所示。

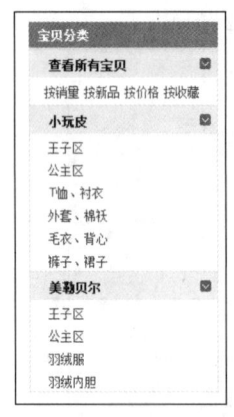 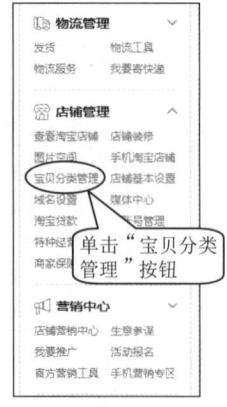

图 7-9　单击"查看我的店铺"按钮查看添加效果　　图 7-10　单击"宝贝分类管理"按钮

步骤七：进入"宝贝分类管理"界面，单击左侧"宝贝管理"栏目，如图 7-11 所示。

图 7-11　进入"宝贝管理"界面

步骤八：单击"已分类宝贝"栏目，在"编辑分类"下单击"添加分类"按钮，勾选了分类后，空白处单击鼠标即可。在"操作"下选择"下架"选项即可下架宝贝，如图 7-12 所示。

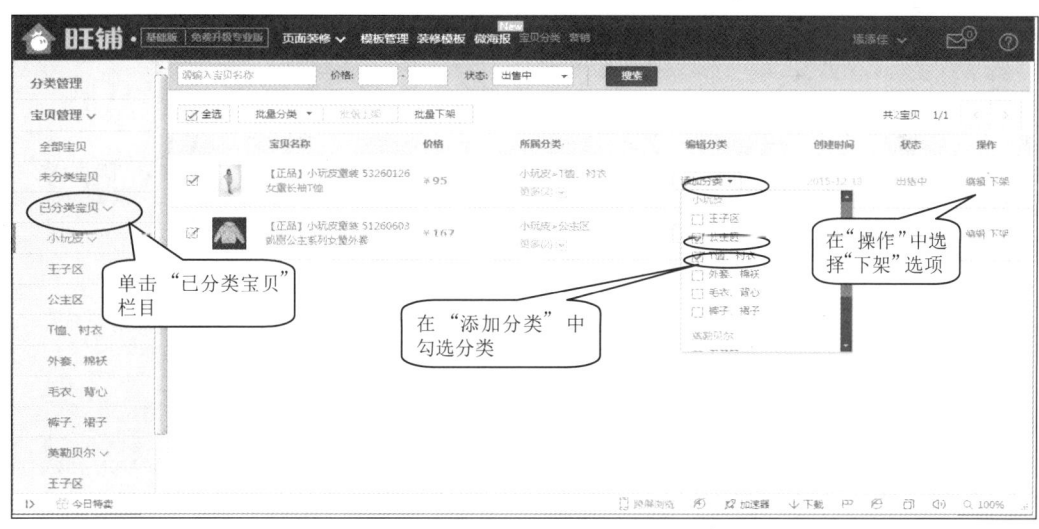

图 7-12　添加分类或下架

步骤九：如果宝贝较多，还可以全选宝贝，进行批量分类，如图 7-13 所示。

接下来，简单介绍一下如何制作宝贝分类图。此处简单介绍使用 Ulead GIF Animator 5.05 制作宝贝分类图片，具体包括以下四步。

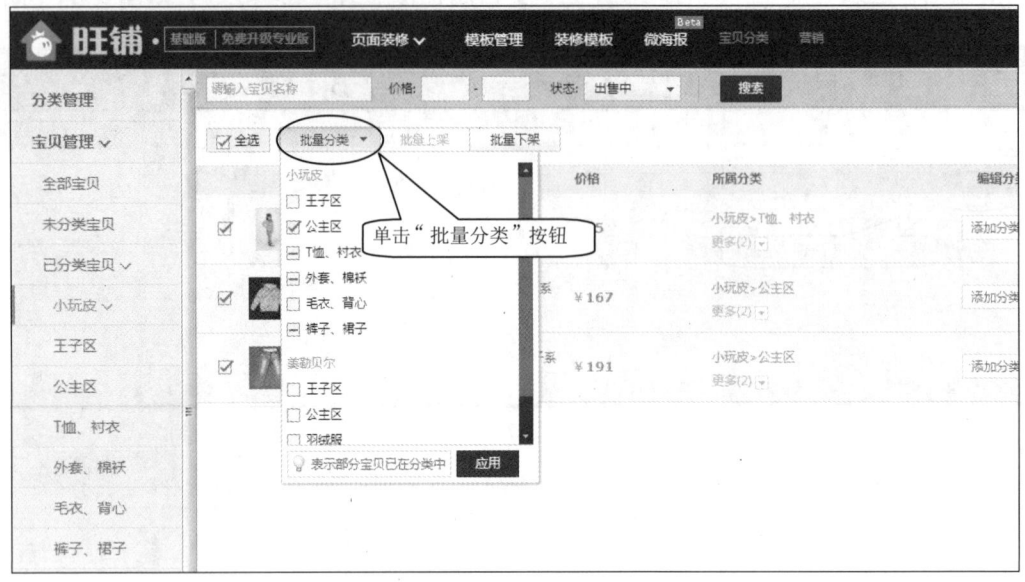

图 7-13　批量分类

步骤一：按要求安装好 Ulead GIF Animator 5.05 后打开该软件，如图 7-14 所示。

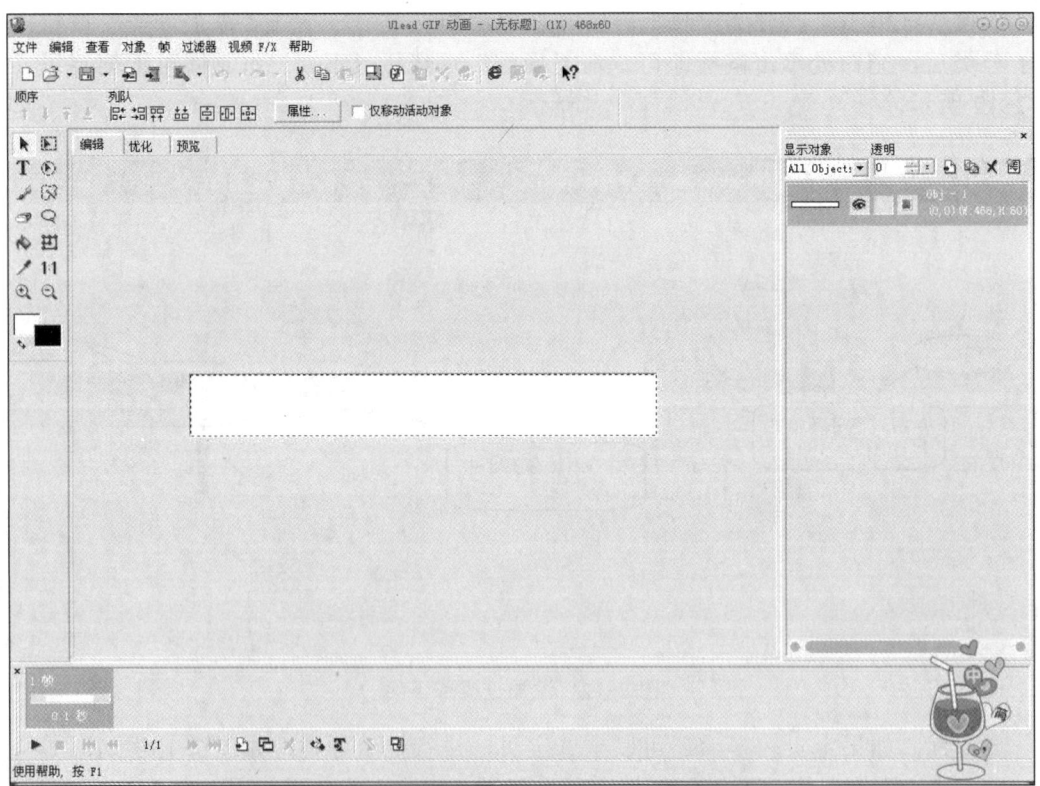

图 7-14　Ulead GIF Animator 5.05 界面

步骤二： 打开事先准备好的 gif 图片，如图 7-15、图 7-16 所示。单击工具栏中的图标，弹出文本条目框，进行相应的设置，如图 7-17、图 7-18 所示。

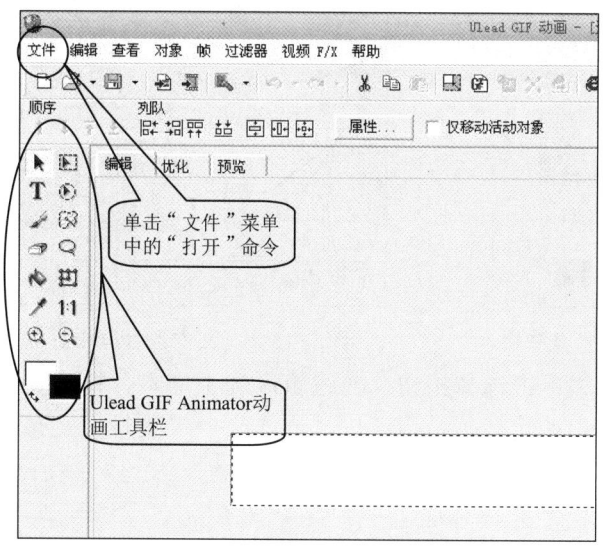

图 7-15　打开"文件"菜单选择"打开"命令

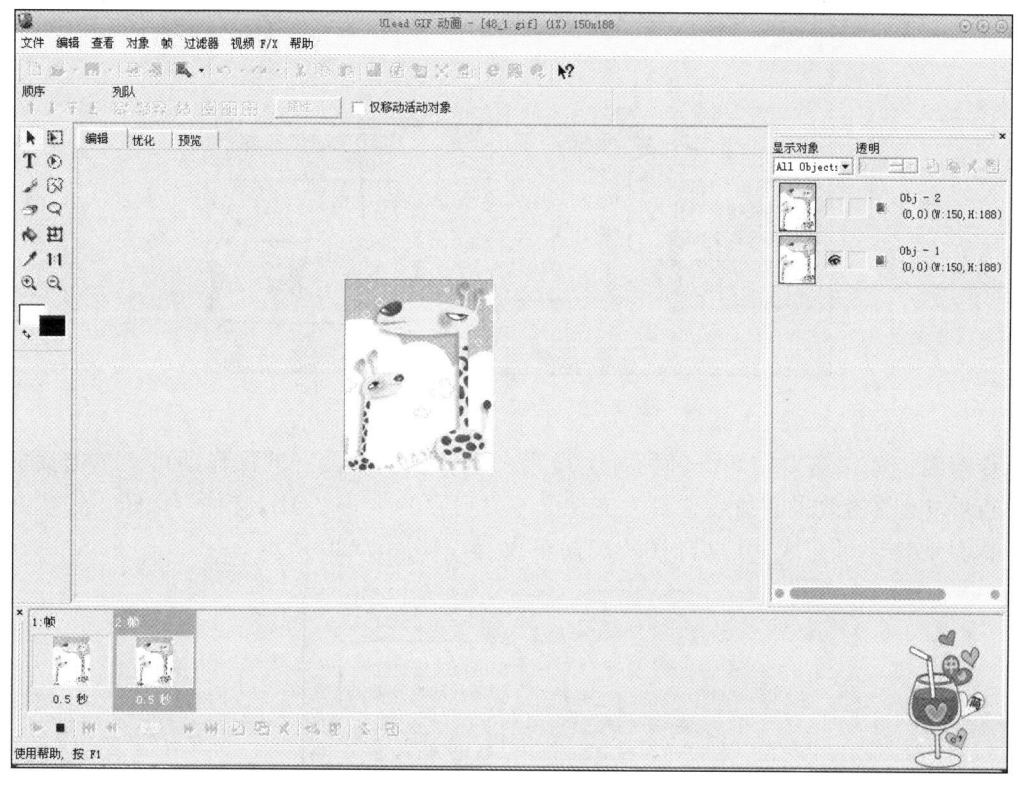

图 7-16　打开图片

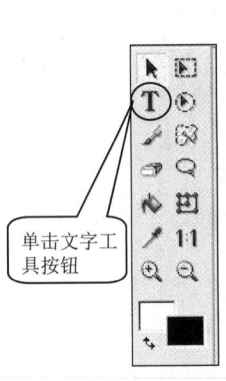
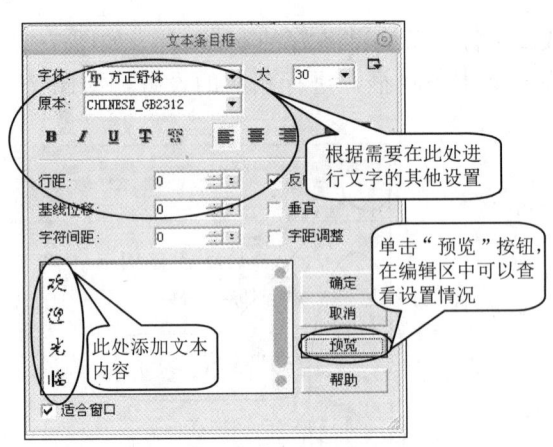

图 7-17　单击文字工具按钮　　　图 7-18　在文本条目框中进行设置并预览

步骤三：在工具栏单击选择按钮，在编辑区选中文本，调整文字位置。选中文字，单击鼠标右键，在弹出的快捷菜单中选中"文本"→"霓虹"链接，弹出"霓虹"对话框用来设置文本样式，如图 7-19 所示。

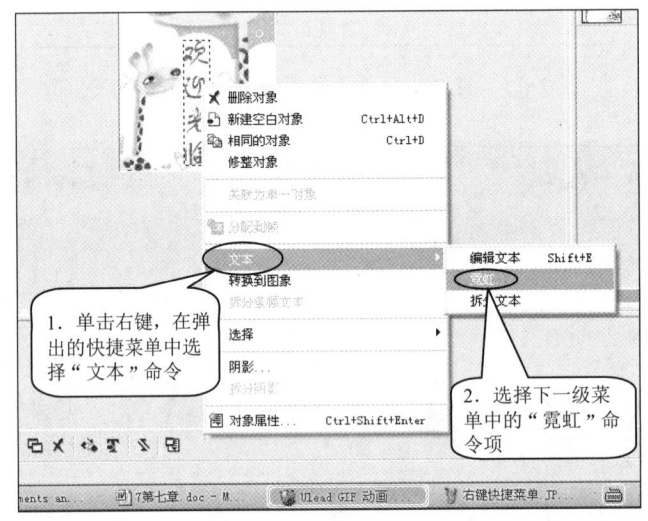

图 7-19　对文本进行设置

步骤四：如果需要在每一帧图片上设置，重复步骤二、三的操作即可。单击播放按钮，查看 gif 图的效果。最后选择"文件"→"另存为"→"GIF 文件"按钮，输入文件名和保存地址即可完成 gif 动画图片的简单设置，如图 7-20 所示。

图 7-20　查看动画效果

项目七 网店商品管理

如果大家还想做出更漂亮的gif图片,可以继续学习Ulead GIF Animator软件的使用,让它更好地为网店服务。

> **提示:** 如果出现淘宝网的商品分类在店铺里看不到,上传的商品却可以看到的情况,别着急,系统通常会有滞后情况,多刷新几次页面重试即可。如遇特殊情况,您也可以直接拨打24小时服务热线0571-88157858,会有淘宝网工作人员为您解答、处理!

知识链接

商品分类的技巧有以下几种:

1)宝贝分类最好有明显的个性特征,选择图片式分类是普遍使用的一种方法,在淘宝网店中非常常见和实用,因为它会给买家直观的、人性化的感受。

2)卖家可以为自己的宝贝开辟"特价区""新到货区""热卖宝贝区""VIP 区"等,以满足不同需求用户的选择。

3)卖家可以根据宝贝的类别设置为"T恤""裤装""裙装"和"外套"等;按价位分为"一口价区""19元以下区""20~50元区"和"100元以上区"等。

商品分类的方式很多,您可以选择适合宝贝查找和挑选的方式以及考虑买家如何方便来设置。

项目实训目标2:
推荐宝贝——增加商品的展示机会

淘宝网提供了店铺商品推荐功能,您可以把热门的商品或有竞争优势的商品推荐在自己的店铺首页的显著位置。卖家一方面要把有竞争优势或热门的商品推荐上去,另一方面还要考虑推荐商品的图片是否清晰、美观。因为当顾客进入您的店铺后,最直接的是看到您在显著位置推荐的商品。

实训步骤

步骤一: 上网。双击桌面上的图标,启动浏览器,输入网址 http://www.taobao.com,进入淘宝网首页,登录并进入"卖家中心"→"宝贝管理"→"橱窗推荐",如图 7-21 所示。

步骤二: 单击"橱窗推荐"选项,选择推荐宝贝,如图 7-22 所示。

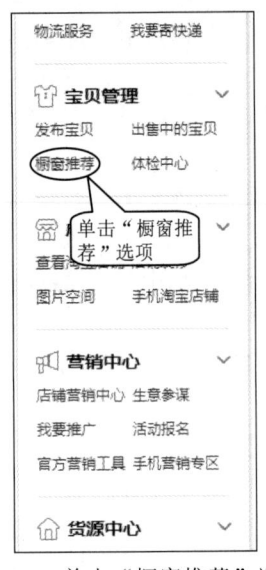

图 7-21　单击"橱窗推荐"选项

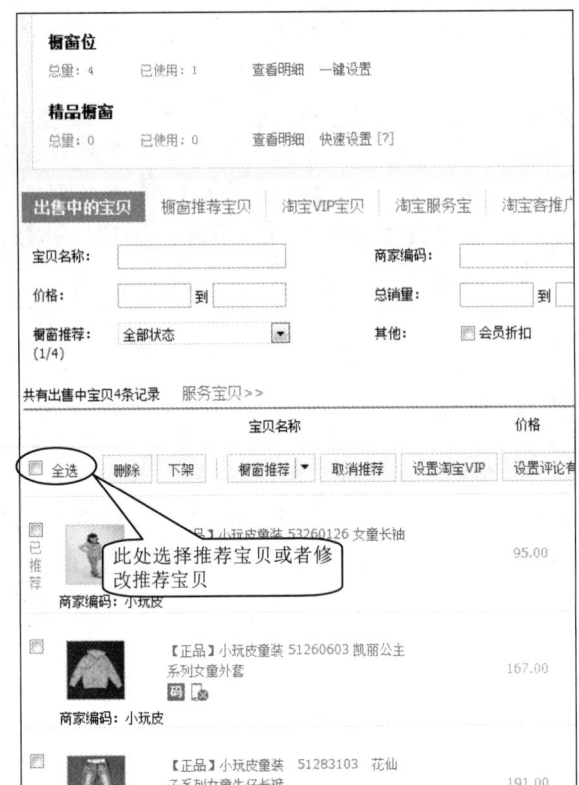

图 7-22　进入"橱窗推荐"界面

步骤三：选择宝贝后单击"橱窗推荐"按钮下的"橱窗设置"链接，如图 7-23 所示。

步骤四：选择宝贝推荐顺序，选择一种推荐顺序，单击"确定"按钮，如图 7-24 所示。

步骤五：选择已推荐宝贝，单击"取消推荐"按钮，即可取消宝贝的推荐，如图 7-25 所示。

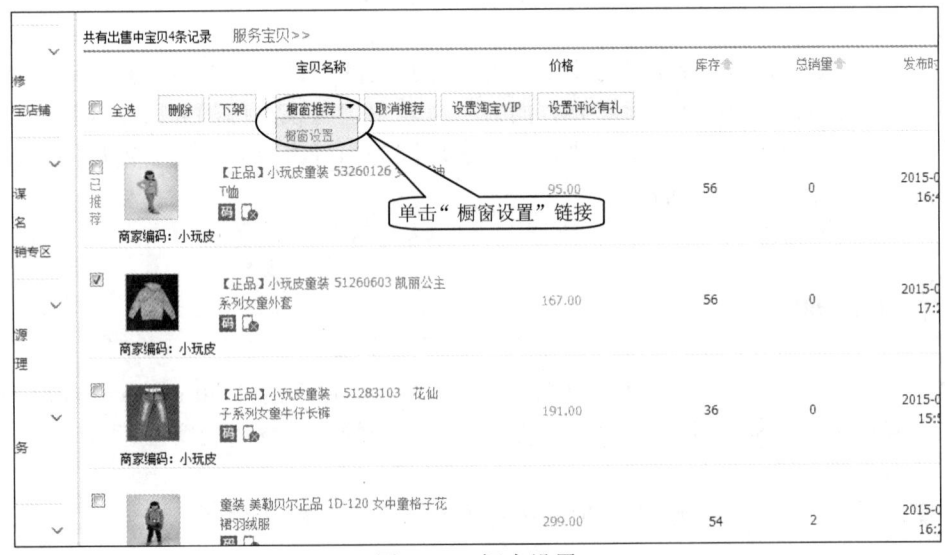

图 7-23　橱窗设置

项目七　网店商品管理

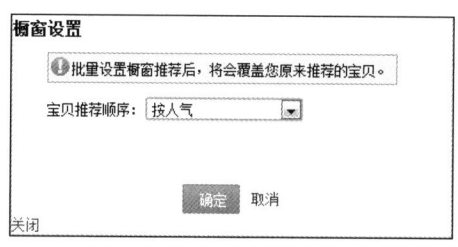

图 7-24　选择宝贝推荐顺序

图 7-25　取消宝贝推荐

提示：在卖家上传宝贝时就可以对宝贝设置推荐，此处可以修改推荐的宝贝。

知识链接

一、让宝贝排名靠前的方法

橱窗推荐的宝贝是显示在淘宝网宝贝搜索里的，不是显示在自己店里的。以下方法可以让宝贝排名靠前：

打开"我的淘宝"→"出售中的宝贝"，查看每页宝贝下面是否都有"橱窗推荐"的字样，如果您还有橱窗位可用，就可以选中宝贝，然后选择"橱窗推荐"按钮。记住：要从快到期的宝贝开始选，这样才能排在搜索的前几页；并且每天及时更新，保持一直是快到期的宝贝被橱窗推荐。

新店铺在前三个月内，淘宝网是给 15 个橱窗位作为奖励的，即您店里的宝贝只可以有 15 个能在淘宝网首页搜索里搜到，随着您的成交额和信用度的增长，淘宝网会不断奖励给您更多的橱窗位。

· 141 ·

二、推荐商品的方式

该怎么推荐宝贝呢？通常会有以下三种选择：

（1）橱窗推荐　如果宝贝进行了橱窗推荐，从商品分类中查找，直接显示橱窗推荐商品；如果用搜索查找，需要单击页面上的"橱窗推荐"按钮进行查看。橱窗推荐在"我的淘宝"→"我是卖家"→"出售中的宝贝"里设置。

（2）掌柜推荐　掌柜推荐的商品出现在店铺首页及每个宝贝介绍页面的底部，买家浏览每个宝贝时都可以看到。一次最多可以推荐6个宝贝。掌柜推荐在"我是卖家"→"管理我的店铺"→"推荐宝贝"里设置。

（3）社区广告推荐　分论坛广告、社区首页广告和站内信广告三种。

项目实训目标3：
修改宝贝信息——更新商品，迎合买家心理

修改宝贝信息是为了更新商品和迎合买家心理，具体从两个方面入手：一是修改已有宝贝，二是及时更新宝贝。

实训步骤

步骤一：上网。双击桌面上的图标，启动浏览器，输入网址 http://www.taobao.com，进入淘宝网首页，登录并进入"卖家中心"页面，单击"宝贝管理"中的"出售中的宝贝"进入商品展示页即可修改宝贝信息，如图7-26所示。

步骤二：单击"出售中的宝贝"栏目后，选择"编辑宝贝"链接进行修改，如图7-27所示。

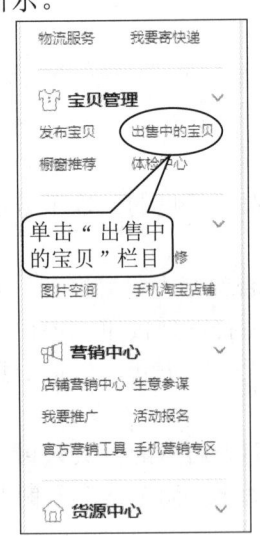
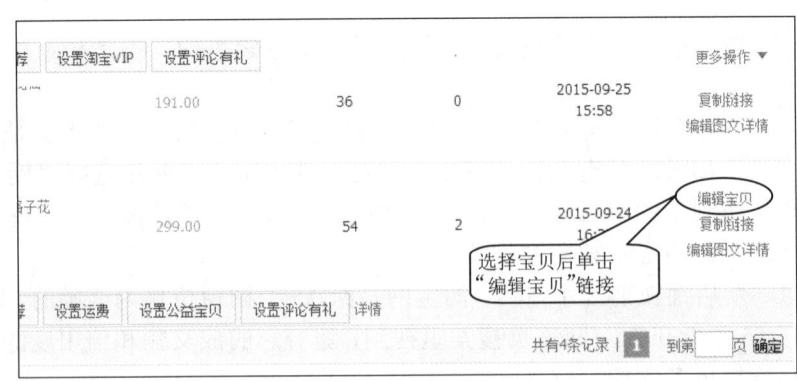

图7-26　单击"出售中的宝贝"栏目　　　图7-27　进入"出售中的宝贝"页面

步骤三：进入"编辑宝贝"页面，修改相关信息，修改完毕，单击"确定"按钮，如图 7-28 所示。

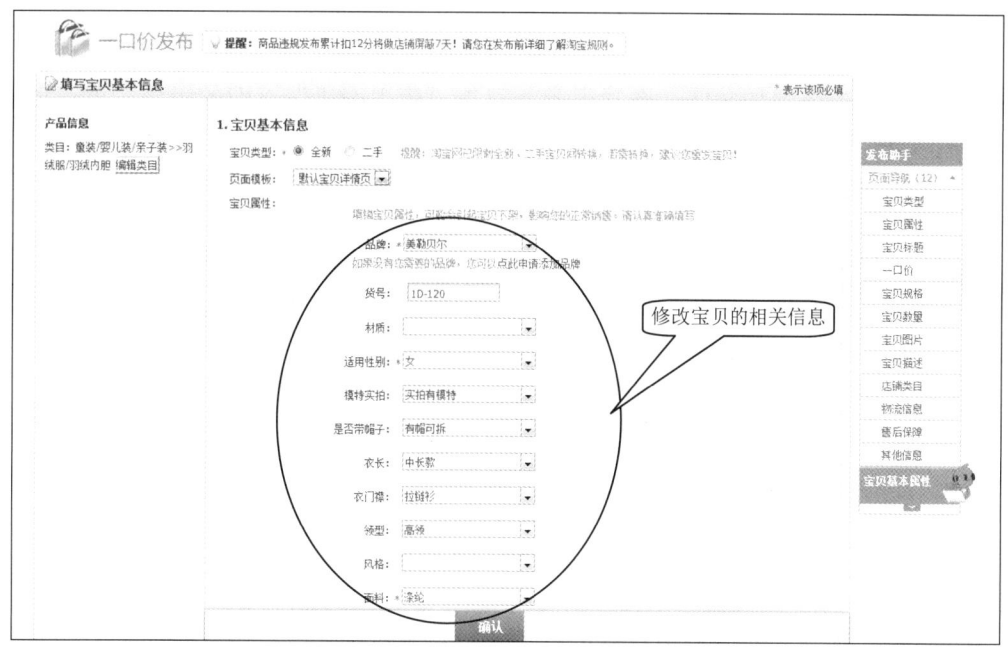

图 7-28　修改宝贝基本信息

> **提示：** 网店需要及时更新商品，这样会让顾客感觉到您的网店有人在照料，说明生意兴隆，而且是用心在做。如果无法做到频繁更新，也可以每次只更新几件商品，不要一次性地把新商品全部添加上去。

知识链接

一、修改宝贝信息时需要注意的问题

修改宝贝信息包括两个方面：一是修改已有宝贝信息，二是及时更新宝贝信息。在具体修改宝贝信息时，可以将在交易过程中常出现的问题放置在宝贝描述中，善意地、客观地提醒买家要注意的事项，如图片颜色和实物的差异，是否接受还价，选择物流方面需要注意些什么，可以接受哪些付款方式，货品进货渠道受到的各种限制，有些宝贝在使用、清洗等方面需要注意的地方，验货时应注意些什么等问题，都可以跟买家介绍清楚。卖家还应在交易中不断学习、不断总结经验，宝贝信息越完整、越详尽，越有利于买卖双方进行交易。

二、使用淘宝网宝贝描述模板的步骤

第一步：复制准备好的模板代码，打开淘宝网"发布新商品"栏目或进入"出售

中的商品"栏目,编辑已经提交的商品,在"宝贝描述"栏中,单击"编辑源文件"链接。

第二步:把宝贝描述模板代码粘贴进去。

第三步:单击"使用编辑器"按钮,可以看到大致的网页。

第四步:修改或增加文字、图片内容。双击"店主寄语"下面的版块,就可以输入公告文字内容。

第五步:复制好相册或空间里的宝贝图片地址,光标移到宝贝展示版块,然后单击"插入图片"按钮,把复制好的宝贝地址粘贴到地址栏中。

第六步:插入宝贝图片后,可以选择居中、居左或居右。

第七步:在宝贝图片边沿按回车键换行,输入文字对宝贝进行说明。可以选取文字,然后设置背景色或文字颜色。

第八步:如果您的宝贝分类没有图片,可以直接输入分类栏目文字,然后选取文字,单击"插入链接"按钮,对分类进行链接操作。

第九步:如果您的宝贝分类是有图片的,返回到店铺首页,在分类图片中选择一张,单击右键,在"属性"选项中选择复制地址。

第十步:返回"宝贝描述"编辑,单击"插入图片"按钮,把复制好的图片地址粘贴进去。

第十一步:如果要修改链接可以选取图片,再单击"插入链接"按钮。

第十二步:上面分类的操作,也可以按以下推荐宝贝的方法来操作:返回店铺首页,选取想要推荐的宝贝,按"Ctrl+C"键复制。

第十三步:返回"宝贝描述"编辑,在"推荐宝贝"版块里,把刚才复制的内容粘贴进去。

第十四步:检查一下整体,可以单击"预览"按钮查看效果,如果没问题就可以直接提交发布,一件宝贝终于新鲜出炉了。

项目实训目标 4:
综合训练——网店商品管理

目的:在完成前三个项目实训目标的基础上,进行综合训练,提高网店商品管理的技巧和能力,加快商品的流转率。

内容:网店商品管理。

要求:根据项目实训目标 1~3 的学习内容和要求,独立或分组进行网店商品管理。

知识链接

网店商品管理实训的内容和要求,见表 7-1。

表 7-1 网店商品管理实训的内容和要求

设 置 内 容	具 体 要 求
梳理宝贝	根据店铺特征设置宝贝分类，有分类名称、图片和顺序
推荐宝贝	了解"橱窗推荐"的推荐规则，并进行 5 件商品的推荐
修改宝贝信息	为了迎合买家的心理，修改部分宝贝信息，并及时更新宝贝信息

网店商品管理项目实训评价表，见表 7-2。

表 7-2 网店商品管理项目实训评价表

内　　容	评 价 标 准				自评/分	组评/分	师评/分
	优（90~100 分）	良（76~89 分）	及格(60~75 分)	不及格（60 分以下）			
工作态度	积极、认真	比较认真	一般	不认真			
工作能力	超额完成并有所创新	按时完成	勉强完成	不能完成			
工作成果	能对商品按种类或价格等进行分类，以方便买家浏览；能把热门商品或有竞争力的商品推荐在店铺的首页，以增加商品的展示机会；能修改宝贝信息来迎合买家心理	能对商品进行分类；能设置橱窗推荐商品；能修改宝贝的部分信息	在老师和同学的帮助下能对商品进行分类；能设置橱窗推荐；能修改宝贝的部分信息	不能完成商品分类、橱窗推荐、修改宝贝信息等操作			

巩固练习

一、判断题（正确的打"√"，错误的打"×"）

1．商品添加到网店后，无需分类，买家可以随便挑选自己喜欢的商品。
（　　）

2．淘宝网提供了店铺商品推荐功能，店主可以把热门或有竞争优势的商品推荐在店铺首页的显著位置。（　　）

3．起个好的商品标题非常重要，其他无所谓。（　　）

4．修改宝贝信息包括两个方面：一是修改已有宝贝信息，二是及时更新宝贝信息。
（　　）

5．橱窗推荐包括：论坛广告、社区首页广告、站内信广告三种。（　　）

二、单项选择题（请将正确选项的代号填在括号中）

1．商品分类要根据（　　）来进行。

　　A．卖家的心情好坏

　　B．卖家自己的商业理念、经营策略来划分，一般没有什么定规

C．别人的店铺怎么分，我的也怎么分

D．不分类

2．淘宝网店的首页，可以有（　　）件商品推荐。

A．10　　　　　　B．7　　　　　　C．6　　　　　　D．3

3．网店需要及时更新商品，这样做是为了（　　）。

A．让顾客感觉到您的网店有人在照料，生意兴隆，也是采购货源方面实力的体现

B．如果无法做到频繁更新，就不更新

C．一次性把新商品全部添加上去

D．写都写好了，就不用修改了，顾客看得懂就行了

4．淘宝网提供了店铺商品推荐功能，其推荐位数量有限，系统一般提供（　　）个推荐位。

A．6　　　　　　　　　　　　　B．15

C．25　　　　　　　　　　　　 D．不超过正在出售中的宝贝数

三、多项选择题（每题的备选答案中有两个或两个以上符合题意的答案，请将正确选项的代号填在括号中）

1．制作好的商品分类有（　　）技巧。

A．个性化分类

B．贴近买家需求，具有实用性

C．可以设定"特价区"和"最新产品区"等满足不同需求的顾客

D．商品分类除了做到清晰明了，还应具备求新、求变的特点

2．推荐商品时应注意（　　）。

A．把有竞争优势的或热门的商品推荐上去

B．推不推荐无所谓，反正顾客会浏览商品的

C．推荐商品的图片是否清晰、美观

D．推荐店里最贵的商品，让顾客一看就觉得店的档次比较高

3．为了让商品有竞争力，需要对商品做到以下（　　）处理。

A．起好商品标题

B．准备好商品图片，必要时可以适当处理一下

C．写好商品介绍文字

D．利用免费模板，制作商品介绍页

4．淘宝网推荐商品的方式主要有（　　）。

A．橱窗推荐　　　　　　　　　　B．网络广告推荐

C．掌柜推荐　　　　　　　　　　D．社区广告推荐

5．网店经营成功可以借鉴的经验有（　　）。

A．配合网店开展促销活动或适时推出实时商品，如春节特卖会

B．推出商品专题

C．商品更新速度快

D．增加与网站商品相匹配的内容

项目八 网店推广

学习目标

网店推广的秘诀就是利用一切可以利用的条件进行宣传,如添加友情链接、橱窗推荐、加入商盟、淘宝论坛及淘宝直通车等。具体项目实训目标是:

项目实训目标1:提高店铺点击率——添加友情链接
项目实训目标2:提高知名度——淘宝论坛
项目实训目标3:定制推广工具——淘宝直通车
项目实训目标4:综合训练——网店推广

情景设置

有了更多的人浏览就意味着有了更多的潜在购买者,增加了浏览量也就增加了网店发展的机会。如何提高浏览量,更多是从营销的角度考虑来制定方案的。

实训准备

☑ 教学设备准备:多媒体网络计算机教室或电子商务实训室。
☑ 教学组织形式:将学生分成2～6人小组,以小组学习为主。
☑ 项目课时安排:共10课时(其中,项目实训目标1,2课时;项目实训2,2课时;项目实训目标3,2课时;项目实训4,2课时;巩固练习,2课时)。

项目实训目标1:
提高店铺点击率——添加友情链接

在其他卖家店铺添加友情链接,这是增加店铺浏览率的好方法。目前,淘宝对每家店铺提供的链接规定最多可以达到 35 个。

实训步骤

步骤一：打开淘宝网，登录淘宝，单击"卖家中心"栏目，在"店铺管理"页面中，单击"店铺装修"栏目，如图 8-1 所示。

步骤二：在"店铺装修"页面左侧，拖动"友情链接"图标到设计的页面，进入"友情链接"模块编辑，如图 8-2 所示。

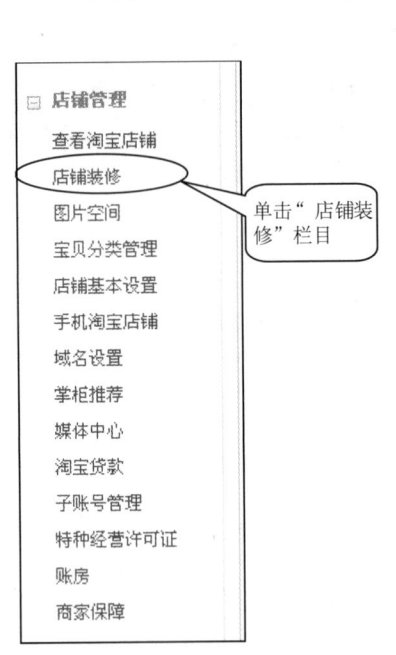

图 8-1 单击"店铺装修"栏目

图 8-2 添加"友情链接"模块

步骤三：单击"编辑"按钮，在"友情链接"对话框中添加链接名称和链接地址，如图 8-3 和图 8-4 所示。

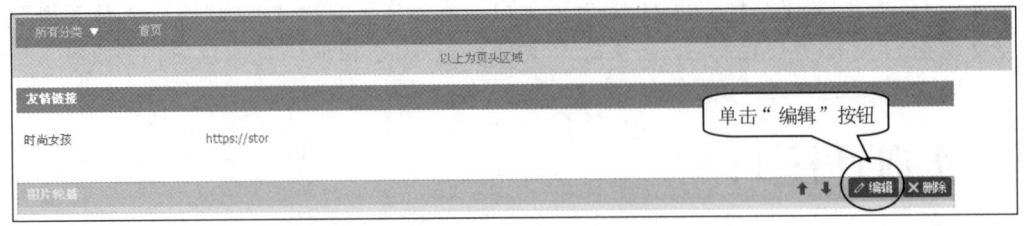

图 8-3 单击"编辑"按钮

步骤四：如果要取消友情链接，单击"删除"选项即可，如图 8-5 所示。

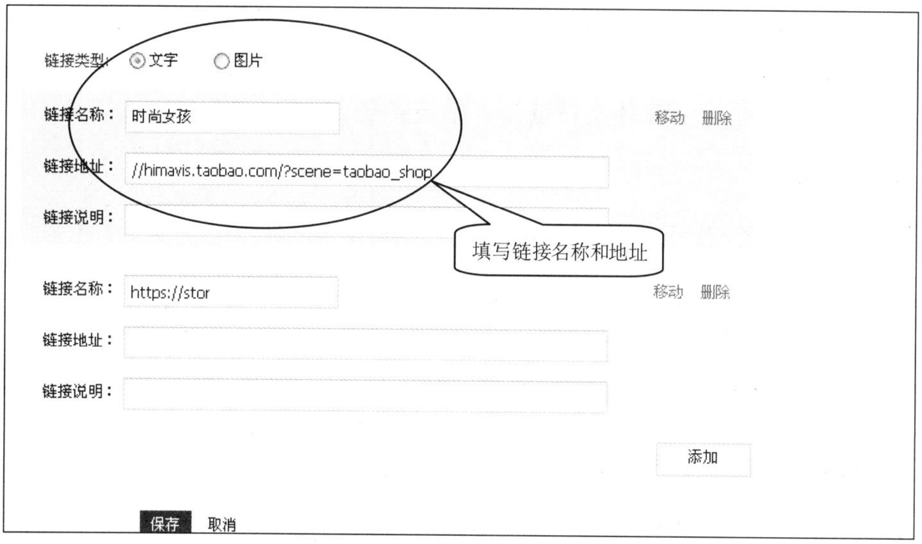

图 8-4 填写链接名称和地址

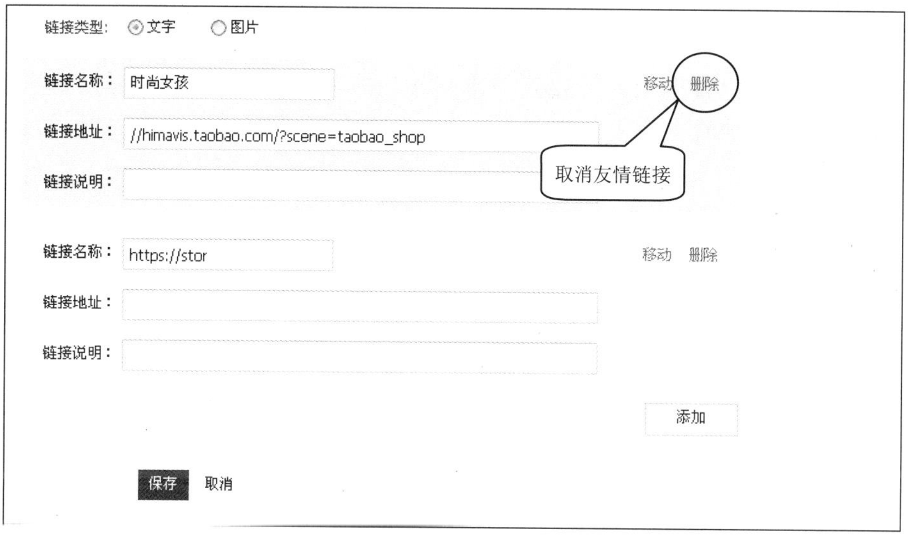

图 8-5 取消友情链接

知识链接

一、友情链接相关概念

1. 链接

链接是指从一个网页指向一个目标的连接关系,这个目标可以是另一个网页,也可以是相同网页上的不同位置,还可以是一个图片、一个电子邮件地址、一个文件,甚至是一个应用程序。用来链接的对象,可以是一段文本或者是一个图片。当浏览者单击链接的文字或图片后,链接目标将显示在浏览器上,并且根据目标的类型来打开或运行。

按照链接路径的不同，网页中的链接一般分为 3 种类型：内部链接、锚点链接、外部链接。如果按照使用对象的不同，网页中的链接又可以分为：文本链接、图像链接、E-mail 链接、锚点链接、多媒体文件链接、空链接等。

2. 友情链接

友情链接，也称为网站交换链接、互惠链接、互换链接等，是具有一定资源互补优势的网站之间的简单合作形式，即分别在自己的网站上放置对方网站的 Logo 或网站名称，并设置对方网站的链接，使得用户可以从合作网站中发现自己的网站，达到互相推广的目的。

友情链接是互联网上常见的网站推广、宣传自己主页的一种方法，其主要作用有两点：

1）通过和其他站点的交换链接，可以吸引更多的用户点击访问。

2）搜索引擎会根据交换链接的数量，以及交换链接网站质量等对一个网站做出综合评价，这是影响网站在搜索引擎排名的因素之一。

通过友情链接来增加访问量是目前推广网站的好方法，不论是文字还是 Logo 链接，都会带来一定的流量。要注意的是，一定要在一些访问量较大的网站添加友情链接，最好要求对方在显眼的位置摆放，还要找与本网站内容相关或相近的网站进行链接，这样有利于提高排名。但是若主页上放过多的 Logo 链接会减慢网站首页的打开速度，因此，链接数量合适即可。

二、网站（店）流量

点击率是点击网页的独立 IP 数/浏览人数，网站（店）的点击率是网站（店）流量的一个代名词。什么是网站（店）流量？通常网站（店）流量是指网站（店）的访问量，是用来描述访问一个网站（店）的用户数量以及用户所浏览的页面数量等的指标，常用的统计指标包括网站（店）的独立用户数量、总用户数量（含重复访问者）、页面浏览数量、每个用户的页面浏览数量、用户在网站（店）的平均停留时间等。流量是决定一个网站（店）价值的关键因素，一个网站（店）没有流量就等于没人看，那这样的网站（店）就没有存在的意义。提高网站（店）流量是网上开店最重要的经营事项。

三、访问量与浏览量

通俗地说，访问量回答了"有多少人访问了您的网站"的问题，浏览量回答了"您的网页一共被浏览了多少次"的问题。例如，今天有甲、乙二人访问了您的网站，其中甲进入后看了 3 页，乙进入后看了 5 页，那么您的网站今天的访问量就是 2，浏览量就是 8。当然，服务器无法准确地判断浏览您的网站的人究竟有多少个，它是使用 IP 地址来区分用户的，同一个 IP 地址在一天之内的访问都被视作同一个人的访问。这种做法也符合目前大多数广告投入者的计算习惯。

项目八 网店推广

项目实训目标 2：
提高知名度——淘宝论坛

借助淘宝论坛提高您店铺的知名度，是推广网店最有效的方法之一。通过在淘宝论坛上发帖的方式，宣传自己的网上店铺，不仅可以提高网店的知名度，而且可以获得更多的潜在客户。

实训步骤

步骤一： 准备自己的论坛资料，登录淘宝网后，在首页单击"淘宝论坛"链接，打开"淘宝论坛"页面。在该页面导航栏中单击"卖家经验"选项，如图 8-6 所示。

图 8-6　单击"卖家经验"选项

步骤二： 在"卖家经验"页面，单击"发帖"栏目，并选择"帖子"按钮，如图 8-7 所示。

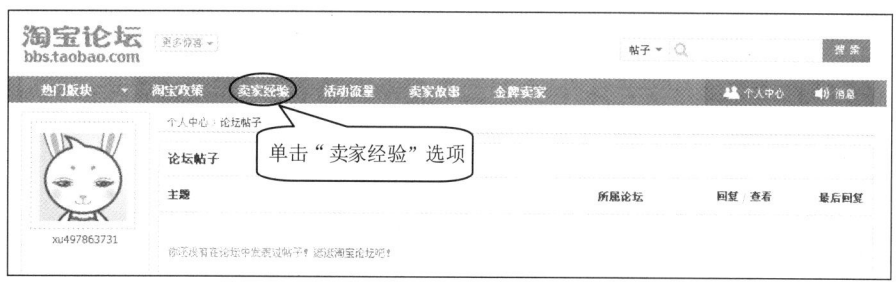

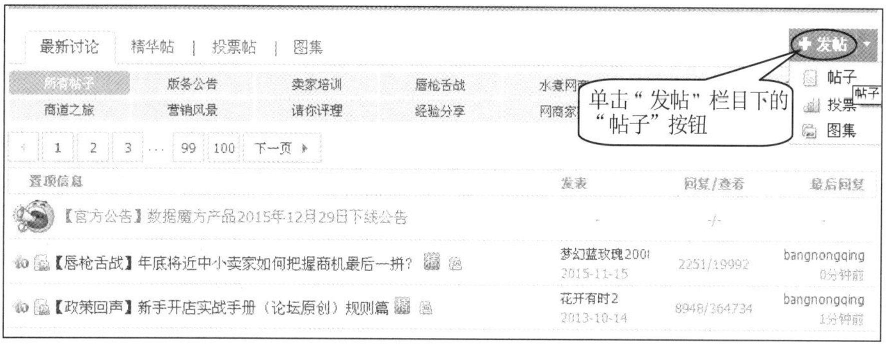

图 8-7　选择"发帖"栏目

步骤三： 进入"发表帖子"页面，了解《淘宝论坛用户发帖规则》，新手必读，如图 8-8 所示。

步骤四： 在打开的页面中填写帖子标题、发表版面、内容正文，单击"发表"按钮，如图 8-9、图 8-10 所示。

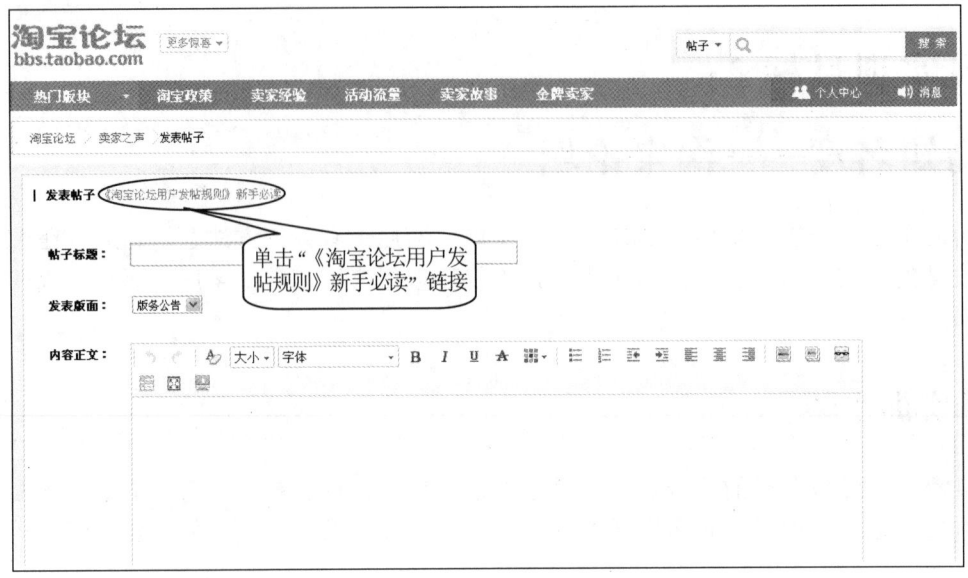

图 8-8　了解《淘宝论坛用户发帖规则》

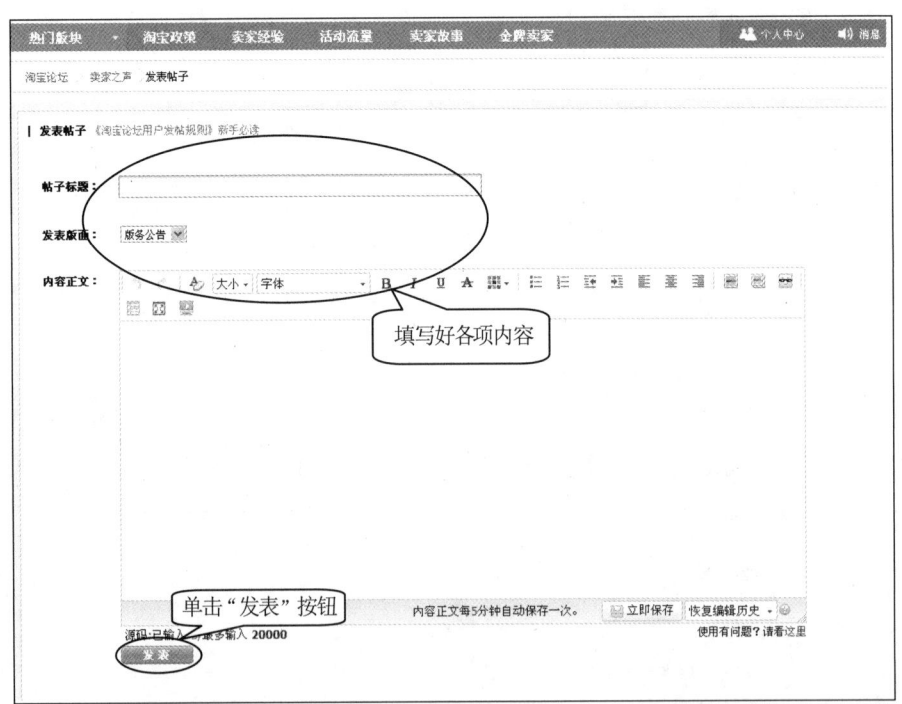

图 8-9　发表帖子内容

> **提示**：新手用户在发表新帖时，根据用户自身需要要必须要了解《淘宝论坛用户发帖规则》。

图 8-10　查看发布的帖子

知识链接

一、论坛与帖子

1. 论坛

论坛（Bulletin Board System，BBS，也叫作电子公告板）是互联网上的一种电子信息服务系统。它提供一块公共电子白板，每个用户都可以在上面书写，可发布信息或提出看法。它是一种交互性强、内容丰富及时的互联网电子信息服务系统。用户在 BBS 站点上可以获得各种信息服务，发布信息，进行讨论、聊天等。

像日常生活中的黑板报一样，论坛按不同的主题分为许多版块，版面的设立依据大多数用户的要求和喜好，用户可以阅读其他人关于某个主题的看法，也可以将自己的想法毫无保留地贴到论坛中。一般来说，论坛也提供邮件功能，如果需要私下交流，可以将想说的话直接发到对方的电子信箱中。在论坛里，人与人之间的交流打破了空间、时间的限制。在与他人进行交往时，无须考虑自身的年龄、学历、知识、社会地位、财富、外貌、健康状况，也无从知道交谈对方的真实社会身份。这样，参与讨论的人可以处于一个平等的位置与其他人进行任何问题的探讨。论坛对所有人都免费开放。

2. 帖子

一般把 BBS 上的"玩意"叫帖子。帖子基本都在论坛里出现，帖子的集合体就是论坛。网友在论坛里发帖回帖。帖子就是一篇文章，不过是比较简单的讨论某个问题的文章罢了。往往一个主题包括若干相关的帖子，讨论同一个问题。第一篇帖子成为一个主题，其他回帖跟在其后。主题里面还记录一共多少回帖及谁最后回帖等信息。总出现在论坛帖子列表最前面的帖子叫作"置顶帖"。

二、淘宝论坛发帖规则

1. 禁止挑衅和人身攻击

1）禁止攻击淘宝网和淘宝网用户。

2）禁止对论坛管理员进行人身攻击，经核查属实则拉黑并上报客服做账号冻结处理。

2. 禁止发布商家产品信息

禁止发布的产品信息包括：

1）宣传自己或他人店铺及在线销售的商品。
2）公开自己联系方式、店铺链接、商品链接、图片店铺等。
3）利用发布使用心得或相关知识发布商品广告。
4）推荐淘宝商品链接。
5）拉选票。
6）外网链接。
7）招聘信息资讯。

3. 禁止恶意灌水

1）连续在淘宝论坛同一论坛发表内容相同或相似文章或回帖三篇以上者，视为恶意灌水。
2）连续在淘宝论坛三个以上的论坛版块发表内容相同或相似的非原创文章者，视为恶意灌水。
3）24小时内在淘宝论坛发表无意义回复（包括回复内容为字母、表情、纯数字）达到五帖者可视为恶意灌水。
4）对于明显与上下文无关的帖子（如回复内容为所复制的粘贴歌词，引用与主题无关的他人回复等）达到五帖者可视为恶意灌水。

4. 禁止在论坛公布他人信息

1）禁止在论坛内以任何形式公布他人信息，如个人ID、姓名、QQ、邮箱、电话、家庭住址等。
2）"3.15"论坛因属于用户交易维权的专属版块，性质特殊，可在帖子内公布店铺ID，但是禁止公布他人真实信息，如姓名、电话和家庭住址等。

5. 禁止一文多发

在淘宝论坛三个以上的论坛版块（淘宝论坛特许的多版活动除外）发表内容相同或相似的原创、转载、活动宣传等文章者，视为一文多发行为。

项目实训目标3：
定制推广工具——淘宝直通车

淘宝直通车是为淘宝网卖家量身定做的推广工具，它能让淘宝网卖家在淘宝网上方便地推广自己的宝贝。

步骤一：登录淘宝，单击"卖家中心"栏目，在弹出的界面中单击左侧"营销中心"

下的"我要推广"选项,如图8-11所示。

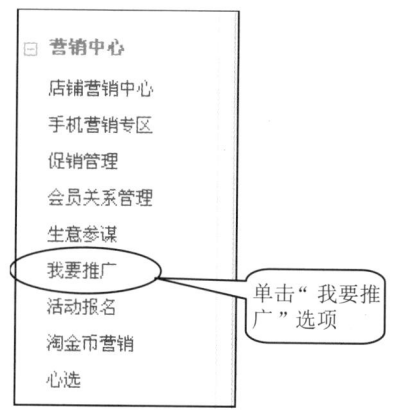

图8-11　单击"我要推广"选项

步骤二：在弹出的界面中单击"淘宝直通车"图标,进入直通车营销平台,单击"进入直通车后台"按钮,如图8-12、图8-13所示。

图8-12　单击"淘宝直通车"图标

图8-13　进入直通车后台

步骤三：进入淘宝直通车后台,单击"标准推广"选项,选择宝贝进行推广,如图8-14所示。

步骤四：当宝贝很多的时候,可以输入宝贝标题进行查找,如图8-15所示。

步骤五：选择新推广宝贝的创意图片,对宝贝添加创意,如图8-16所示。

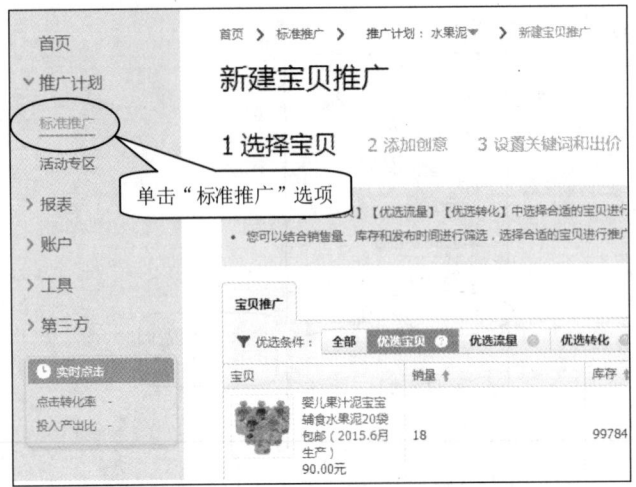

图 8-14　单击"标准推广"选项

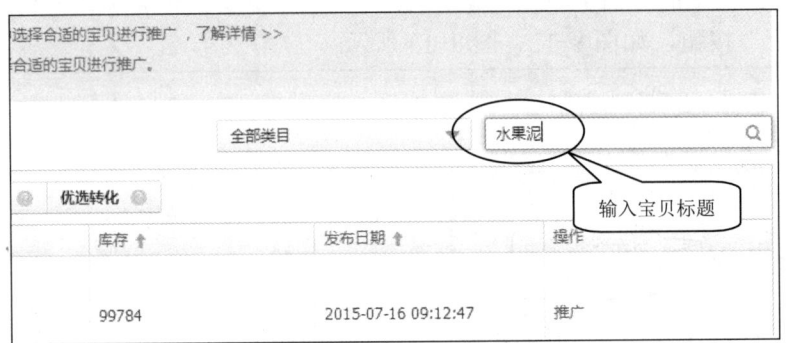

图 8-15　输入宝贝标题

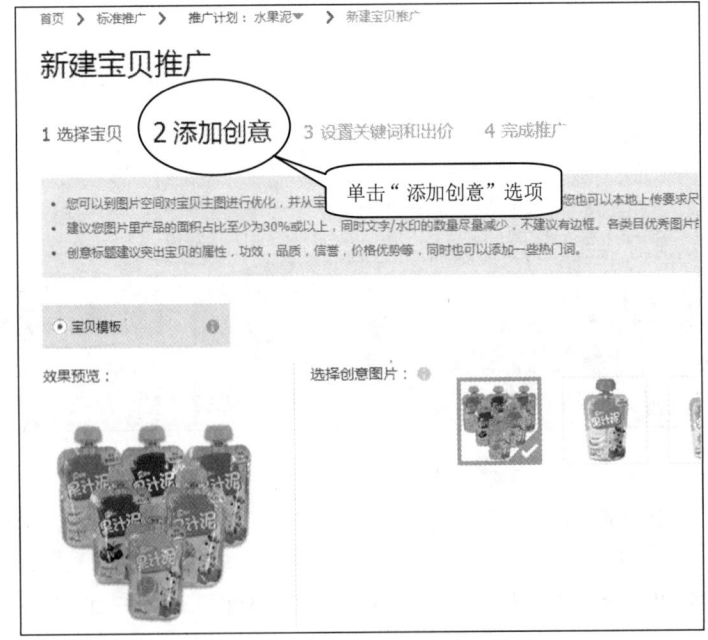

图 8-16　选择创意图片

步骤六：编辑宝贝标题，如图 8-17 所示。

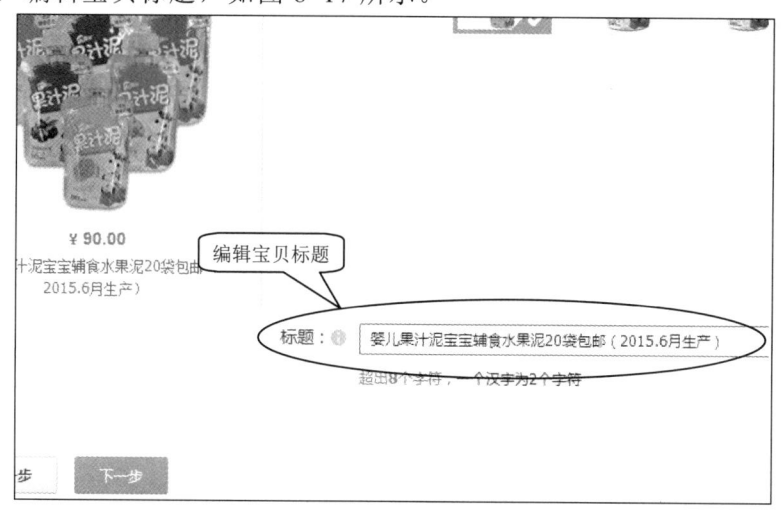

图 8-17　宝贝编辑页面

> **提示**：宝贝标题和宝贝简介都会在竞价广告中显示，所以在编辑时一定要描述清楚，参考"标题设置技巧"和"简介设置技巧"。设置好标题和简介一定不要忘了单击"保存"按钮。

步骤七：查询关键词，同步淘宝网搜索，查看到系统推荐的关键词，同时还可以查看关键词的"相关性"和"展现指数"，如图 8-18 所示。

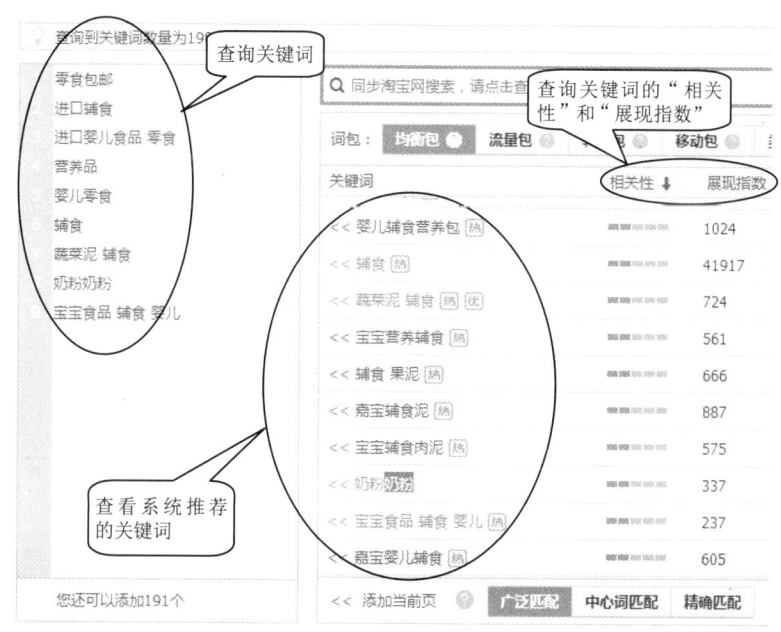

图 8-18　查询关键词

步骤八：选择关键词推荐区，对于心仪的关键词，可以直接单击选择，如图 8-19 所示。

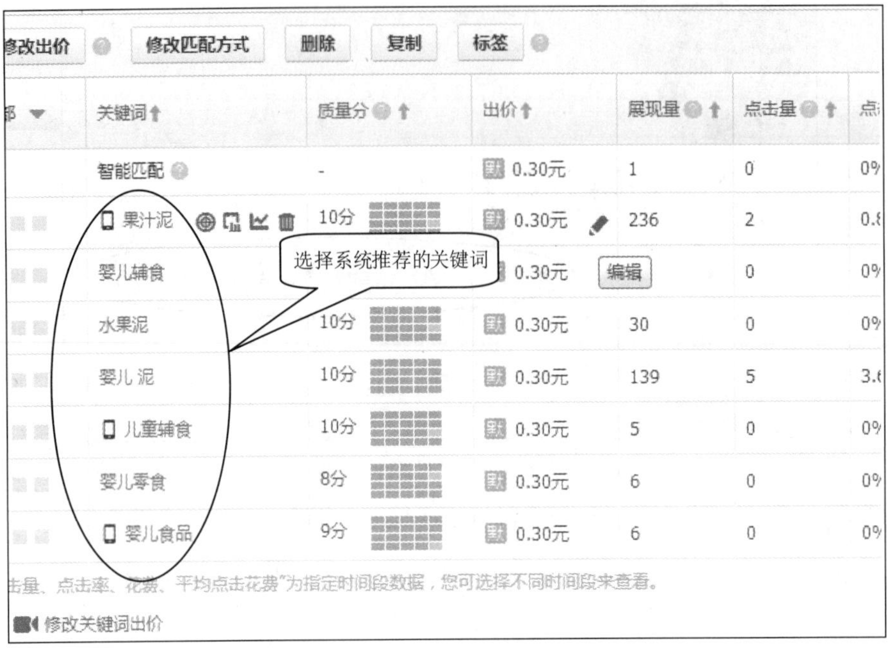

图 8-19　打开关键词推荐区，选择心仪关键词

步骤九：关键词选择好后，可以通过更改关键词"自定义出价"来提高排名，如图 8-20 所示。

步骤十：全部编辑完成后，单击"确定"按钮提交编辑好的内容，如图 8-21 所示。

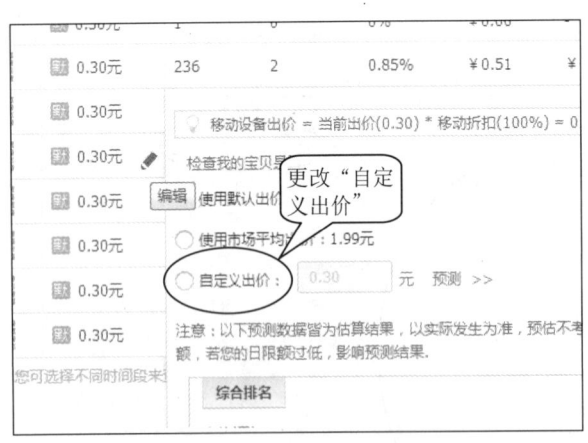

图 8-20　相关词推荐区

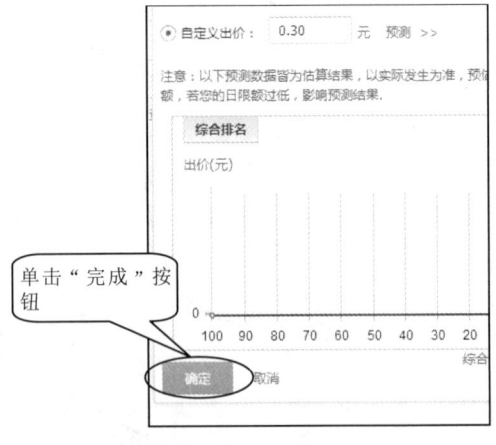

图 8-21　单击"确定"按钮保存编辑内容

> **提示**：宝贝推广使用的直通车属于收费项目。

项目八 网店推广

一、淘宝直通车简介

淘宝直通车是淘宝推出的一种通用推广方式,满足您同时推广多个同类型宝贝、传递店铺独特品牌形象的需求,特别适合向购买意向较模糊的买家推荐您店铺中的多个匹配宝贝,能有效地补充单品推广的局限性,为客户提供更广泛的推广空间。例如,您可以通过淘宝直通车为店铺推广设置推广位展现店铺形象,吸引买家进入到您店铺中所有连衣裙商品的集合页面。店铺推广可以推广除单个宝贝的详情页面外的店铺任意页面:分类页面、宝贝集合页面、导航页面,并通过为店铺推广页面设置关键词为卖家带来更多的精准流量。

目前店铺推广分关键词和定向两种推广投放方式:

1)店铺关键词推广是基于搜索营销的通用推广,用户通过店铺推广搜索可对店铺页面(首页或分类集合页)进行推广,通过设置与推广页面相关的关键词和出价,在买家搜索关键词时获得展现与流量,按照所获得流量(点击数)进行付费。

2)店铺定向推广是基于店铺形式的定向推广。它依靠淘宝网庞大的数据库,构建出买家的兴趣模型,从细分类目中抓取与买家兴趣点匹配的推广内容,展现在目标客户浏览的网页上,帮助店铺锁定潜在买家,实现精准营销。它不同于单品的定向推广,可以推广除单品详情页外的店铺任意页面,如店铺首页、导航分类页、活动页面或宝贝集合页面等。

二、淘宝直通车相关说明

1. 淘宝直通车的广告原理

1)您想推广某一个宝贝,就为该宝贝设置相应的关键词及广告标题、简介。

2)当买家在淘宝网上搜索商品,正好搜索到您购买的关键词时,您的广告就会出现。

3)如果买家点击了您的直通车广告,系统就会根据您设定关键词的点击价格来扣费,单次点击价格最低 0.1 元。如广告只是展示,没人点击,是不计费的。

2. 为什么要设置关键词

1)关键词是淘宝直通车的核心。它是指您为推广的宝贝设置的搜索关键词。

2)关键词的作用:当买家搜索到您设置的关键词时,您的广告会在搜索结果页面上出现。

3)关键词的价格:买家每点击一次您的直通车广告,您所需要支付的费用。

4)您可以根据自身情况调整关键词的价格。关键词价格的高低,直接决定了广告的展现排名位置。

5)您可以点击直通车系统中"关键词定价修改"来调整您的关键词及其价格。

3. 淘宝直通车的计费

1)采用预付款的方式(类似于预存手机费),没有任何服务费用,预付款全部是卖家的广告费用。第一次开户预存 500 元。

2）实际收费是按点击付费的，但每次点击您的广告所扣的并不一定是您的出价，而是在您下一位广告出价的基础上加 0.01 元，最高不超过自己的出价。如您的关键词出价 0.2 元排第一名，但是第二名的出价只是 0.1 元，则点击您的广告一次只扣取 0.11 元。

4．淘宝直通车广告每天的费用

淘宝直通车广告每天花多少钱完全可以由您自己控制。

1）使用不同流量的关键词，每天花的钱不一样。直通车广告按照点击付费，所以别贪图流量大的词，有时候更加精确的关键词带来的点击可能对您店铺的成交量更有帮助。

2）如果您初次使用直通车广告，没有太大把握，直通车系统有"日最高限额"设置，可以帮您控制每天的广告预算。

3）"日最高限额"默认设置 30 元，即如果当天您的消耗已经达到 30 元，系统会将您的推广暂时下线，等到第二天（零点过后）再重新上线，严格帮您控制成本。所以，在您还不熟悉操作以及没有找到规律之前，尽量不要尝试把限额调高，更不可以去掉。

5．淘宝直通车带来的效果

1）淘宝直通车是一个长线投资的推广方式，所以效果不会来得那么快，并不是投入 10 块钱就马上可以带来超过 10 块钱的收入。买家买东西，一般不会一看到就买，而会对比考虑一段时间。这是一个厚积薄发的过程，所以一定要控制好推广的节奏。

2）虽然淘宝直通车无法保证给您带来快速、直接的成交，但如果您掌握了适合您的使用方法与技巧（如选择合适的宝贝和竞价词，设置标题、简介），淘宝直通车一定会给您带来高质量的流量和潜在的买家。买家被广告吸引进来之后，如何留住买家、促进成交，就看您的啦！

3）您可以在淘宝直通车系统的"统计报表"中，查看每个关键词带来的点击量与花费情况。根据数据及时调整您的关键词和广告内容。

> **注意**：选择推广的宝贝千万不要过多，一个类型选择一款即可，手机、数码等具有明显型号的产品除外。

项目实训目标 4：
综合训练——网店推广

教学目的：在完成前三个项目实训目标的基础上，进行综合训练，提高网店推广的技巧和能力，提升自己店铺的人气，进而提高网店浏览量。

教学内容：网店推广综合实训。

要求：根据项目实训目标 1～3 的学习内容和要求，学生可以进行网店推广实训内容的操作，分组进行网店推广演练。

网店推广综合实训的内容和要求，见表 8-1。

表 8-1 网店推广综合实训的内容和要求

设置内容	具体要求
添加友情链接	与同消费群却无竞争关系的网店做友情链接 加入到友情链接里，互相宣传，吸引潜在的顾客
淘宝论坛	在"个人空间"中单击"发表新帖"按钮发表内容
淘宝直通车	了解淘宝直通车的价格和扣费标准

表 8-2 网店推广项目实训评价表

内容	评价标准				自评/分	组评/分	师评/分
	优（90～100 分）	良（76～89 分）	及格（60～75 分）	不及格（60 分以下）			
工作态度	积极、认真	比较认真	一般	不认真			
工作能力	超额完成并有所创新	按时完成	勉强完成	不能完成			
工作成果	成功完成添加友情链接、橱窗推荐、淘宝论坛及淘宝直通车的操作	成功完成添加友情链接、橱窗推荐、淘宝论坛的操作，了解淘宝直通车的基本知识。	成功完成添加友情链接、橱窗推荐的操作，了解淘宝论坛及淘宝直通车的一些基本知识	不能完成添加友情链接、橱窗推荐、淘宝论坛及淘宝直通车的操作			

巩固练习

一、判断题（正确的打"√"，错误的打"×"）

1．网店推广的秘诀就是利用一切可以利用的条件进行宣传。　　　　（　　）

2．橱窗推荐是淘宝卖家的特色功能，合理利用橱窗推荐位会大大提高宝贝点击率，在设置和要求上橱窗推荐与推荐宝贝是一致的。　　　　（　　）

3．淘宝论坛和帖子是一样的，都是每个用户可以在上面书写，可发布信息或提出看法的电子信息服务系统。　　　　（　　）

4．直通车采用预付款的方式，没有任何费用，实际收费是按点击付费的，广告每天花多少钱完全可以由您自己控制。　　　　（　　）

二、单项选择题（请将正确选项的代号填在括号中）

1．增加店铺浏览率的好方法是（　　）。
　　A．添加友情链接　　　　　　　　B．添加店铺商品橱窗推荐
　　C．参加淘宝活动　　　　　　　　D．加入淘宝论坛

2．淘宝提供给卖家的有特色功能的展示/推荐宝贝的位置之一是（　　）
　　A．店铺推荐　　B．橱窗推荐　　C．阿里旺旺推荐　　D．淘宝论坛推荐

3．在网上提供一块公共电子白板，每个用户都可以在上面书写，可发布信息，可进行讨论或聊天的是（   ）

　　A．发帖子　　　　B．淘宝论坛　　　　C．淘宝直通车　　　D．友情链接

4．让淘宝卖家方便在淘宝搜索推广自己的宝贝，淘宝为卖家量身定做的推广工具是（   ）

　　A．聚划算　　　　B．淘宝论坛　　　　C．淘宝直通车　　　D．友情链接

三、多项选择题（每题的备选答案中有两个或两个以上符合题意的答案，请将正确选项的代号填在括号中。）

1．按照链接路径的不同，网页中的链接一般分为以下（   ）类型。

　　A．内部链接　　　B．锚点链接　　　　C．外部链接　　　　D．双链接

2．怎样更好地利用橱窗推荐？（   ）

　　A．选择吸引人的宝贝　　　　　　　　B．页面要充分利用

　　C．选择合理时间　　　　　　　　　　D．多多留意身边的机会

3．提高知名度，宣传自己的网上店铺最好的方法是（   ）。

　　A．橱窗推荐　　　　　　　　　　　　B．参加平台推广活动

　　C．发帖子　　　　　　　　　　　　　D．淘宝论坛

4．淘宝直通车的广告原理是（   ）。

　　A．您想推广某一个宝贝，就为该宝贝设置相应的关键词及广告标题、简介

　　B．当买家在淘宝搜索商品、正好搜索了您购买的关键词时，您的广告就会出现

　　C．如果买家点了您的直通车广告，系统就会根据您设定关键词的点击价格来扣费，单次点击价格最低 0.1 元。如广告只是展示，没人点击，是不计费的

　　D．您可以根据自身情况，调整关键词的价格。关键词价格的高低，直接决定了您广告的展现排名位置

项目九

网店客服

 **学习目标**

了解网店客服工作流程，掌握通过旺旺、电话解答买家问题的客服技巧；能应用帮助买家更好地挑选商品的方法，提升网店的综合管理水平。具体的项目实训目标包括：

项目实训目标 1：充分运用沟通工具——阿里旺旺
项目实训目标 2：及时回复买家留言
项目实训目标 3：选择适合的宝贝配送方式
项目实训目标 4：售后服务不可忽视
项目实训目标 5：沟通的技巧
项目实训目标 6：综合训练——网店客服

 情景设置

客户服务是公司与客户群体最直接、最前沿的接口。一方面，客户服务人员可以将客户的意见、建议、想法、需求直接向公司进行反映，使得公司可以尽快地对客户的这些想法进行反馈。另一方面，公司新的产品、信息、服务等，可以通过客户服务渠道迅速地让客户知道。客户服务做得好就可以稳定现有的客户流，在市场上获得良好的声誉，同时获得更多的客户。如果做得不好或者根本没有，则您的店铺就会与客户产生距离，不容易和客户达成默契，甚至在发生危机的时候，无法进行有效的危机公关。

实训准备

☑ 教学设备准备：多媒体网络计算机教室或电子商务实训室。
☑ 教学组织形式：将学生 2~6 人分成一个小组，以小组学习为主。
☑ 项目学时安排：共 10 学时（其中，项目实训目标 1，2 学时；项目实训目标 2，2 学时；项目实训目标 3，1 学时；项目实训目标 4，2 学时；项目实训目标 5，1 学时；项目实训目标 6，1 学时；巩固练习，1 学时）。

项目实训目标 1：
充分运用沟通工具——阿里旺旺

阿里旺旺是淘宝网开发的一种即时沟通工具。它集成了即时文字、语音、视频沟通以及交易提醒、快捷通道、最新商讯等功能，是网上交易必备的工具，也是做好客户服务的重要渠道。阿里旺旺分为买家版和卖家版。

实训步骤

步骤一：打开淘宝网首页，进入"网站导航"下的"阿里旺旺"栏目，单击"我是卖家"图标，如图 9-1 所示。

图 9-1　单击"我是卖家"图标

步骤二：下载阿里旺旺免费软件，如图 9-2 所示。

图 9-2　下载阿里旺旺免费软件

步骤三：运行阿里旺旺，如图 9-3 所示。

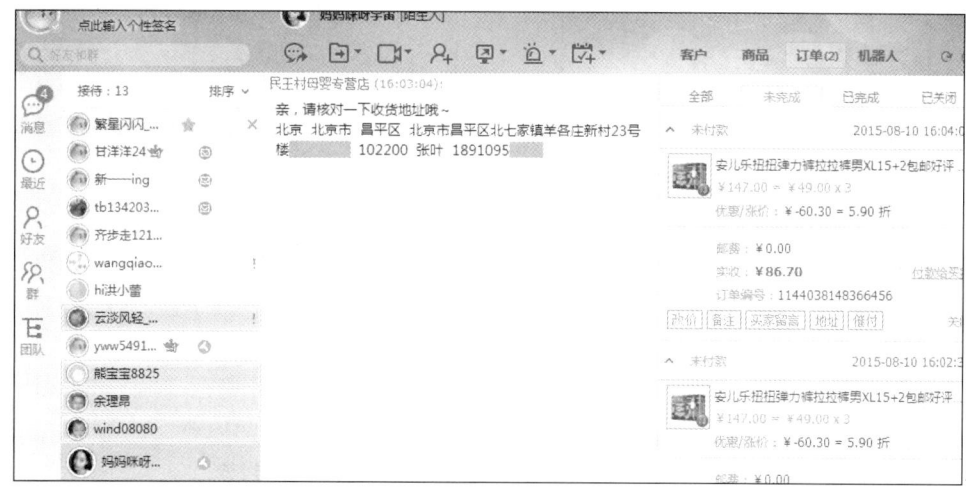

图 9-3　阿里旺旺页面

步骤四：创建联系人列表，进行多级分组，管理好买卖、朋友、亲人、同事和同学，如图 9-4 所示，创建"客服"多级分组列表。

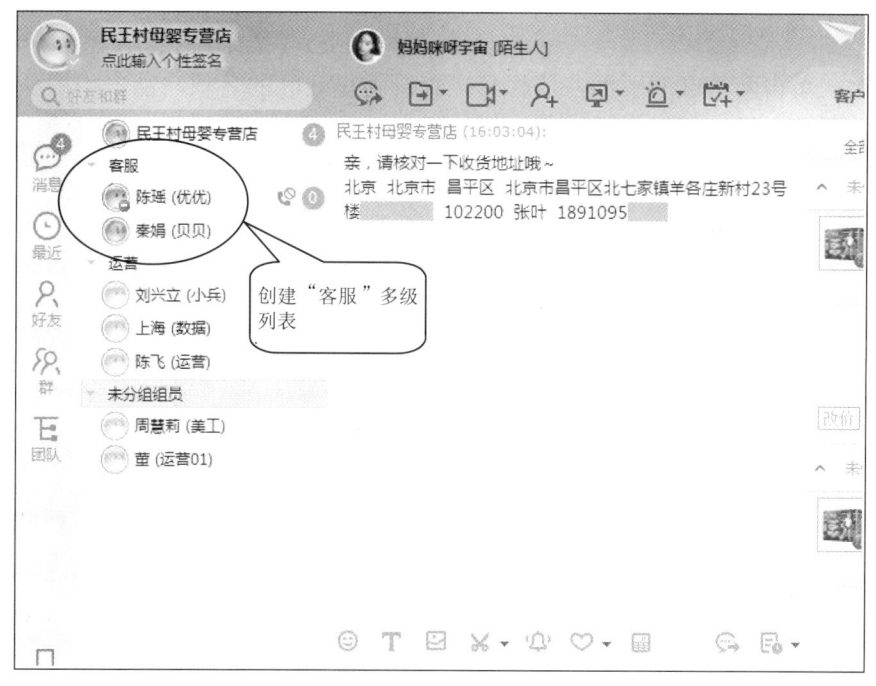

图 9-4　创建"客服"多级列表

步骤五：搜索功能可以搜索联系人和各大网站，不管是输入拼音还是汉字都可以搜索，如图 9-5 所示。

步骤六：群发功能可以同时给选中的多个好友传送文件，如图 9-6 所示。

图 9-5　搜索功能　　　　　　　　图 9-6　群发功能

步骤七：单击阿里旺旺页面左侧栏目，查看阿里旺旺的各项功能，如图 9-7 所示。

步骤八：单击添加好友图标，可以添加好友，如图 9-8 所示。

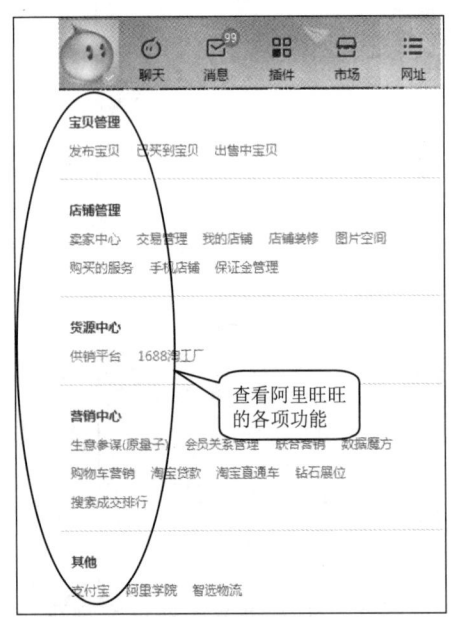
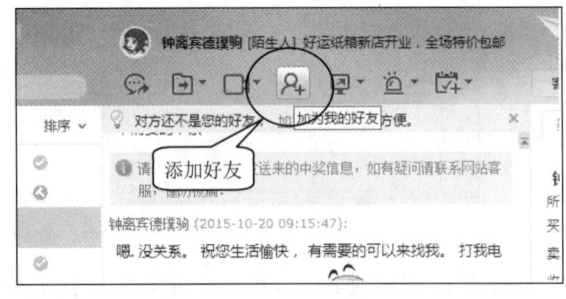

图 9-7　查看阿里旺旺的各项功能　　　　图 9-8　添加好友功能

步骤九：单击"消息记录"按钮，可以查看历史聊天记录，如图 9-9 所示。

项目九 网店客服

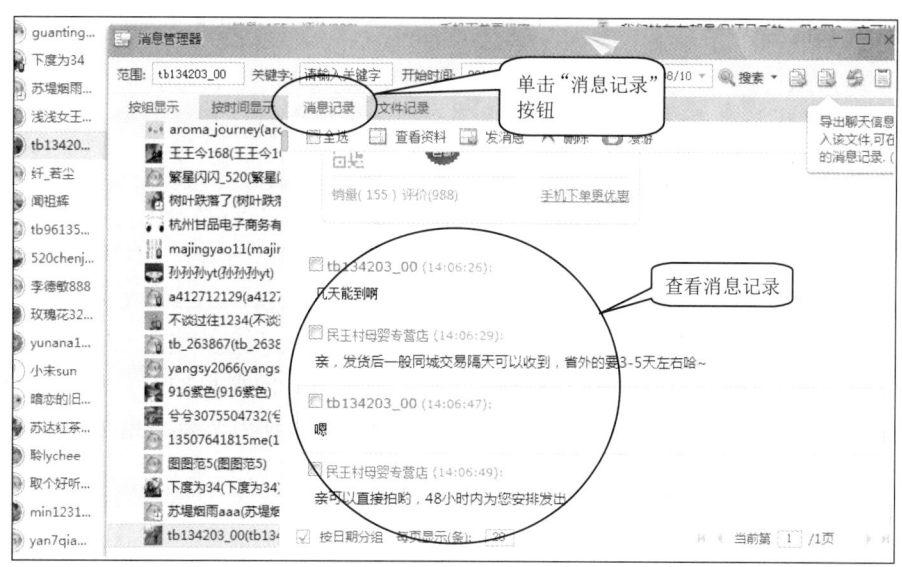

图 9-9 查看历史聊天记录

一、阿里旺旺的功能

1. 广交好友

您可以通过阿里旺旺寻找感兴趣的人交朋友、谈买卖，及时又方便。为了方便您快速添加好友，您有两种查找方式：

（1）按登录名查找　如果您想添加某人为好友，并已知对方的登录名，可以直接输入查找。

（2）按关键字查找　如果想要添加有相同爱好的人，或者查找对您的宝贝感兴趣的人，您可以输入相关词查找，如"游泳""化妆品"等。卖家可以修改自己的关键字，便于其他人找到自己。当然，如果您不想受到太多陌生人的骚扰，可以设置好友验证。只有通过您的验证，才能作为您的好友开始交谈。

2. 买卖沟通

网上沟通，您不仅可以进行即时文字交流，还可以进行语音、视频聊天。阿里旺旺为您提供了多种买卖沟通方式，通过文字、语音和视频沟通，能增加信任、促进交易。

（1）即时文字交流　直接发送即时消息，就能立刻得到对方回答，了解买卖交易细节。

（2）语音聊天　如果您觉得打字太慢、电话太贵，可以使用阿里旺旺的免费语音聊天功能，和对方自由交谈。

（3）视频聊天　耳听为虚，眼见为实。如果买家想亲眼看看要买的宝贝，您只需打开摄像头，使用免费视频影像功能，让买家安安心心买到心仪的宝贝。

167

3．酷炫表情

丰富的动态表情，让您在商业交流时随心选用，更贴切地表达心情，同时拉近彼此的距离，让谈生意变得更亲切、更容易。

4．阿里旺旺群

阿里旺旺群就像是朋友聚集的私人会所，是一个多人交流空间，能带给您以下好处：

1）可以扩大您的关系圈，与相同爱好的朋友群聊。

2）如果您是卖家，可以建立自己的店铺群，通过群公告及时推广最新宝贝信息等。

3）如果您是买家，可以迅速获得感兴趣的宝贝信息，向群里的其他朋友取经，了解到更多好的店铺，买到物美价廉的宝贝，也可以和群里的朋友一起发起团购。

4）无论是买家还是卖家，都可以互相交流生活、工作的经验。

5．交易工具

当您收到留言评价时，阿里旺旺会及时提醒您。此外，还有焦点图、计算器、记事本等工具，帮您打理网上商店。只要您的阿里旺旺在线，您收到的所有留言、评价、成交和投诉，阿里旺旺都会即时给您提示：

（1）留言提示　页面留言和店铺留言提示。

（2）评价提示　交易对象对您的评价提示。

（3）成交提示　宝贝买入和卖出信息提示。

（4）投诉提示　您所收到的投诉举报提示。

6．快速通道

阿里旺旺快速通道能提供非常多的便利。买家无须登录淘宝网，无须点击多个页面，只要直接搜索宝贝，就能进行网上购物了。

7．文件传输

与大多数即时聊天工具相比，阿里旺旺传输容量大、速度快，可以传输超大文件，快捷且安全。

二、网上与顾客沟通的六大原则

在网店经营过程中，卖家与顾客虽然不会直接面对面交易，但是与顾客打交道的时候更要注意技巧，否则，顾客流失的速度会比实体店经营要快得多，不顺利的沟通会使顾客马上关掉页面，离开您的网店。网上与顾客沟通的六大原则是：

1）预先考虑顾客的需求。

2）对顾客的差评要接受。

3）多为顾客着想。

4）满足顾客的期望和需求。

5）满足顾客的自我价值实现要求。

6）尊重顾客。

项目实训目标2：
及时回复买家留言

在现实生活中的实体店，买卖双方通常都是面对面进行沟通的。那么，在网上做生意如何与买家进行沟通呢？及时回复买家留言是网上进行沟通的一个重要通道。

步骤一：利用阿里旺旺上的买家留言。登录阿里旺旺，如果有买家的留言，系统会自动弹出买家的留言信息窗口，在窗口上方即可看到买家的留言内容，如图9-10所示。

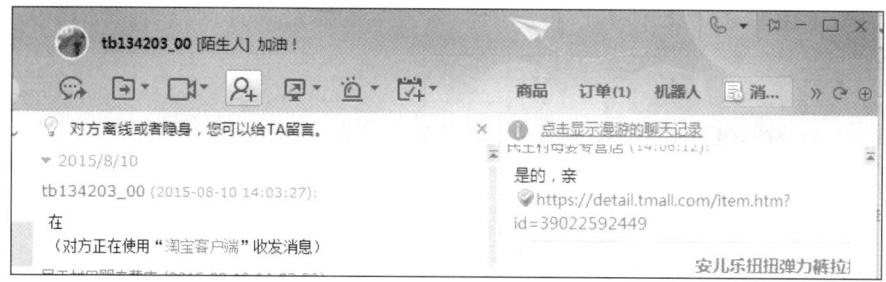

图9-10　查看买家留言

步骤二：在窗口下方的文本栏中输入回复内容，然后单击"发送"按钮即可，如图9-11所示。

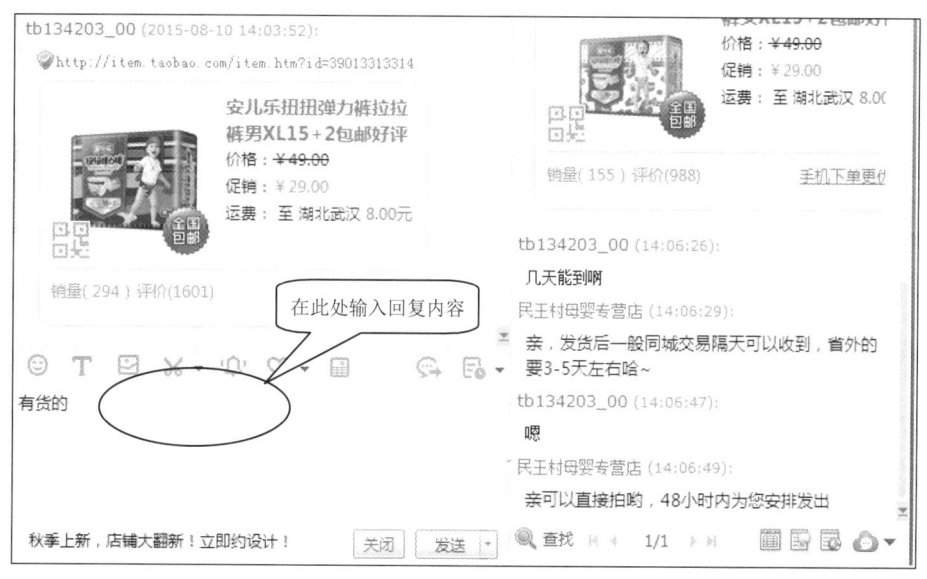

图9-11　回复买家留言

步骤三：利用站内信。进入淘宝网首页，在"卖家中心"页面顶部单击"站内信"链接，如图9-12所示。

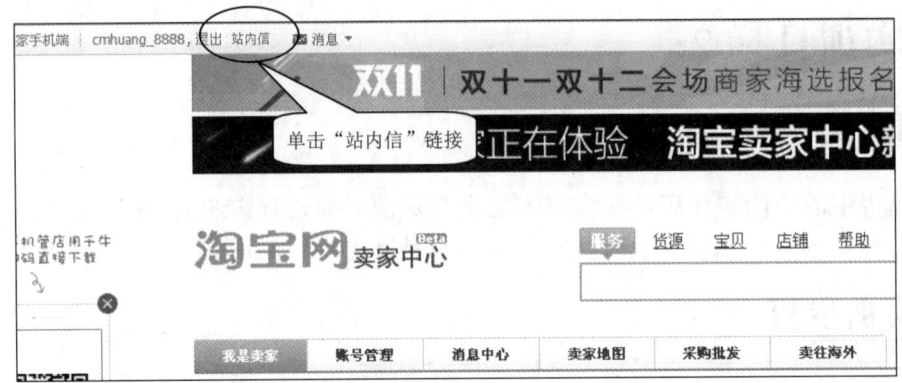

图 9-12　查看站内信

步骤四：在打开的"收件夹"页面中，单击买家发来的询问信件，如图 9-13 所示。

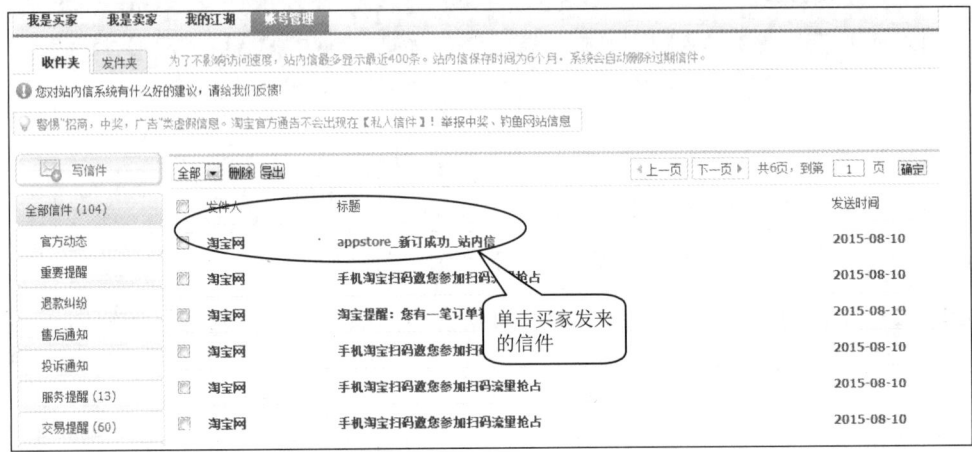

图 9-13　"收件夹"页面

步骤五：查看买家的询问内容，然后单击"写信件"按钮，对该信件进行回复，如图 9-14 所示。

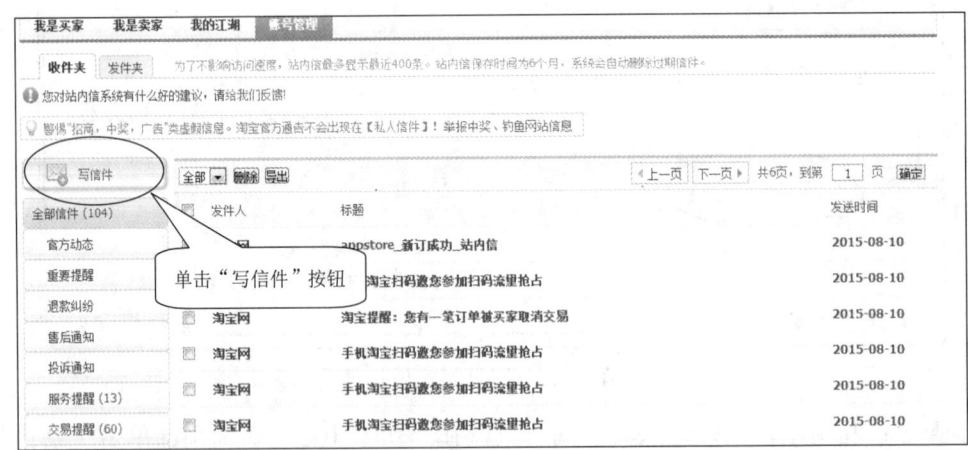

图 9-14　单击"写信件"按钮

步骤六：在打开的"写信件"页面中，在"我有话说"文本栏中输入需要回复的内容。输入内容完毕后，单击"回复"按钮，如图9-15所示。

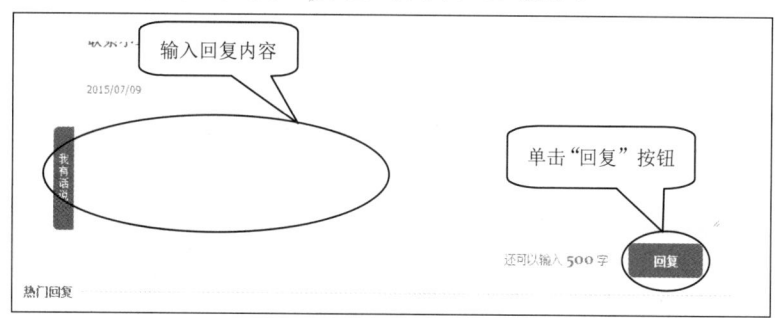

图9-15 输入回复内容

> **提示**：在发送新邮件内容时，不要忘了校验码的书写，在左下角的"选项"中选择是否"发送的同时保存到发件箱"。

步骤七：单击"发表"按钮后，在接下来的页面中即可看到"站内信发送成功！"的信息，如图9-16所示。

步骤八：利用页面上的买家留言。登录淘宝网，进入"我的淘宝"页面，在页面左侧的"我是卖家"栏中"客户服务"下，单击"咨询回复"链接，如图9-17所示。

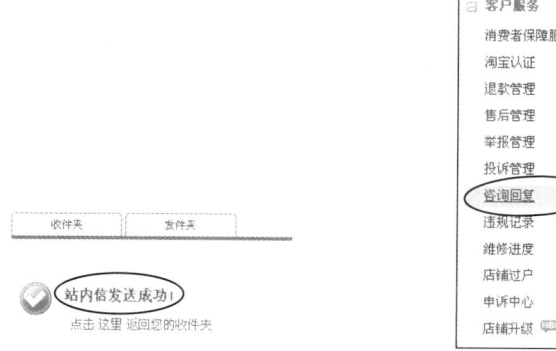
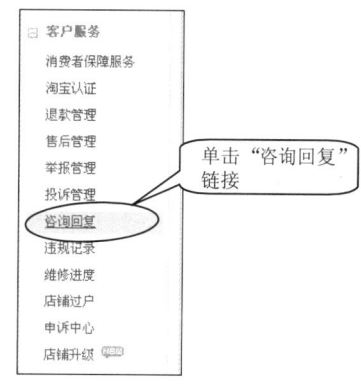

图9-16 显示"站内信发送成功"页面　　　　图9-17 单击"咨询回复"链接

步骤九：在打开的"宝贝留言/回复"页面中，找到买家的留言列表，并在右侧对应的"留言状态"栏中单击"等我回复"链接，如图9-18所示。

图9-18 "宝贝留言/回复"页面

步骤十：在打开的"等我回复"页面查看买家的留言内容，然后在"留言簿"栏中输入回复内容，并输入校验码，如图 9-19 所示。

步骤十一：单击"确定"按钮，在接下来的页面中即可看到回复成功的信息，如图 9-20 所示。

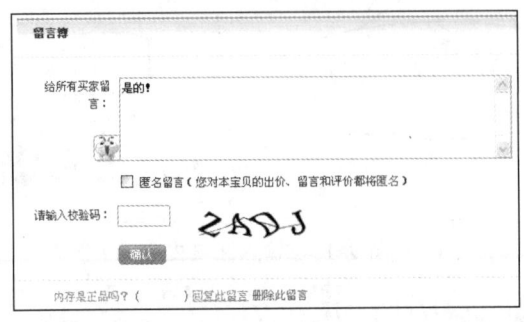

图 9-19　回复买家留言

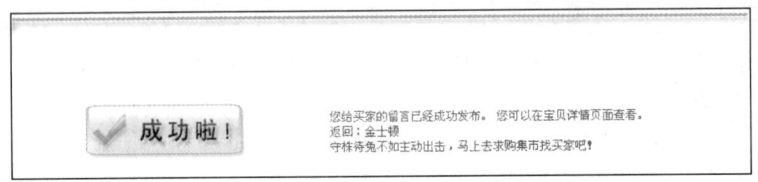

图 9-20　显示回复成功页面

> 提示："卖家回复/留言"和"买家回复/留言"的操作程序是一致的。

知识链接

一、淘宝卖家 PC 工作台——千牛

千牛——卖家一站式工作台，集成了即时沟通工具（旺旺）和商品管理、店铺流量实时监控工具等，是淘宝卖家的必备利器。

二、阿里旺旺与千牛的区别

全新阿里旺旺是中文站阿里旺旺与淘宝旺旺整合而成，它更聚焦于快捷方便的即时洽谈，更适合在 1688 网站上采购的用户。千牛工作台则集成了即时沟通工具（旺旺）和商品管理、店铺流量实时监控工具等，更适合网站管理需求的卖家用户。

三、千牛的优势

1. 聊天记录及好友同步

全新千牛实现原阿里旺旺中聊天记录及好友自动迁移功能，不必为丢失记录及好友烦恼。

2. 易用的小工具

任务中可以实时关注业务信息，同时常用入口还能满足不同的需求。

3. 便捷的操作界面

左侧是旺旺聊天窗口；中间是桌面插件：如店铺经营数据、专场活动推荐等；页面右侧是日用工具栏插件，如常用入口、商机助理、任务中心等。

4. 一键智能搜索

精准输入好友或群名进行搜索，单击"查找"按钮就能找到目标并发起会话，沟通变得如此快捷。

四、千牛快捷回复设置和使用

1）打开千牛聊天页面，如图 9-21 所示。

2）单击聊天输入框右上角的快捷短语图标，如图 9-22 所示。

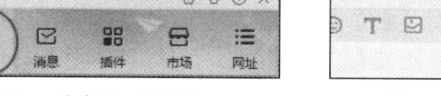

图 9-21　千牛聊天页面　　　　图 9-22　单击快捷短语图标

3）单击"新建"按钮，可以新建经常要使用的语句，如图 9-23 所示。

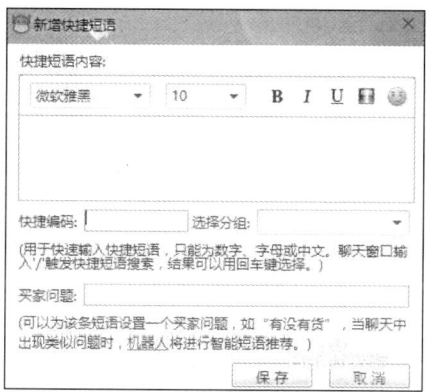

图 9-23　新增快捷短语

4）也可以导入已经编辑好的 CSV、XML 格式语句，如图 9-24 所示。

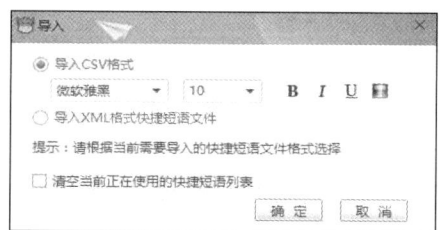

图 9-24　导入已经编辑好的 CSV、XML 格式语句

5）单击"导出"按钮可以把短语导出到桌面实现和小伙伴们共享，如图 9-25 所示。

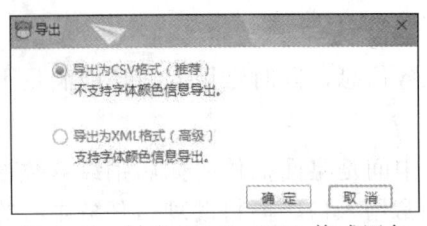

图 9-25 导出 CSV、XML 格式语句

6）只需要按一下键盘"？"键，即可在千牛聊天窗口输入快捷短语聊天了。

项目实训目标 3：
选择适合的宝贝配送方式

当买家付款到支付宝后，支付宝会通知卖家给买家发货，并且，支付宝会立即将这笔生意的状态显示为"买家已付款，等待卖家发货"。这时卖家就必须及时根据买家提供的邮寄地址将宝贝发出，紧接着，还要尽快完成确认发货的操作。

实训步骤

步骤一：登录淘宝网，进入"我的淘宝"页面，在"我是卖家"栏中单击"已卖出的宝贝"链接，查看宝贝订单，并等待买家付款，如图 9-26、图 9-27 所示。

图 9-26 单击"已卖出的宝贝"链接

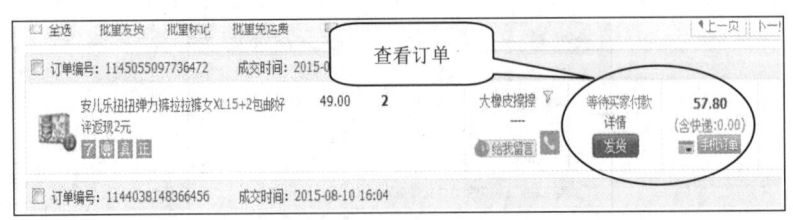

图 9-27 查看宝贝订单

步骤二：在打开的页面中，如果买家已付款，即可看到该宝贝的交易状态已改为"买

家已付款",然后单击"发货"按钮,如图9-28所示。

图9-28　单击"发货"按钮

步骤三：在打开的页面中，分别在对应的文本框中填写物流公司名称和运单号码，然后单击"确认"按钮，如图9-29所示。

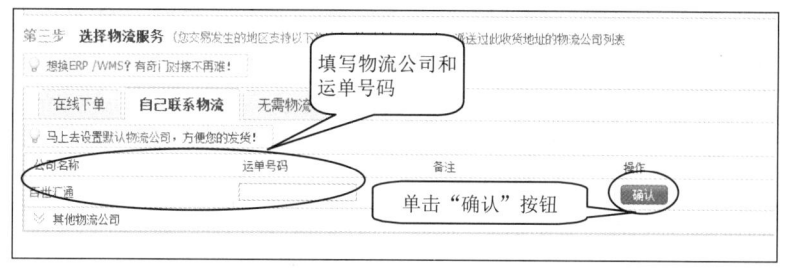

图9-29　填写物流信息

步骤四：查看物流信息和物流详情，如图9-30、图9-31所示。

图9-30　查看物流信息

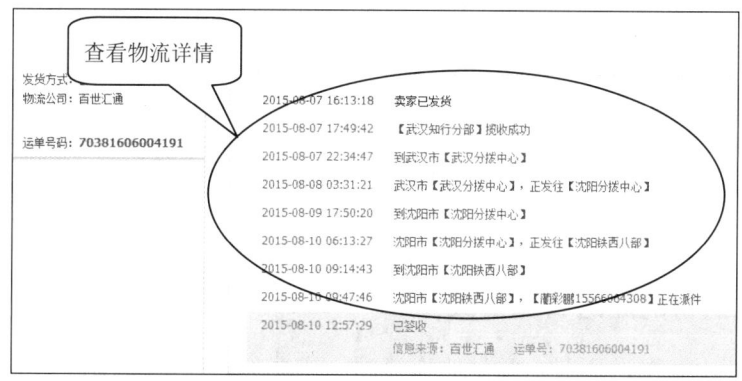

图9-31　查看物流详情

提示：如果发现填写的发货信息与实际发货信息不符，可以单击"修改收货信息"按钮，对之前的页面进行修改，如图9-30所示。

步骤五：支付宝会立即将这笔生意的状态改变为"卖家已发货，等待买家确认"，如图9-32所示。

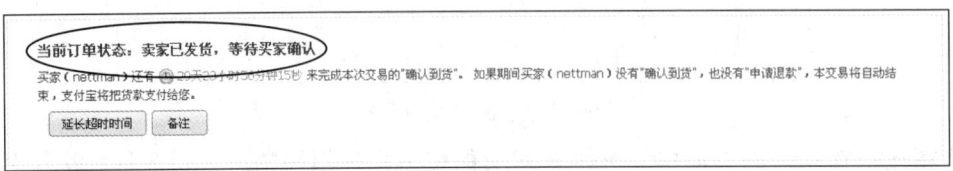

图9-32　卖家已发货，等待买家确认

提示：如果卖家需要查看这笔交易的详细信息，可以回到"已卖出的宝贝页面"，单击"详情"链接，在打开的页面中进行查看，如图9-33所示。

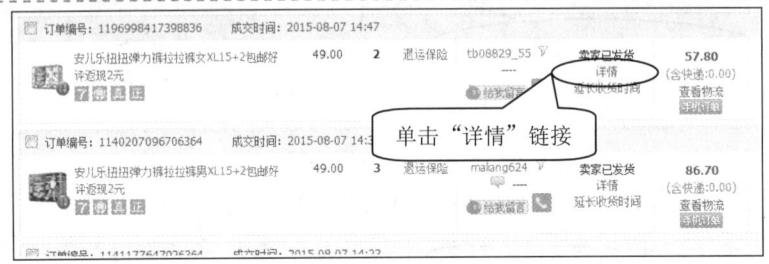

图9-33　查看订单详情

 知识链接

一、物流与配送的含义

1）物流是指物品从供应地向接收地实体流动的过程。在物品流动的过程中，根据实际需要，包括运输、储存、装卸、包装、流通加工、配送和信息处理等基本功能活动。

2）配送是指在经济合理区域范围内，根据客户的要求对物品进行拣选、加工、包装、分割和组配等操作，并按时送达指定地点的物流活动。

物流与配送关系紧密，在具体活动中往往交织在一起，为此，人们习惯把物流和配送连在一起表述。网络店铺的完整交易最终还必须"从天上落到地面"，即信息流、商务流、资金流完全可以在网上实现，离线状态下的实体交割则必须通过实体的物流配送来完成。

二、网上购物的配送物流形式

网上购物离不开配送环节，常见的物流配送方式如图9-34所示。

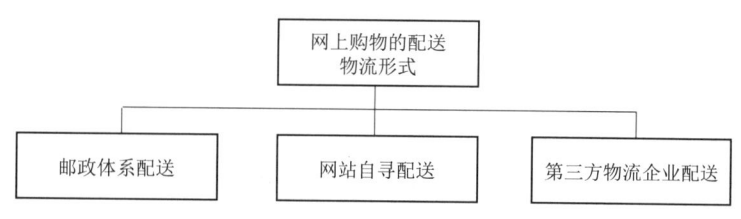

图 9-34　网上购物的配送物流形式

1. 邮政体系配送

邮政体系配送是指网站在其营业地点建立产品仓库，根据消费者网上购物清单和消费者家庭地址信息，办理邮政递送手续，通过邮寄手段（特别是 EMS 特快专递）将货物送到消费者手中的过程。这种方式的不足之处是：普通邮递速度慢，而 EMS 服务收费偏高。即使是 EMS 特快专递服务，也难以在购物当天把货物送达，而这一点恰恰是大多数消费者非常关注的。

2. 网站自寻配送

网站自寻配送是指网站在网民较密集的地区设置仓储中心和配送点，网站根据消费者购物清单和消费者家庭地址信息，由消费者所在地附近的配送中心或配送点配货并送货上门的过程。这种配送方式虽然可以满足消费者 "即购即得"的购物心理，但也存在如下问题：配送中心和配送点建设需要大量投资，将带来成本的增加，冲抵网络购物的优势。配送中心配送点需要建多少，事先难以确定，而且存货会带来库存风险。

3. 第三方物流企业配送

第三方物流企业配送是指网站根据消费者购物清单和消费者家庭地址信息，利用"第三方物流企业"的交通、运输、仓储连锁经营网络，把商品送达消费者的过程。另外,有不少物流公司，例如申通快递、天天快递等，为消费者提供特色的"门到门"的快递服务，使卖家发货和买家收货都更为方便快捷。但这种送货方式由于送货量往往较小，虽然送达消费者的时间较快，但送货费用一般比较高。

三、淘宝平台的物流配送方式

不管是阿里系的淘宝，或是天猫都属于非自主销售型的电商平台。这样的电商平台是不建设自己的物流配送系统的，淘宝、天猫的物流配送完全外包给第三方的物流公司来做，目前与圆通速递、中通速递、韵达快递、中邮 EMS 等第三方物流公司都有合作。

淘宝网规模庞大的零售服务，以及消费者的折扣及方便心理，导致淘宝网配送的是业务量大且体积小的商品，从而决定淘宝物流配送是小规模、多频次的格局。

淘宝网目前正在着力完善电子商务物流的配送体系，使之能更有效地降低物流成本，提高经济效益，以健全的体制来规范市场和配送流程，赢得良好的信誉和形象。

项目实训目标4：
售后服务不可忽视

网上交易成功后，买家收到货物，卖家收到货款，一般来说交易即告结束。可有些时候，买家拿到货物后感到不称心或者不合适，提出退货，该怎么办呢？商家应该主动向买家了解情况，查清买家不满意的原因，争取在考虑双方利益的前提下，最大限度地满足买家的要求。做好这一点，对提升网店的信用度和人气很重要。这是交易之外的服务，对网店长期经营交易有着重要的意义。

实训步骤

步骤一：登录淘宝网，进入"我的淘宝"页面，在"客户服务"栏中，单击"退款管理"选项，如图9-35所示。

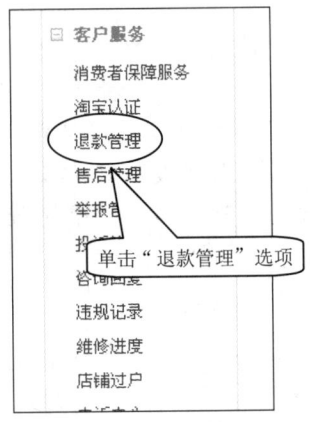

图9-35　单击"退款管理"选项

步骤二：进入"退款管理"页面，单击"退款（未发货）"选项，按退款的条款操作，如图9-36所示。

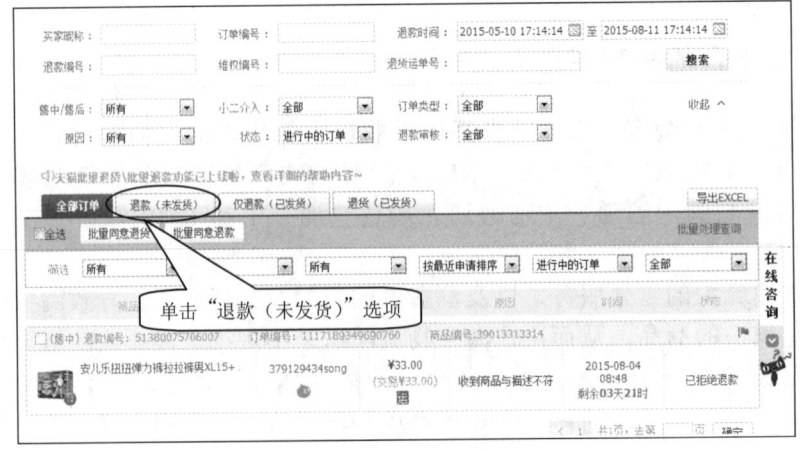

图9-36　进行退款操作

步骤三：进入"客户服务"页面，单击"举报管理"栏目，如图 9-37 所示。

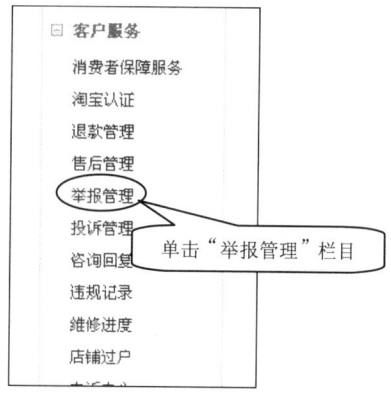

图 9-37　单击"举报管理"栏目

步骤四：进入"举报管理"页面，单击"我收到的举报"选项，在列表中查看，如图 9-38 所示。

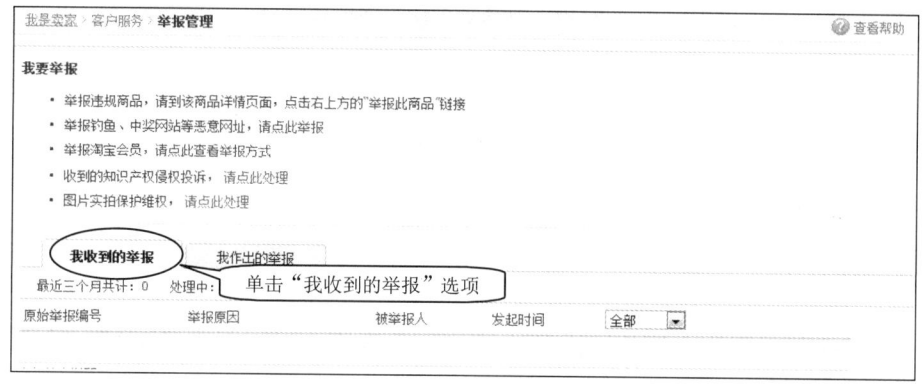

图 9-38　查看"我收到的举报"

步骤五：进入"我的淘宝"页面，在"客户服务"栏中选择"咨询回复"选项，回复买家提出的问题，如图 9-39、图 9-40 所示。

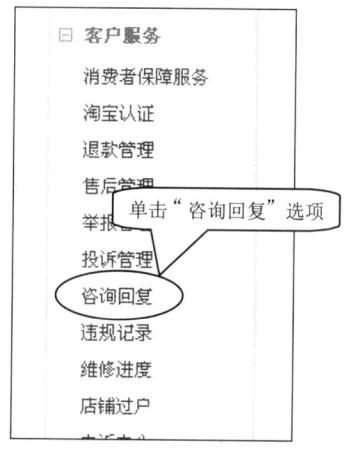

图 9-39　单击"咨询回复"选项

图 9-40　回复买家提出的问题

> **提示：** 卖家如果不确定是什么原因导致买家提出了退款申请，为避免不必要的误会，应该再次联系买家问明情况并进行协商，然后再决定是否同意买家的退款要求。

知识链接

　　网店的物流与实体店一样，首先必须考虑物流成本，同时也要考虑如何能够尽快将货物送到买家手中。所以，网店卖家必须仔细分析买家的区域分布，销售区域不同，采取的物流服务策略也应有所不同。例如，大城市因为电子商务普及，订货比较集中，适合采用专人送货等方式；对于偏远地区的订单，由于送货期较长、送货地点较分散等原因，适合利用现有的邮政系统进行配送。

　　选择物流方式时，一定要注意控制物流成本。尤其是当您把物流成本划归到商品价格中时，成本如果能降下来，利润就提高了。

　　电子商务的物流成本可能会比实体店铺销售方式的物流成本高。因为网店经营具有多品种、小批量、多批次、短周期的特点，这种分散的、多批次的小规模配送难以形成规模效应，无形中就提高了物流成本。

　　如果消费者自己到商店去购买一台电冰箱，商店提供免费送货服务，如一次送货费为 50 元，这时商店一般会将顺路的其他消费者购买的商品配装在一个送货车里一次完成送货。如果 5 台电冰箱同时送货，即使是免费送货，每台电视机的送货费用也就 10 元。但网上交易订单地点较为分散，公司或者是个人网店经营者很难将消费者的订货在一个较短的时间内集中起来并配装在一台送货车里，无形中就增加了送货次数，降低了送货批量，直接导致物流成本提高。物流成本由单个消费者负担，实际上

项目九　网店客服

就转嫁到了商品的价格里。而价格的优惠是网店经营者的优势所在,如果丧失了这种优势,就会形成对电子商务这种形式的威胁,所以电子商务服务商必须扩大特定销售区域内消费者群体的基数,如果达不到一定的物流规模,物流成本居高不下,就会失去电子商务本身的优势。

项目实训目标 5:
沟通的技巧

与顾客的良好沟通是网上店铺经营成功的关键因素之一。沟通一定要做到:及时、真诚、完善。沟通要把握买家的心态,沟通需要一定的技巧。

 实训步骤

步骤一:填写完整商品信息。网上商店的商品主要以图片的形式展现,它是和顾客沟通的主要途径。如果商家在发布产品图片时,把产品的性能、规格、重量、组成部分、配件材料等分项列出详细的介绍,让人看后一目了然,并在各个分类部分列出几点说明,做到有条不紊,能让买家更加认可您的产品,那么您和顾客的沟通已经成功了一大半,如图 9-41 所示。

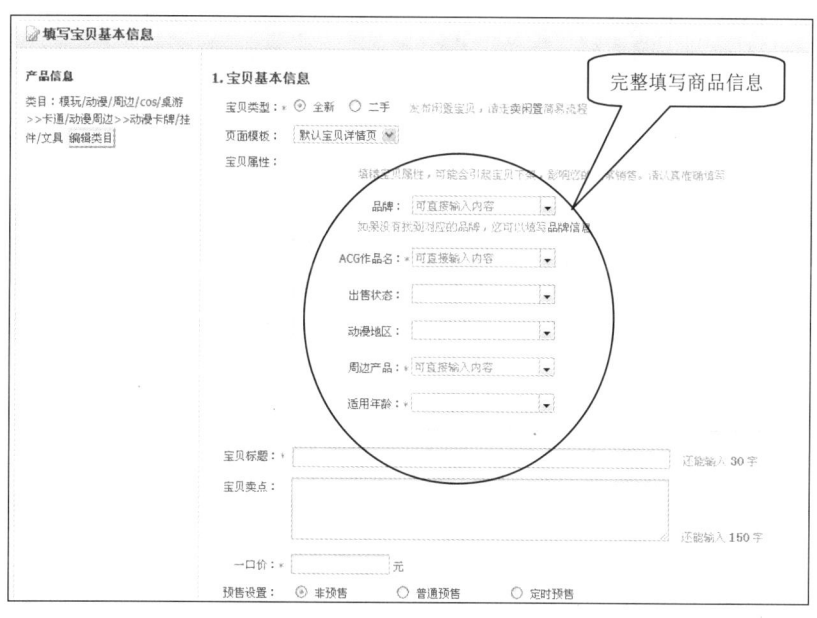

图 9-41　完整填写商品信息

步骤二:参与促销活动。参加促销活动后,在价格区域会显示活动价格,这样买家就能一目了然地知道各种价格,便于比价,方便买家更好地做选择,这也是一种无形的沟通方式,同时体现了卖家的诚信,如图 9-42 所示。

图 9-42　活动价格展示

步骤三：沟通语言亲和。作为网上商店，最应该把握的是人情因素，营销的真谛在于营造销售的氛围。与客户进行沟通时，要常用"您好""给您添麻烦了""真对不起了"等语言；发货后亲切地说声"货已发，请您查收"；成交后说"再次感谢您的光临"之类的话语。时逢节日有没有给买家、准买家、潜在买家发一句问候，一个祝福。这些看似简单的话语、简短的问候，常常会为您带来意想不到的商机，如图 9-43 所示。

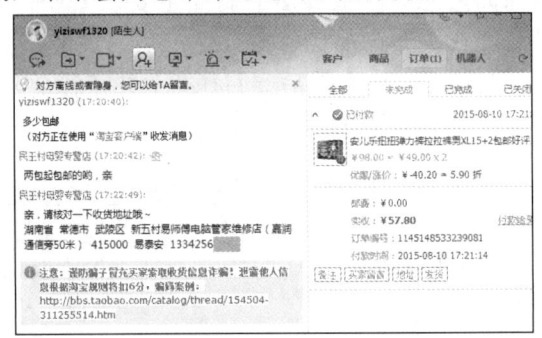

图 9-43　阿里旺旺的语言沟通

> **提示**：注意在 QQ 或是其他聊天工具中，与客户交流时要充分利用好文字的优势去挖掘心灵深处的情感，让对方感觉到您的真诚与实在。要知道，每一个人都是愿意接受真诚的朋友的。

知识链接

一、组织买家系列化

如何管理好众多买家是一项十分重要的工作。组织买家系列化，就是一种化繁为简、行之有效的管理方法。

1. 按买家对待产品的态度进行分类

1）忠诚买家。

2）品牌转移买家。

3）无品牌忠诚买家。

买家管理的重点是培养忠诚买家和率先使用者。

2. 按买家购买产品的金额进行分类

1）大买家，购买金额大，数量少。

2）小买家，购买金额少，数量多。

3）一般买家，介于第一类和第二类买家之间。

买家管理的关键是抓好第二类买家，照顾好第一类及第三类买家。

二、买家管理的沟通方式

对买家进行管理，实施巡视管理是一种非常重要、行之有效的管理方法。因为巡视管理的实质是倾听买家的意见和建议，与买家保持接触，所以有效的巡视离不开有效的沟通。通常的沟通方式有倾听、教育和帮助三种，如图9-44所示。

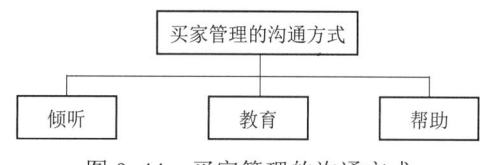

图 9-44　买家管理的沟通方式

1. 倾听

（1）要制定有效倾听的策略

1）反馈性归纳：不时地把对方谈话的内容加以总结并征求意见，如"您刚才说的话是这个意思吗?"这说明巡视管理者慎重考虑了买家的观点，并使买家有重申和澄清其本意的机会。

2）理解对方：在倾听买家所谈内容的同时充分理解买家的感情。

3）避免争论：当买家在讲一些没有道理的事情时，不要急于纠正。避免谈论有分歧的问题，强调双方看法一致的问题。

（2）要采用有效倾听的沟通方式

1）走访买家：深入买家中间，倾听他们的一些真实的看法和想法。

2）客户会议：定期把买家请来举行讨论会。

3）利用通信工具与买家沟通：一是认真处理买家的留言和邮件，及时消除买家的疑虑；二是安装免费的热线投诉电话来处理买家的抱怨。

2. 教育

引导买家树立正确的消费观念，教会买家如何淘到适合的宝贝。

3. 帮助

帮助买家解决购买、使用、维修中的所有问题，为买家提供优质服务。

项目实训目标6：
综合训练——网店客服

目的：在完成前五个项目实训目标的基础上，进行综合训练，掌握网店客服的技巧，提高网店客服的综合管理水平。

内容：网店客服综合实训。

要求：根据项目实训目标 1～5 的学习内容和要求，学生可以进行网店客服实训的操作，分组扮演买家和卖家角色，进行网店客服综合演练。

网店客服综合实训的内容和要求，见表 9-1。

表 9-1　网店客服综合实训的内容和要求

设置内容	具体要求
充分运用沟通工具——阿里旺旺	下载阿里旺旺免费软件，创建联系人列表多级分组，管理好买家、朋友、亲人、同事和同学，创建买家多级分组列表。利用群发功能，在买家、朋友中传送文件
及时回复买家留言	分别利用阿里旺旺、站内信、买家留言/回复给买家留言回复
选择适合的宝贝配送方式	完成查看所有订单、等待买家付款的商品，对已付款的订单准备发货，选择配送宝贝的方式，给买家留言及修改运费等操作
售后服务不可忽视	售后服务很重要，尽量满足买家的要求，不要让买家有被抛弃的感觉。维护好一个买家远比开拓一个新买家重要。所以我们要经常给买家一些问候（不要让他有烦的感觉），让买家觉得我们还没有忘记他。在已发货的情况下不要忘记给买家留言
沟通的技巧	在给买家留言及沟通上要运用一些技巧：①沟通一定要及时。如果开着阿里旺旺，人却不在，一定要在状态那里设置比较温馨的自动回复话语。②沟通一定要真诚。坦诚地介绍商品的优点与缺点，卖家不管卖什么，赚多少钱，诚信都要放在第一位。③沟通一定要把握买家心态。一般来说，从买家刚开始的三五句话可以得出他关注的是商品的哪些方面，甚至可以大致判断是不是会成交。把握买家的心理活动，想办法打消他们的顾虑，让他们觉得你的宝贝确实是物有所值的。④沟通一定要完善。有些卖家觉得买家把宝贝拍了，把款付了，自己发了货就完事了，这是不对的。发货前一定要与买家沟通，处处为买家着想，用诚心打动买家

网店客服项目实训评价表，见表 9-2。

表 9-2　网店客服项目实训评价表

内容	评价标准				自评/分	组评/分	师评/分
	优（90～100 分）	良（76～89 分）	及格（60～75 分）	不及格（60 分以下）			
工作态度	积极、认真	比较认真	一般	不认真			
工作能力	超额完成并有所创新	按时完成	勉强完成	不能完成			
工作成果	成功完成利用阿里旺旺交流、用几种方式及时回复买家留言、选择宝贝配送方式、开展售后服务及运用沟通的技巧等操作	成功完成利用阿里旺旺交流、用几种方式及时回复买家留言及宝贝配送方式的操作，了解售后服务及沟通的技巧等内容	成功完成利用阿里旺旺交流、至少用一种方式及时回复买家留言、了解宝贝配送方式、售后服务及沟通的技巧等内容	不能完成利用阿里旺旺交流、用几种方式及时回复买家留言、选择宝贝配送方式、开展售后服务及运用沟通的技巧等操作			

项目九 网店客服

巩固练习

一、判断题（正确的打"√"，错误的打"×"）

1. 客户服务是一个公司与客户群体最直接的、最前沿的接口。这项工作做得好，公司就能获得良好的声誉和更多的客户。这项工作做得不好会使公司与客户不能达成默契，甚至于发生某种危机。（　　）

2. 淘宝网的站内信是淘宝网开发的一种即时沟通工具。它集成了即时文字、语音、视频沟通以及交易提醒、快速通道、最新商讯等功能，是网上交易必备的工具。（　　）

3. 店铺交流区管理可以对店铺进行留言回复和删除等操作管理。（　　）

4. 在网上交易成功后，买家收到货物，卖家收到货款，交易就此结束。（　　）

5. 淘宝或天猫都属于非自主销售型的电商平台，这样的电商平台要建设自己的物流配送体系。（　　）

二、单项选择题（请将正确选项的代号填在括号中）

1. 阿里旺旺为您提供了文字交流、视频聊天和语音聊天等功能，这是阿里旺旺的（　　）功能。

　　A．广交好友　　B．买卖沟通　　C．文件传输　　D．酷炫表情

2. 在使用阿里旺旺时，您无须登录淘宝网，无须点击多个页面，只要直接搜索宝贝，就能进行网上购物了，这是因为阿里旺旺提供了（　　）功能。

　　A．文件传输　　B．快速通道　　C．交易工具　　D．阿里旺旺群

3. 买家拿到货物后，感到不称心或者不合适，提出退货，该怎么办呢？（　　）。

　　A．卖家应该主动向买家了解情况，查清买家不满意的原因，争取在考虑双方利益的前提下，最大限度地满足买家的要求

　　B．卖家应该无条件答应买家的退货要求

　　C．交易完成后，货款付清，不能退货

　　D．在卖家了解确实是货物的原因后，只能换货，不能退货

4. 作为网上商店，最应该把握的也是人情因素，营销的真谛在于营造销售的氛围，运用沟通技巧中的（　　）技巧，也许能给您带来意想不到的商机。

　　A．发布产品　　B．报价　　C．语言　　D．对话

5. 淘宝网规模庞大的零售服务，以及消费者的折扣及方便心理，导致淘宝网配送的是业务量大且体积小的商品，从而决定淘宝物流配送是（　　）的格局。

　　A．小规模、多频次　　　　　　B．大规模、多频次

　　C．小规模、少频次　　　　　　D．大规模、少频次

三、多项选择题（每题的备选答案中有两个或两个以上符合题意的答案，请将正确选项的代号填在括号中）

1. 阿里旺旺的功能主要有（　　）。

A．广交好友　　　B．买卖沟通　　　C．文件传输　　　D．快速通道
E．交易工具　　　F．酷炫表情

2．在回复买家留言中，通常应用（　　）留言方式。
A．阿里旺旺留言　　　　　　　　B．淘宝网中"站内信"留言
C．"我的淘宝"中"买家留言/回复"　D．通过发帖方式留言

3．自建物流体系的电商平台主要有（　　）。
A．一号店　　　B．京东　　　C．淘宝　　　D．当当网

4．与买家的良好沟通是网上店铺成功的关键因素之一。沟通中常用的技巧一般包括（　　）。
A．发布产品　　　B．报价　　　C．语言　　　D．对话

5．买家管理的沟通中采取的方式有（　　）。
A．倾听　　　B．走访　　　C．教育　　　D．帮助

项目十

微信开店

了解和掌握微信开店的方法与流程，具体的项目实训目标包括：

项目实训目标 1：注册微信公众号

项目实训目标 2：设置与管理微信公众号

项目实训目标 3：注册手机微店

项目实训目标 4：撰写一份开微店的可行性分析和开店计划的书面说明

 情景设置

微信是腾讯公司推出的一个为智能手机提供即时通信服务的免费应用程序。微信是支持跨通信运营商、跨操作系统平台通过网络快速发送语音短信、视频、图片和文字（需消耗少量网络流量），支持多人群聊的手机聊天软件。

目前，微信开店的方式有：①依托已开通的订阅号，利用其他平台开店，如有赞、微订等；②借助下载微店 App 绑定个人微信号开店；③用已开通微信支付功能的认证服务号，在公众平台自助申请微信小店功能（用于企业，需提供企业资质证明）等。无论采用哪一种方式，管理并运用好微信公众号，都可为微信店铺聚集大量人气。本项目主要介绍微信公众平台的申请与管理，以及如何利用手机下载微店 App 进行开店。

实训准备

☑ 教学设备准备：多媒体网络计算机教室或电子商务实训室。

☑ 教学组织形式：将学生 2~6 人分成一个小组，以小组学习为主。

☑ 项目学时安排：共 10 学时（其中，项目实训目标 1，2 学时；项目实训目标 2，2 学时；项目实训目标 3，2 学时；项目实训目标 4，2 学时；巩固练习，2 学时）。

项目实训目标1：
注册微信公众号

 **实训步骤**

步骤一：登录 https://mp.weixin.qq.com，进入微信公众平台首页，单击页面右上方的"立即注册"链接，如图10-1所示。

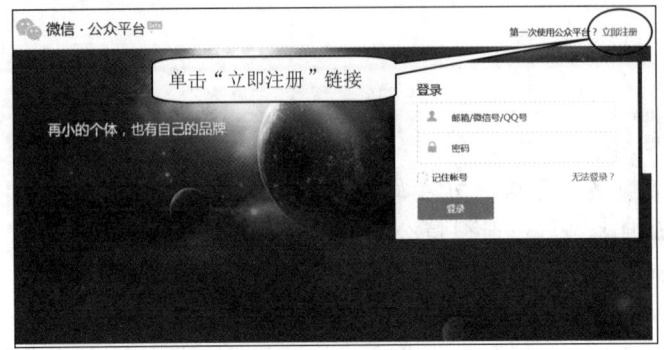

图10-1　微信公众平台首页

步骤二：在"基本信息"界面输入相关信息，单击"注册"按钮，如图10-2所示。

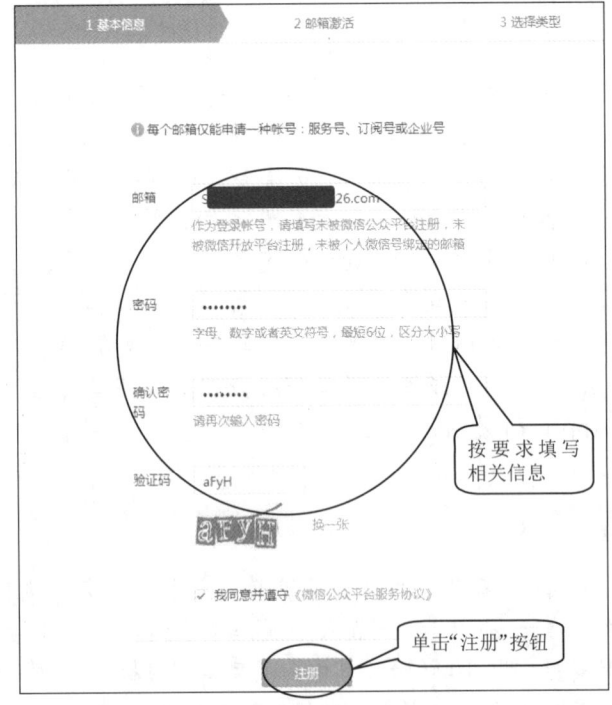

图10-2　填写基本信息

步骤三：在"邮箱激活"界面中，单击"登录邮箱"按钮，如图10-3所示。

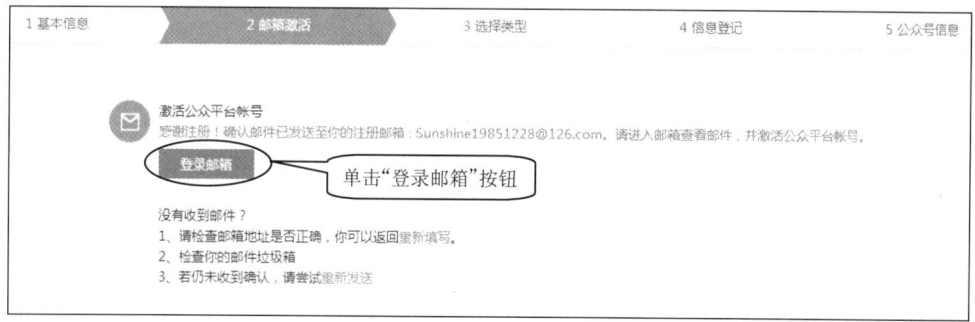

图 10-3 进行邮箱验证

步骤四：系统自动跳转到邮箱中，可看到微信公众平台发送的激活邮件，单击链接激活账号，如图10-4所示。

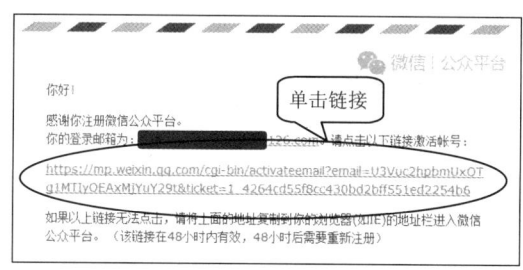

图 10-4 激活账号

步骤五：激活后，系统跳转到微信公众平台，在"账号类型"界面中选择"订阅号"，如图10-5所示。

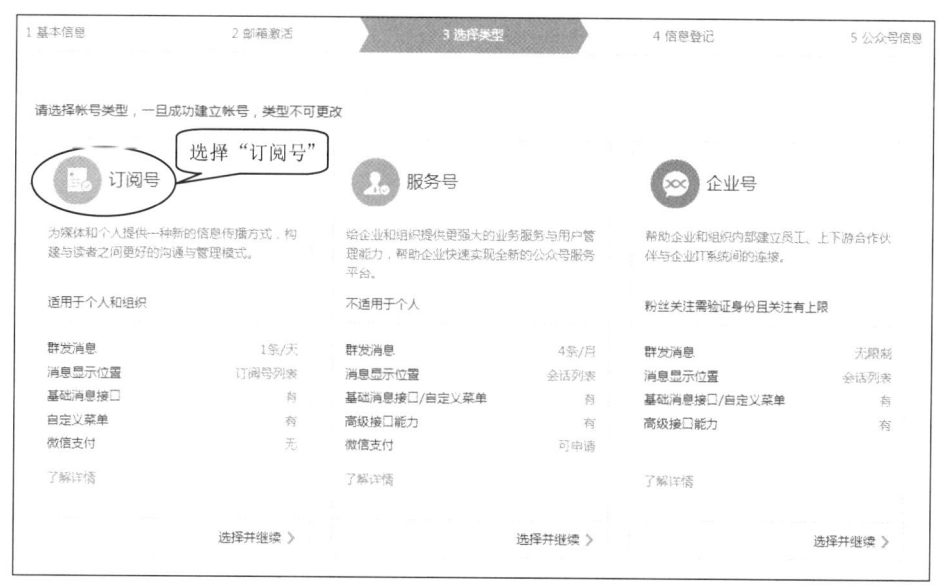

图 10-5 选择"订阅号"

提示：微信公众号分为订阅号、服务号和企业号，个人目前只能注册订阅号。

步骤六：在信息登记界面填入运营者的信息，并用绑定了运营者本人银行卡的微信扫描二维码，单击"继续"按钮，如图10-6所示。

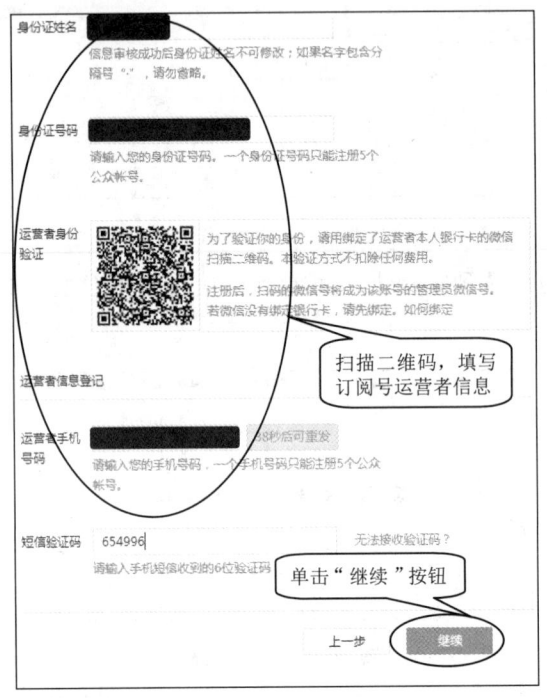

图10-6　填写运营者信息

步骤七：输入账号名称及功能介绍，单击"完成"按钮，如图10-7所示。

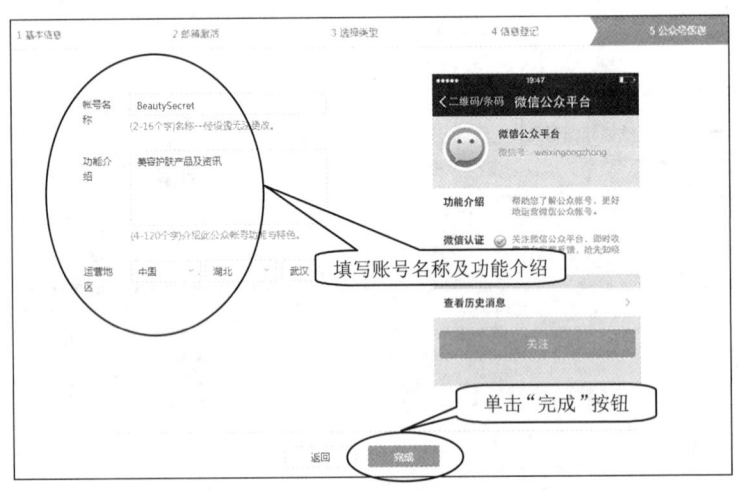

图10-7　输入账号名称及功能介绍

步骤八：系统弹出注册成功的对话框，表示成功创建一个微信公众号，如图10-8所示。

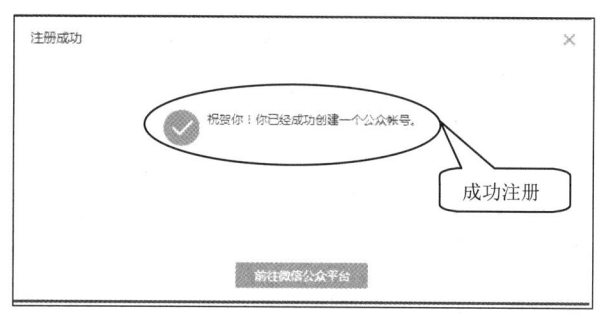

图 10-8　成功创建微信公众号

步骤九：开通一个微信公众号，并将开通详情记录在表 10-1 中。

表 10-1　微信公众号注册信息记录表

内　　容	你　的　记　录
申请邮箱	
身份证姓名	
运营者身份认证	
绑定银行卡	
账号名称	
功能介绍	
运营地区	

知识链接

一、公众账号注册需要准备的材料

注册微信公众号需要准备的材料如表 10-2 所示。

表 10-2　公众账号注册需要准备的材料

公众账号注册需要准备的材料				
政 府 类 型	媒 体 类 型	企 业 类 型	其他组织类型	个 人 类 型
政府全称	组织名称	企业名称	组织名称	身份证姓名
运营者身份证姓名	组织机构代码	营业执照注册号	组织机构代码	身份证号码
运营者身份证号码	运营者身份证姓名	企业对公账户	运营者身份证姓名	运营者手机号码
运营者身份验证	运营者身份证号码	运营者身份证姓名	运营者身份证号码	
运营者手机号码	运营者身份验证	运营者身份证号码	运营者身份验证	
	运营者手机号码	运营者身份验证	运营者手机号码	
		运营者手机号码		

二、证件登记次数限制

1）运营者身份证姓名就是运营者姓名。

2）同一个身份证（不支持临时身份证）可登记 5 次信息。目前仅支持中国内地年满 18 周岁的公民用身份证进行信息登记（不包含我国港、澳、台地区）。

3）同一个手机号码，可登记 5 次信息。支持填写中国内地的手机号码（不包含我国港、澳、台地区），其他国家的手机号码暂不支持。

4）同一个公司可以注册和认证 50 个公众号，其他类型组织同一个机构可注册和认证 50 个公众号。

5）目前只支持填写国内的营业执照（不包含我国港、澳、台地区）进行信息登记，其他国家地区暂未开放。

三、微信公众平台的优势和作用

（1）营销成本低廉　传统的营销推广成本高，而微信软件本身的使用是免费的，使用各种功能都不会收取费用，微信时产生的上网流量由网络运营商收取比较低廉的流量费，也就是说微信从注册、开通到使用几乎都是免费的，那么，通过微信开展的微信营销活动的成本自然也是非常低的。

（2）营销定位精准　微信公众账号让用户的分类更加多样化，可以通过后台的用户分组和地域控制，实现精准的消息推送，也就是说可以把不同的用户放在不同的分类下面。在信息发送的时候，可针对用户的特点实现精准的消息推送。

（3）营销方式多元化　相对于单一的传统营销方式，微信则更加多元化，微信不仅支持文字，更支持语音以及混合文本编辑。普通的公众账号可以群发文字、图片、语音三个类别的内容；而认证的账号有更高的权限，能推送更漂亮的图文信息，尤其是语音和视频，可以拉近和用户的距离，使营销活动变得更生动，更有趣，更利于营销活动的开展。

四、微信公众平台的营销方式

（1）图片广告　微信公众账号每天精选一些有价值的新闻、资讯等富媒体推送给订阅用户，并在在文章的插图或者最后面，附上一张精心设计的广告图一目了然，不仅不影响用户体验，还能实现广告传播效果最大化。

（2）植入广告　在推送的富媒体内容上植入广告内容，比如在文章、图片中提到某些品牌的名字、广告词等，这类广告不露痕迹，不易引起用户抵触。基于数量巨大的用户对微信账号的高度认可，这类广告效果效果也不错。

（3）纯粹广告　某些信息发布类媒体的微信公众账号可以定期整理一定数量的"纯粹"广告进行发布，广告内容本身就是用户需要的一种服务，广告自然效果最佳。

项目实训目标 2：
设置与管理微信公众号

 实训步骤

步骤一：进入微信公众平台主页，单击"公众号设置"按钮，在右边"头像"区域单击"修改头像"链接，在计算机上选择图片并进行上传，即可为账号设置头像，如图10-9所示。

图10-9　设置订阅号头像

提示： 微信订阅号的头像一个月可以更换5次。

步骤二： 单击的"安全中心"按钮，单击"风险操作保护"栏目右侧的"详情"链接，如图10-10所示。

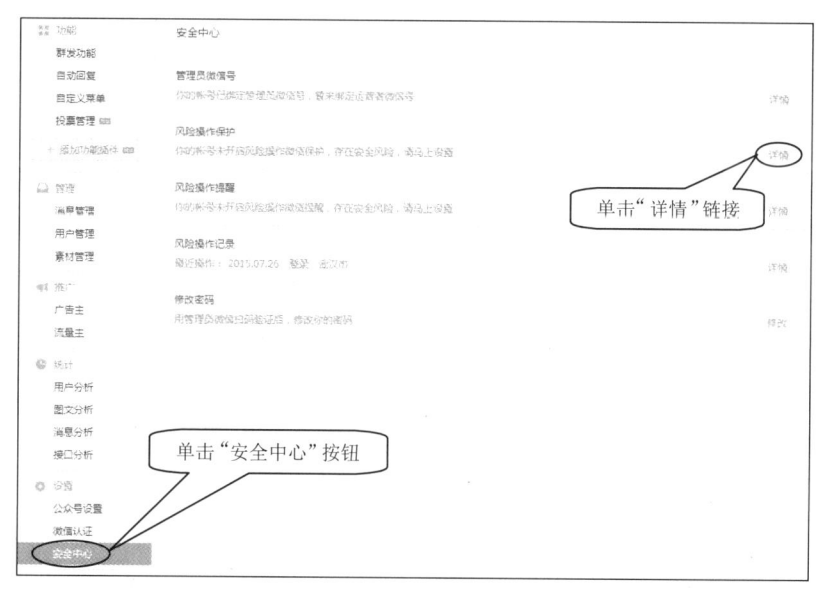

图10-10　单击"安全中心"按钮

步骤三： 界面显示"未开启风险操作保护"，单击"开启"按钮，如图10-11所示。

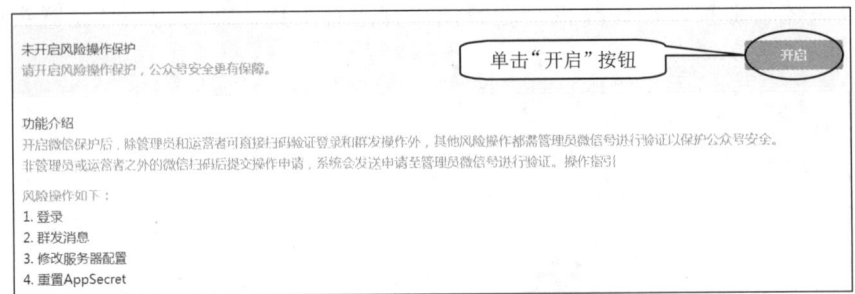

图 10-11　开启安全保护

步骤四：弹出二维码，用管理员（即微信开通者）手机微信扫描该二维码，如图 10-12 所示。

图 10-12　扫描二维码

步骤五：在管理员手机微信中操作，单击"确定"按钮，即开启微信保护成功，如图 10-13、图 10-14 所示。

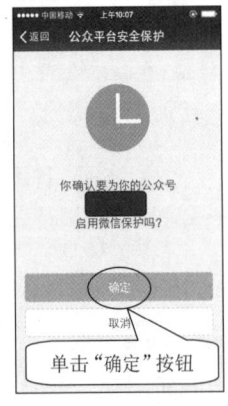 

图 10-13　确定启用微信保护　　　　图 10-14　开启微信保护成功

> **提示**：设置安全平台保护可避免公众号可能遇到的风险，保护公众号安全。同时，编辑素材并群发时也要求公众号是开启微信保护的。

步骤六：微信公众平台一个重要的功能是能够给关注此公众平台的用户推送消息。单击"素材管理"按钮，在文章编辑界面填入标题，上传封面图片，编辑正文，在编辑完成后保存，如图10-15所示。

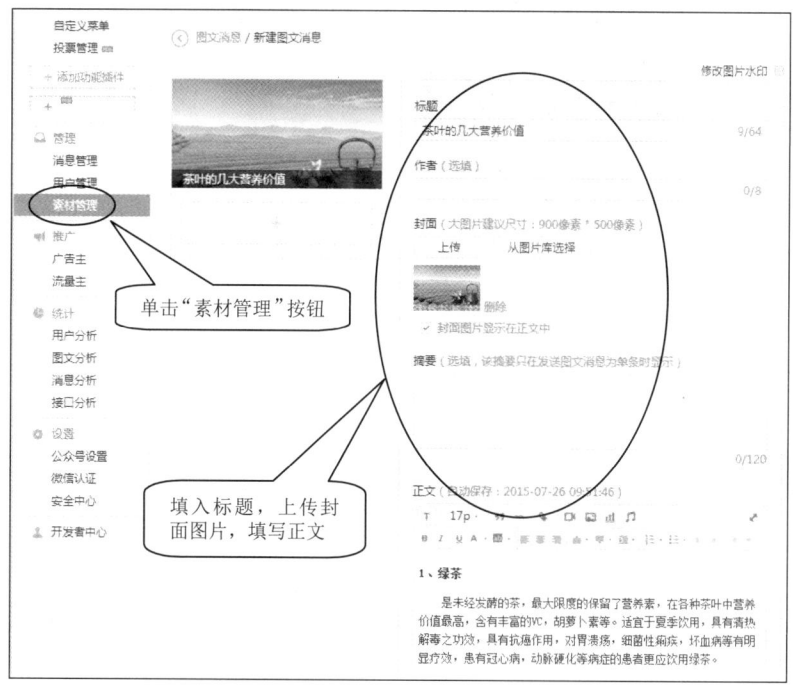

图10-15　图片、正文编辑

步骤七：单击"群发功能"按钮，单击"从素材库中选择"图标，如图10-16所示。

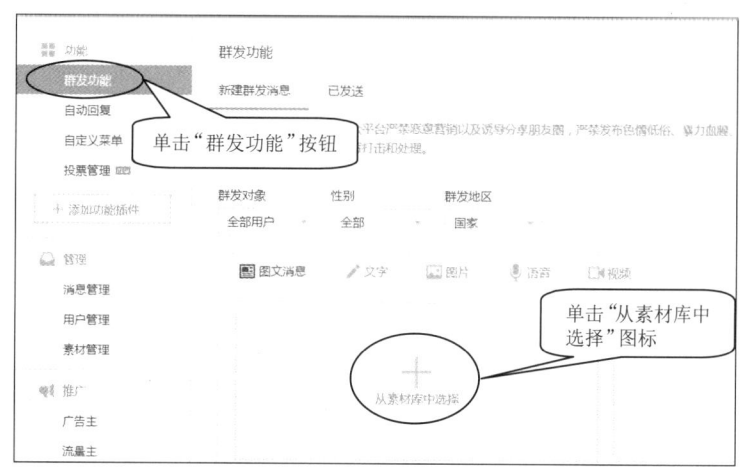

图10-16　群发功能

步骤八：系统跳转到选择素材界面，勾选已经编辑好的图文，单击"确定"按钮，如图 10-17 所示。

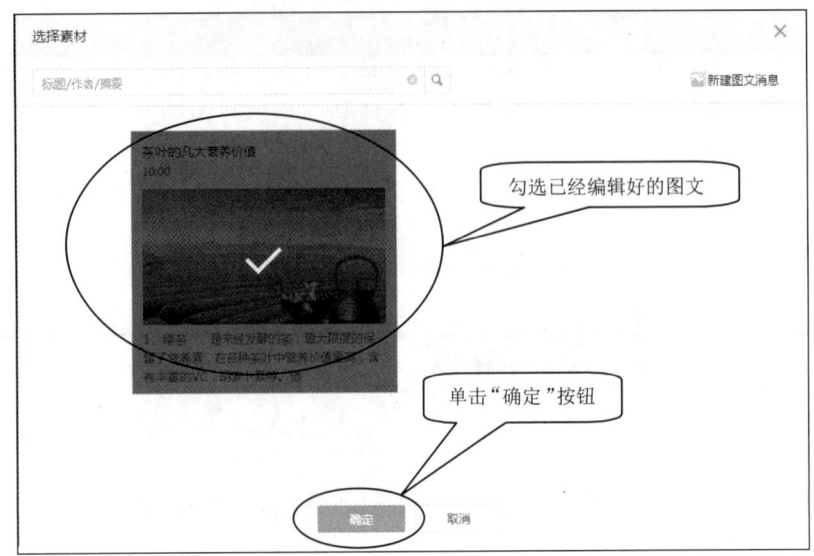

图 10-17　选择素材，单击确定

> **提示**：除单图文消息外，微信公众平台还可推送多图文消息。同时，微信公众平台可推送语音、视频信息。视频文件需上传至腾讯视频，再进行上传和编辑。

步骤九：打开微信公众平台，单击"用户管理"按钮，可在界面中看到关注本微信公众号的用户，如图 10-18 所示。

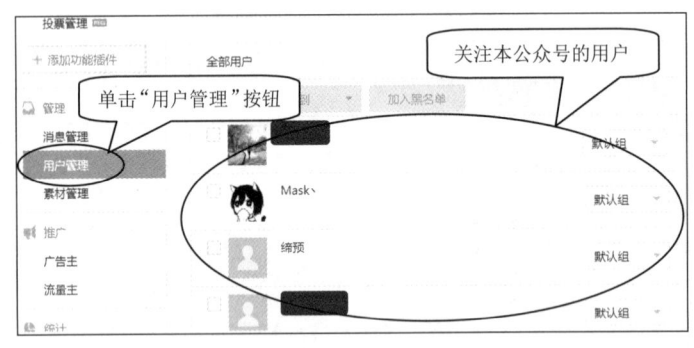

图 10-18　用户管理界面

步骤十：单击"用户分析"按钮，在界面中可看到关注公众平台用户的情况，特别是新增关注人数和累积关注人数，如图 10-19 所示。

步骤十一：在微信公众号后台编辑并发送一条图文消息，将过程记录在表 10-3 中；邀请几位好友关注你的微信公众号，将用户状况记录下来。

项目十 微信开店

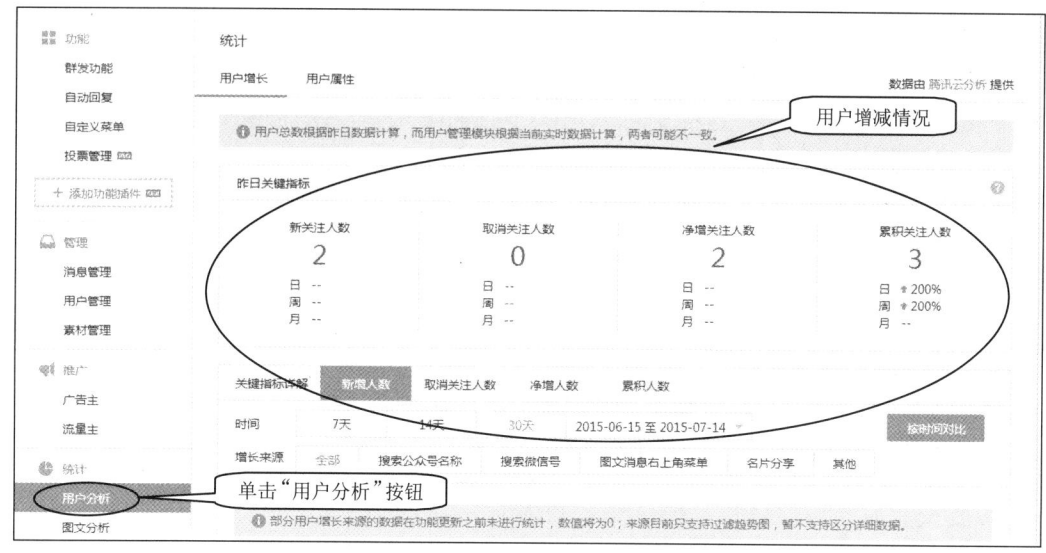

图 10-19 关注本公众平台的用户情况

表 10-3 微信公众号发送消息记录表

内　　容	你　的　记　录
设置的图像	
开启风险操作保护	
推送的图片	
文章标题	
正文内容概要	
关注微信公众平台的用户个数	

知识链接

一、公众账号推广方式

（1）以网站带微信　通过在自有媒体如网站、杂志、报纸上发布公众账号二维码，将已有的庞大用户群吸引转化成为微信公众账号的忠实粉丝来源。

（2）以微博带微信　通过媒体的官方微博推广微信公众账号二维码，在官方微博发布的每条博文后面都加上微信公众号的二维码，从而吸引微博原有粉丝加入微信，同时吸引不断增加的微博新粉丝加入进来，源源不断地扩大微信账号的粉丝群。

（3）微博、微信、网站循环推广　微博经过粉丝的二次转发获得新粉丝，新粉丝转化为网站用户，网站用户又成为微信账号粉丝……如此良性循环可以使网站、微博和微信成为一个以信息获取和互动交流为特点的生态圈，生态圈的各个平台相互影响，彼此

· 197 ·

促进，形成一种和谐共振，从而最终完成媒体价值链条的完整构架。维持这个这个生态圈不断健康发展的核心就是为用户提供价值。

（4）微信公众平台互推　可以加入一些微信营销群，参加微信公众平台的互推。联合若干微信公众平台互推，这样就可以增加平台的曝光率，从而增加更多粉丝。

（5）论坛推广　把运营公众账号的点点滴滴发布在博客、贴吧、微博及各社区网站论坛上，引起读者的共鸣，从而提升关注量，增加曝光度，带来更多粉丝。

（6）个人微信号推广　通过微信小号推广应该是最有效的推广方式，通过私人微信账号在手机登录，加大量的微信好友，然后群发微信引导微信好友关注公共账号。

（7）活动推广，QQ群推广　在微信公众平台做一些回复话题送礼等活动，积累用户人气；在QQ群中进行推广。

二、不得利用微信公众账号进行的行为

1）提交、发布虚假信息，或冒充、利用他人名义的行为。

2）强制、诱导其他用户关注、点击链接页面或分享信息的行为。

3）虚构事实、隐瞒真相以误导、欺骗他人的行为。

4）侵害他人名誉权、肖像权、知识产权、商业秘密等合法权利的行为。

5）申请微信认证资料与注册信息内容不一致，或者推广内容与注册信息所公示身份无关的行为。

6）未经腾讯书面许可利用其他微信公众账号、微信账号，以及第三方运营平台进行推广或互相推广的行为。

7）未经腾讯书面许可使用插件、外挂或其他第三方工具、服务接入本服务和相关系统的行为。

8）利用微信公众账号或微信公众平台服务从事任何违法犯罪活动的行为。

9）制作、发布与以上行为相关的方法、工具，或对此类方法、工具进行运营或传播，无论这些行为是否为商业目的的行为。

10）其他违反法律法规规定、侵犯其他用户合法权益、干扰产品正常运营或腾讯未明示授权的行为。

项目实训目标3：
注册手机微店

微店是基于微信开发的一款电子商务系统软件。在这个平台上，消费者可进行商品的查询、选购、体验、互动、订购与支付。对于商家而言，微信开店不需要支付任何费用。微信开店降低了开店的门槛和复杂手续，而且在手机上操作较方便，可以随时随地进行交易。

项目十 微信开店

实训步骤

步骤一： 在手机中下载微店客户端并安装，打开微店，单击"注册"按钮，如图 10-20 所示。填写手机号，如图 10-21 所示。

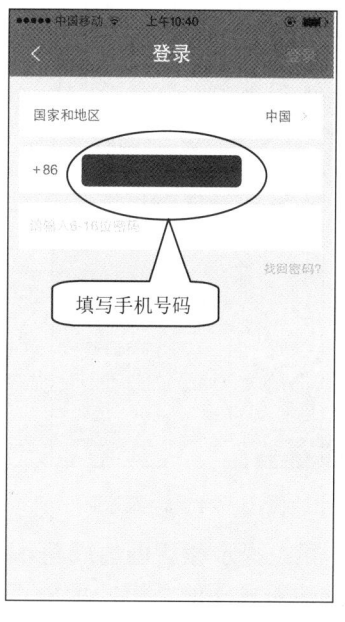

图 10-20 微店界面　　　　　　　　图 10-21 填写手机号码

步骤二： 系统弹出"确认手机号码"对话框，单击"确定"按钮，如图 10-22 所示。跳转到"填写验证码"界面，输入收到的验证码，单击"下一步"按钮，如图 10-23 所示。

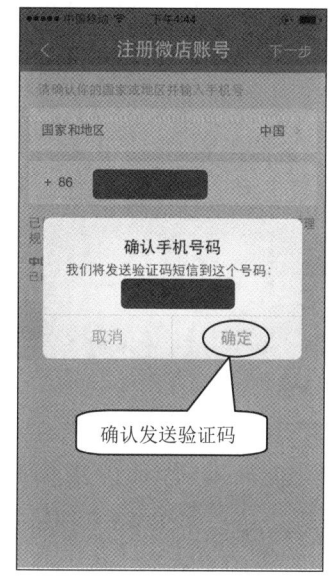
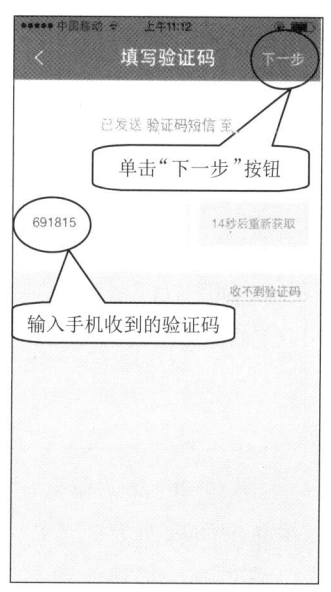

图 10-22 确认手机号码　　　　　　图 10-23 输入验证码

步骤三：跳转到"设置密码"界面，输入密码并确认，单击"下一步"按钮，如图 10-24 所示。系统跳转到"创建店铺"界面，上传头像，输入店铺名称，单击"完成"按钮，如图 10-25 所示。

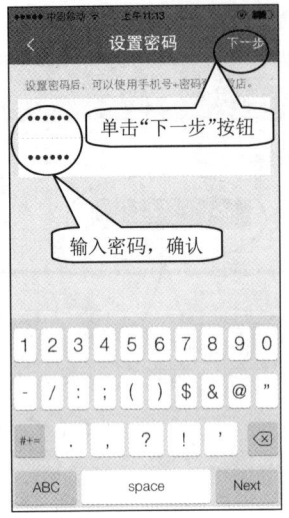
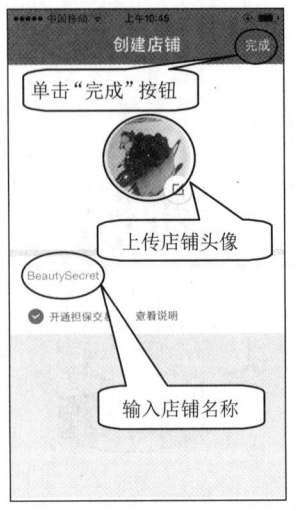

图 10-24　输入密码　　　　　　图 10-25　上传店铺头像，输入名称

步骤四：系统提示微店创建成功，单击"开启微店"按钮（见图 10-26），即可在手机屏幕上查看注册成功的微店，单击"商品"图标，如图 10-27 所示。

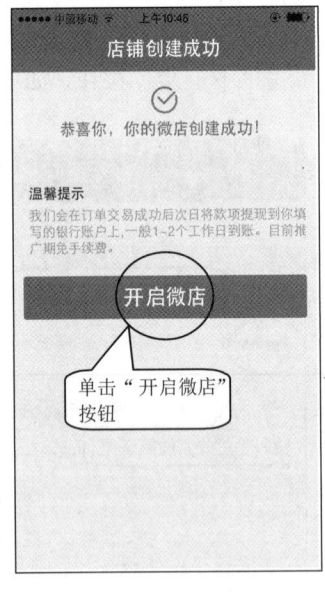

图 10-26　开启微店　　　　　　图 10-27　注册好的微店界面

步骤五：在弹出的界面中，单击十字按钮添加新商品，如图 10-28 所示。选择手机相册中的照片，填写商品描述、商品价格等信息，如图 10-29 所示。

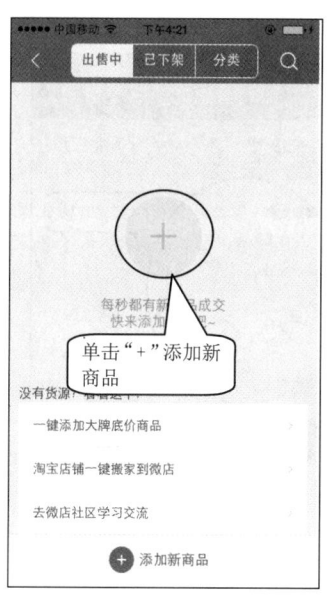

图 10-28　添加新商品

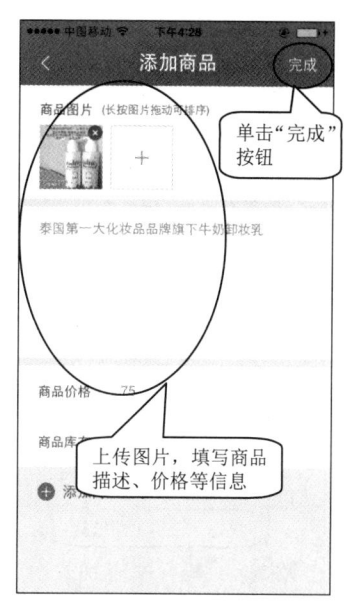

图 10-29　输入商品信息

步骤六： 系统跳转到"分享商品"界面，可将商品分享至微信好友、朋友圈、QQ空间、新浪微博等，如图 10-30 所示。单击"新浪微博"图标，系统会自动弹出对话框，输入文字，单击"发送"按钮，即可将商品信息发布到微博，如图 10-31 所示。

图 10-30　分享商品界面

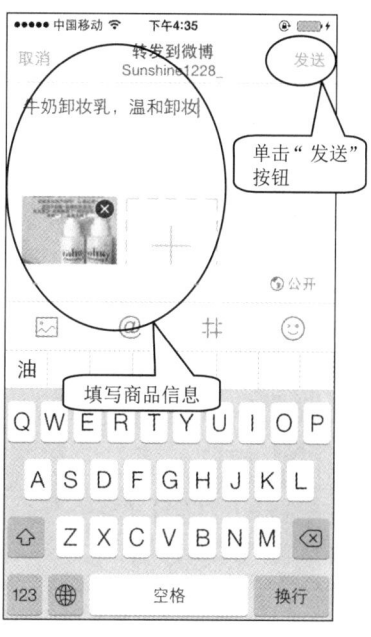

图 10-31　分享到微博

步骤七： 在微店主页中选择"收入"图标，如图 10-27 所示。在跳转界面中，显示要绑定银行卡，单击"未绑定"链接，如图 10-32 所示。在弹出的界面中填写姓名、身份证号、开户银行、银行卡号等信息，单击"绑定银行卡"按钮即可，如图10-33所示。

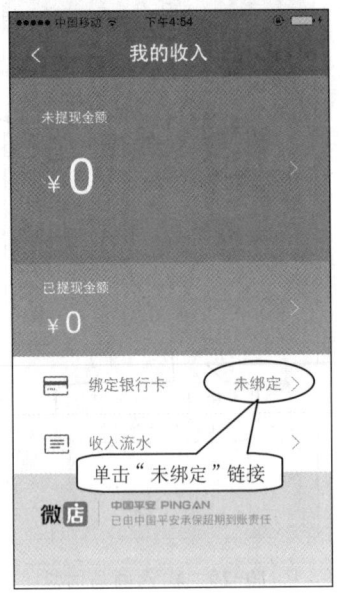
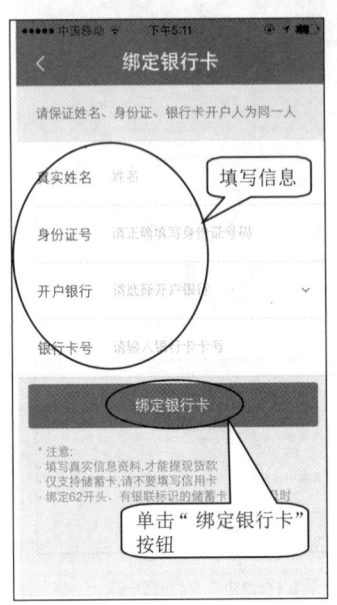

图10-32　绑定银行卡　　　　　　　图10-33　输入信息，绑定银行卡

步骤八：单击微店主页"新手必看"按钮，查看有关开店基本操作、推广的知识，在开店前要仔细阅读和学习，如图10-34、图10-35所示。

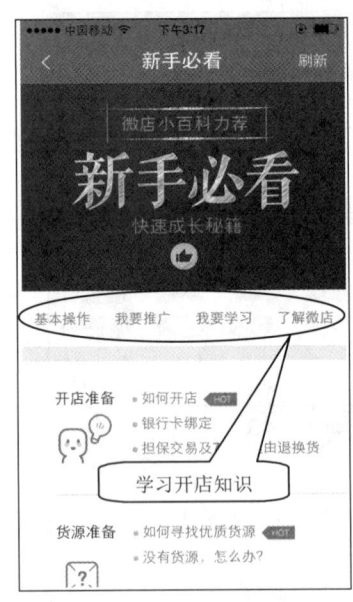

图10-34　单击"新手必看"按钮　　　　图10-35　学习开店知识

步骤九：成功完成以上微店开店步骤，并为微店写一条微博或微信，完成表10-4的填写。

表10-4 微店记录表

开 通 内 容	你 的 记 录
微店名称	
商品名称	
商品描述	
商品价格	
商品库存	
分享商品	
绑定银行卡	

知识链接

一、微店简介

微店是帮助卖家在手机开店的软件。微店作为移动端的新型产物,任何人用手机号码都可开通自己的店铺,并通过一键分享到社交网络平台来宣传自己的店铺并促成成交。微信开店降低了开店的门槛和复杂手续,回款约为1~2个工作日,且不收取任何费用。

二、微店功能介绍

(1) 商品管理 轻松添加、编辑商品,并能一键分享至微信好友、微信朋友圈、新浪微博、QQ空间等。

(2) 微信收款 不用事先添加商品,和客户谈妥价钱后,即可快速向客户发起收款,促成交易。

(3) 订单管理 新订单自动推送、免费短信通知,扫描条码输入快递单号,助您管理订单事半功倍。

(4) 销售管理 支持查看30天的销售数据,包括每日订单统计、每日成交额统计、每日访客统计。

(5) 客户管理 支持查看客户的收货信息、历史购买数据等,助您分析客户喜好,有针对性地进行营销。

(6) 我的收入 支持查看每一笔收入和提现记录,让您对账目清清楚楚。

(7) 促销管理 设置私密优惠活动,吸引买家,让您的商品价格更加灵活。

(8) 我要推广 多种推广方式,给您的店铺带来的更多的流量,提高销售额。

(9) 卖家市场 批发市场、转发分成、附近微店,全面提升您的店铺等级。

三、微店管理设置

1. 单击"微店"→"微店管理"按钮,进入"店铺管理设置"界面

(1) 店铺二维码 点击查看自动生成微店二维码,可分享到微信好友与朋友圈,也可下载保存。

（2）店长笔记　　店长笔记可以添加文字及图片说明，展示在您的店铺中，可以分享给您的好友，对您的店铺和商品进行宣传。

　　（3）微信收款　　单击"微信收款"按钮，输入收款金额单击"下一步"按钮。微信收款指买卖双方协议价格以后，卖家直接通过微信收款快速向买家发起收款，促成交易。微信收款和微店店铺交易是两种交易方式。微店收款的订单，不计入店铺销量。

　　（4）运费设置　　可根据商品件数设置相关邮费，并可指定地区运费，不同地区设置不同邮费。

　　（5）商品展示方式　　您可以按上架时间展示及商品分类展示两种方式对店铺商品进行展示。

　　（6）货到付款　　可单击"货到付款"栏目查看细则，并且可自行开通与关闭此服务。

　　（7）七天无理由退货　　可单击"七天无理由退货"栏目查看细则，并且可自行开通与关闭此服务。

　　（8）担保交易　　可单击"担保交易"栏目查看细则，服务可自行开通，如要关闭需联系客服。

　　（9）微信支付　　开通担保交易后，默认开通微信支付功能，此支付渠道仅支持通过微信进入店铺下单时使用。

　　2. 单击"微店"→"微店管理"→"店铺头像"，进入"店铺信息设置"界面

　　（1）店铺头像　　请您选择220像素×330像素图片设置店铺头像。

　　（2）店铺名称　　请您在店铺名称中输入您所开店铺的店名。

　　（3）微信号　　添加您的微信号后，可以将您的微信号作为联系方式展示在微店中，与买家沟通更加便捷。

　　（4）店铺等级　　点击查看评分规则，可查看微店卖家等级计算方式与积分规则。

　　（5）店铺公告　　您可以编辑您的店铺须知、重要通告等展现给进店浏览的买家。

　　（6）店铺招牌　　请您选择640像素×330像素图片设置店铺招牌。

　　（7）店铺封面　　以导航形式设置店铺分类展示，把更具吸引力的商品类型优先展示给买家。

　　（8）微店地址　　如果您有实体店铺可以添加实体店铺地址，便于买家光顾您的实体店铺。

四、店铺分享与推广方式

　　1）可将您的微店通过转发链接、二维码方式分享至您的微信朋友圈、QQ空间、新浪微博，让大家帮忙互相转发推荐。

　　2）开通担保交易24小时之后可以在口袋购物手机端通过店铺名称搜索到您的店铺。

　　3）添加友情店铺进行友情推广。

　　4）开通微店直通车。

　　5）您可以登录手机端微店，单击"营销工具"→"活动报名"按钮，报名参加您感兴趣活动。

　　6）您也可以去微店论坛（http://bbs.weidian.com/portal.php?mod=index），看看大家都怎么操作推广的，在那里和大家交流。

项目实训目标 4：
撰写一份开微店的可行性分析和开店计划的书面说明

目的：在了解微信开店步骤的前提下，通过综合训练，提高微信开店的能力。

内容：制订微信开店方案。

要求：根据项目实训 1～3 的学习内容和要求，独立撰写出一份微信开店的简要构想，见表 10-5。

表 10-5　开微店的可行性分析和开店计划的书面说明

	具 体 描 述
开微店的可行性分析	
微店名称	
经营商品	
营销推广方式	
选择营销推广方式的理由	

微信开店项目实训评价表，见表 10-6。

表 10-6　微信开店实训综合评价表

内　容	评 价 标 准				自评/分	组评/分	师评/分
	优（90～100 分）	良（76～89 分）	及格（60～75 分）	不及格（60 分以下）			
工作态度	积极、认真	比较认真	一般	不认真			
工作能力	超额完成并有所创新	按时完成	勉强完成	不能完成			
工作成果	熟练操作微信开店完整流程，店名有新意，宝贝商品标题、宝贝描述有创意；成功发布商品，图片精美、合乎要求，上传顺利，能将宝贝信息分享到相关推广平台	较为熟练地操作开店完整流程，比较完整地填写各项商品信息，成功发布商品	勉强能操作开店完整流程，商品信息的填写不够完整，商品标题、商品描述差强人意，勉强过关	商品信息的填写不够完整，不能上传图片，未成功发布商品			

巩固练习

一、判断题（正确的打"√"，错误的打"×"）

1. 微信订阅号和服务号没有任何区别。　　　　　　　　　　　　　　（　　）
2. 微信公众号个人开通需提供身份证姓名、身份证号码以及运营者手机号码。

　　　　　　　　　　　　　　　　　　　　　　　　　　　　　　　（　　）

3．微信公众号企业开通只需提供企业对公账户、营业执照注册号。　　（　　）
4．微信公众平台只能发送图片消息。　　　　　　　　　　　　　　（　　）
5．一个身份证能注册 2 个微信订阅号。　　　　　　　　　　　　　（　　）

二、单项选择题（请将正确选项的代号填在括号中）

1．微店功能中，可以添加文字及图片说明，展示在您的店铺中，可以分享给您的好友，对您的店铺和商品进行宣传的是（　　）。
　　A．店铺二维码　　B．商品展示方式　　C．微信收款　　D．店长笔记

2．微店功能中，以导航形式设置店铺分类展示，把更具吸引力的商品类型优先展示给买家的是（　　）。
　　A．店铺封面　　　B．店铺公告　　　C．店铺名称　　　D．微店地址

3．微店功能中，（　　）界面可以将商品分享到微信朋友圈、QQ 空间等媒介。
　　A．商品预览　　　B．商品分类　　　C．微信支付　　　D．分享商品

4．微店功能中，新建商品分类按（　　）流程。
　　A．商品→编辑商品→分类至→新建分类
　　B．编辑商品→分类→我的微店→分类至
　　C．分类→编辑商品→我的微店→分类至
　　D．我的微店→编辑商品→分类→分类至

5．微店店铺头像一般选取的尺寸是（　　）。
　　A．230 像素×480 像素　　　　　B．220 像素×480 像素
　　C．230 像素×330 像素　　　　　D．220 像素×330 像素

三、多项选择题（每题的备选答案中有两个或两个以上符合题意的答案，请将正确选项的代号填在括号中）

1．微信公众平台的推广方式有（　　）。
　　A．活动推广　　　　　　　　　B．微博微信互推
　　C．论坛推广　　　　　　　　　D．QQ 推广

2．微店设置中，商品展示方式有（　　）。
　　A．按上架时间展示　　　　　　B．按商品分类方式展示
　　C．按商品地域展示　　　　　　D．按配送时间展示

3．（　　）是微店平台的功能。
　　A．商品管理　　B．微信收款　　C．销售管理　　D．买家市场

4．微信公众平台可以群发的信息是（　　）。
　　A．文字　　　　B．图片　　　　C．声音　　　　D．视频

5．微信订阅号与服务号的区别是（　　）。
　　A．订阅号每天可以推送一条消息
　　B．认证服务号具有微信支付功能
　　C．服务号用户收到的消息显示在好友对话列表中，订阅号则显示在订阅号文件夹里
　　D．服务号具有 9 大高级接口

参 考 文 献

[1] 徐艟．淘宝网络营销[M]．合肥：中国科学技术大学出版社，2013．
[2] 张发凌．新手开网店一本就够[M]．北京：人民邮电出版社，2014．
[3] 余平．C2C 电子商务创业教程[M]．北京：清华大学出版社，2012．
[4] 葛存山．淘宝网开店、装修、管理、推广一册通[M]．2 版．北京：人民邮电出版社，2013．
[5] 张易轩．淘宝开店一点通[M]．北京：中国商业出版社，2014．
[6] 陈家宝．淘宝网开店入门[M]．北京：金盾出版社，2013．